ファンダメンタル 法学講座

商法 1
総則・商行為法

今泉邦子　受川環大　酒巻俊之　永田 均
中村信男　増尾 均　松岡啓祐

不磨書房

―――――――――――――〔執筆分担〕―――――――――――――

執筆者　　　　　　　　　　　　　　　担当箇所

中村　信男（早稲田大学教授）　　Ⅰ§1・§2，Ⅱ第1章§1～§3，
　　　　　　　　　　　　　　　　Ⅲ第1章§1，第2章§7

永田　　均（青森中央学院大学助教授）　Ⅱ第2章§1～§3，第4章§1・
　　　　　　　　　　　　　　　　§2，Ⅲ第2章§6

今泉　邦子（南山大学助教授）　　Ⅱ第3章§1・§2

松岡　啓祐（専修大学助教授）　　Ⅱ第5章§1～§3，Ⅲ第1章§5，
　　　　　　　　　　　　　　　　第2章§1・§2

酒巻　俊之（奈良産業大学助教授）　Ⅲ第1章§2，第2章§5

増尾　　均（松商学園短期大学助教授）　Ⅲ第1章§3・§4

受川　環大（国士舘大学教授）　　Ⅲ第2章§3・§4

―――――――――――――――――――――――――〔執筆順〕―――

はしがき

　本書は，大学・短大等における商法講義用のテキストとして使用することを狙いとしたファンダメンタル法学講座・商法シリーズの第1巻であり，商法総則・商行為法を概説している。われわれ共同執筆者がそれぞれの担当講義において使用することを念頭においた章立てや項目立てとした本書では，一般にわかりにくいと言われる商法を，学生諸君にとってできるかぎり理解しやすく説明することを主眼としている。そのような目的から，以下のような特色がある。

　まず第1は，各節の冒頭に「トピック」と題する欄を設け，そこで何を勉強するのか，そこでの学習はどのような意義があるのかをまず読者に明らかにし，問題の所在を示している。読者がこれで商法学習の足がかりを得て興味をもって学習に取り組んでもらえるよう企図している。

　第2に，できる限り各所において具体的な設例を用いたり，実務の取扱や各種約款の定めなどにも言及したりすることで，読者が具体的なイメージとして商法を理解できるように取り計らっている。また，必要に応じ図表を活用しており，これにより読者の理解をさらに促すことができればと思っている。

　第3に，読者層としては法学部の学生のみならずそれ以外の学部の学生をも想定し，資格試験の受験者以外の読者も対象としている。そのため，本文の記述は制度の概説にとどめており，殊に初学者は，とりあえずこの部分だけを読み進まれることをお勧めする。他方，重要な事項・論点については，各所に設けたコラム欄の中で，比較的詳しく説明している。本文部分で全体像をつかんだ上で，コラム欄を活用されれば，商法総則・商行為法の一層の理解が得られることであろうし，各種資格試験の勉強にも役立つことであろう。

　なお，商法総則・商行為法のテキストや体系書では，保険法と海商法の部分の説明を除外しているのが一般的な傾向であるが，本書では，保険法と海商法についても概説している。最近いくつかの大学において1年間ないし1学期間の講義時間数を増加するところが見られるため，商法総則・商行為法の授業の

中で保険法や海商法についても説明する場合のあることを考えたからである。

ともあれ，本書では以上のような工夫を施すことで，学ぶ者の立場から見て読みやすく説明も理解しやすいテキストとなるよう目論んでいるが，複数の執筆者による共同作業ゆえ，その目標は必ずしも達成されていないかもしれない。読者の方々からの忌憚のないご意見・ご叱正を賜れれば，幸いである。本書が改訂されることがあれば，いただいたご意見等をフィードバックさせたい。

最後に，本書がなるにあたっては，不磨書房の稲葉文彦氏に大変お世話になった。ここに記して感謝を申し上げたい。

平成13年4月

執筆者一同

目　次

はしがき

I　総　論

§1　企業法としての商法とその特色 …………………………………4
　1　商法の意義とその対象 …………………………………………4
　2　商法の特色 …………………………………………………………5
§2　商法の法源と適用順位 ……………………………………………9
　1　商法の法源 …………………………………………………………9
　2　商法における適用順位と適用範囲 …………………………11

II　商法総則

第1章　商人と営業 …………………………………………………………14
§1　商法の適用範囲と商人・商行為概念 …………………………14
　1　商法の適用範囲と商人・商行為概念 ……………………14
　　【商人主義・商行為主義・折衷主義】 ……………………15
　2　商人・商行為の意義 ……………………………………………15
　3　双方的商行為と一方的商行為 ………………………………20
§2　商人適格と商人資格 ………………………………………………22
　1　商人適格とその有無 ……………………………………………22
　　【未成年者・成年被後見人等と営業能力】 ………………22
　　【協同組合・相互会社と商人適格の有無】 ………………25
　2　商人資格の得喪 …………………………………………………26
§3　営業の意義と態様 …………………………………………………29
　1　主観的意義の営業と営業の自由・制限 …………………29
　2　客観的意義の営業とその構成要素 …………………………30
　3　営業所の意義とその効果 ………………………………………30

第2章　企業の物的要素 …………………………………34

§1　商　号 …………………………………………………34
1. 商号の意義とその機能 ………………………………34
2. 商号の選定 ……………………………………………36
3. 商号の登記と仮登記 …………………………………38
   【東京瓦斯事件】 ……………………………………41
4. 商号権と商号権者の保護 ……………………………41
5. 不正競争防止法による商号等の保護 ………………42

§2　名板貸 …………………………………………………48
1. 名板貸の意義と名板貸人・名板借人の責任関係 …48
   【消費者と名板貸】 …………………………………48
2. 名板貸の成立要件 ……………………………………49
3. 名板貸人の責任の範囲 ………………………………53
4. 名板貸と百貨店等のテナント販売 …………………54

§3　商業帳簿 ………………………………………………56
1. 商業帳簿制度の目的と法規制の必要性 ……………56
2. 商業帳簿の意義 ………………………………………56
3. 商業帳簿の作成 ………………………………………57
   【商法と公正なる会計慣行としての企業会計原則】 …58
   【財産法と損益法】 …………………………………59
4. 会計帳簿 ………………………………………………59
5. 貸借対照表 ……………………………………………60
   【電子帳簿保存法】 …………………………………62
6. 営業財産の評価 ………………………………………62
7. 商業帳簿の保存・提出 ………………………………64
   【コンピューターと商業帳簿】 ……………………65
8. 企業会計の情報公開 …………………………………66

第3章　企業の人的要素 …………………………………67

§1　商業使用人 ……………………………………………67
1. 商業使用人の意義 ……………………………………67

　　　　　【営業主との雇用契約関係の要否】………………………………68
　　　2　支配人……………………………………………………………………69
　　　　　【支配人の権限濫用】………………………………………………70
　　　　　【株式会社の取締役等の競業避止義務との異同】……………72
　　　　　【営業禁止・競業避止義務違反の効果】…………………………72
　　　3　表見支配人………………………………………………………………73
　　　4　その他の商業使用人……………………………………………………75
　§2　代理商………………………………………………………………………………77
　　　1　代理商の意義・類型と機能……………………………………………77
　　　　　【商業使用人・仲立人・問屋との異同】…………………………78
　　　　　【代理店・特約店と営業主との関係】……………………………78
　　　2　内部関係：代理商と営業主との関係…………………………………79
　　　3　外部関係…………………………………………………………………81
　　　4　代理商契約の終了………………………………………………………82

第4章　企業の公示…………………………………………………………………………84
　§1　商業登記制度………………………………………………………………………84
　　　1　商業登記制度の意義と目的……………………………………………84
　　　2　登記事項の類型…………………………………………………………85
　　　3　登記手続…………………………………………………………………86
　　　　　【電子認証制度】……………………………………………………87
　§2　商業登記の効力……………………………………………………………………89
　　　1　一般的効力（公示力）…………………………………………………89
　　　　　【商号変更登記未了の会社が新商号のもとに行った手形行為とその
　　　　　責任関係】……………………………………………………………90
　　　2　不実登記…………………………………………………………………91
　　　3　表見法理と商業登記の効力……………………………………………93
　　　4　特殊の効力………………………………………………………………94

第5章　営業譲渡等と利害関係人の保護…………………………………………………96
　§1　営業譲渡の意義と機能……………………………………………………………96
　　　1　営業譲渡の意義づけ……………………………………………………96

2　営業譲渡の機能・有用性とその問題点 ………………………………97
　　　　　【企業合併と営業譲渡の共通する点と違う点】 ……………………99
　　　3　営業譲渡契約の締結とその手続 …………………………………100
　　　　　【株式会社組織である場合の財産・営業譲渡の要件】 …………100
　§2　営業を譲渡した場合に発生する法定の効果 ……………………………102
　　　1　譲渡人・譲受人間の関係 …………………………………………102
　　　　　【商法上の各種の競業避止義務】 …………………………………103
　　　2　譲渡当事者と第三者（営業上の債権者・債務者）との関係……103
　§3　営業の賃貸借と経営委任 ……………………………………………107
　　　1　営業の賃貸借 ………………………………………………………107
　　　2　経営委任……………………………………………………………107
　　　3　営業の担保化 ………………………………………………………108

Ⅲ　商行為法

第1章　商行為法通則 ………………………………………………………110
　§1　企業取引の態様・特色と法的規制 …………………………………110
　　　1　企業取引の具体的態様 ……………………………………………110
　　　2　企業取引の態様と法的規制 ………………………………………111
　　　3　企業取引と双方的・一方的商行為 ………………………………112
　§2　商行為法通則 …………………………………………………………114
　　　1　代理および委任に関する規定 ……………………………………114
　　　2　契約の成立に関する規定 …………………………………………117
　　　3　債権の担保に関する規定 …………………………………………119
　　　　　【留置権と不動産】……………………………………………………124
　　　4　商行為の営利性が重視された規定…………………………………125
　　　　　【交通事故被害者の損害保険会社に対する直接請求権との関係】……127
　　　　　【利息の上限】 ………………………………………………………127
　　　5　債権の消滅 …………………………………………………………128
　　　6　有価証券に関する規定 ……………………………………………130
　　　7　普通取引約款 ………………………………………………………132

- §3 交互計算 ………………………………………………………………………137
  - 1 交互計算の意義と機能 ……………………………………………137
  - 2 交互計算契約の効力 ………………………………………………139
  - 3 段階交互計算 ………………………………………………………142
  - 4 交互計算契約の終了 ………………………………………………142
- §4 商人間売買 ………………………………………………………………144
  - 1 商人間売買の意義と特色 …………………………………………144
  - 2 商人間売買の特則 …………………………………………………152
  - 3 消費者取引 …………………………………………………………159
- §5 匿名組合とその現代的機能 …………………………………………166
  - 1 匿名組合の意義と現代的機能 ……………………………………166
    - 【匿名組合の最近の使われ方】 …………………………………167
    - 【合資会社との異同】 ……………………………………………168
  - 2 匿名組合員の地位 …………………………………………………169
  - 3 匿名組合の終了 ……………………………………………………170

第2章 商行為法各論 ……………………………………………………………172
- §1 仲立人（仲立営業）………………………………………………………172
  - 1 仲立人の意義と態様 ………………………………………………172
  - 2 仲立人の義務 ………………………………………………………174
  - 3 仲立人の報酬請求権 ………………………………………………175
  - 4 仲立人の給付受領権限 ……………………………………………176
- §2 問屋・準問屋 ……………………………………………………………177
  - 1 問屋の経済的機能とその具体例 …………………………………177
    - 【取次と代理の異同】 ……………………………………………178
    - 【証券会社と問屋】 ………………………………………………178
  - 2 問屋と委託者間の関係（内部関係）………………………………179
    - 【指値注文・計らい注文・成行注文】 …………………………180
    - 【指値遵守義務に違反した場合の差額塡補と損失補塡】………180
    - 【逆指値とその許否】 ……………………………………………181
    - 【問屋の介入権と呑み（ノミ）行為規制】……………………183

　　　　　　　【商法552条2項で「代理規定が準用」されている理由と代理規定
　　　　　　　　を巡る主要な問題】 ………………………………………………183
　　　　3　問屋の破産と委託者の保護 …………………………………………184
　　　　　　　【証券会社・商品取引員の顧客資産の分別保管（管理）義務】………186
　　　　4　準問屋 ………………………………………………………………187
　§3　運送取引 ……………………………………………………………………188
　　　　1　運送取引の意義と態様 ………………………………………………188
　　　　　　　【複合運送契約の意義と複合運送人の責任】……………………190
　　　　2　陸上運送 ……………………………………………………………190
　　　　　　　【債務不履行責任と不法行為責任との関係】……………………193
　　　　　　　【運送証券の意義・種類】…………………………………………199
　　　　　　　【受戻証券性と保証渡】……………………………………………200
　　　　　　　【証券発行者の損害賠償責任】……………………………………201
　　　　　　　【貨物引換証の物権的効力の法律構成】…………………………202
　　　　3　海上運送（海商法）…………………………………………………204
　　　　　　　【船主責任制限の制度】……………………………………………205
　　　　　　　【定期傭船契約の法的性質：定期傭船契約者と第三者との関係】…207
　　　　　　　【国際海上物品運送法による請求権競合問題への対応】………211
　　　　　　　【シフ売買】…………………………………………………………215
　　　　　　　【荷為替取引】………………………………………………………218
　　　　　　　【無留保船荷証券と補償状の効力】………………………………219
　§4　運送取扱取引 ………………………………………………………………222
　　　　1　運送取扱人の意義 ……………………………………………………222
　　　　2　運送取扱人の権利 ……………………………………………………223
　　　　3　運送取扱人の損害賠償責任 …………………………………………223
　　　　4　相次運送取扱 …………………………………………………………224
　§5　倉庫取引 ……………………………………………………………………226
　　　　1　倉庫取引とその機能 …………………………………………………226
　　　　2　倉庫寄託契約 …………………………………………………………228
　　　　　　　【普通倉庫の種類】…………………………………………………230

3　倉庫証券……………………………………………………235
§6　場屋取引……………………………………………………………239
　　1　場屋取引の意義と態様 …………………………………………239
　　2　場屋営業者の責任 ………………………………………………241
　　　【レセプツム責任とその沿革】……………………………………241
　　　【免責事由としての不可抗力】……………………………………242
　　　【場屋付設の駐車場における客の自動車の盗難事故】…………244
§7　保険取引……………………………………………………………248
　　1　保険の意義・機能と態様 ………………………………………248
　　　【大数の法則・収支均等の原則】…………………………………249
　　　【損害保険契約・生命保険契約・傷害保険契約の契約者・保険者・
　　　　被保険者】…………………………………………………………251
　　2　保険契約の性質 …………………………………………………253
　　　【モラル・リスク】…………………………………………………254
　　3　保険契約の締結と終了 …………………………………………254
　　　【質問表の効力】……………………………………………………256
　　　【他保険契約と告知義務】…………………………………………257
　　　【告知義務違反と詐欺取消・錯誤無効との関係】………………259
　　4　損害保険契約 ……………………………………………………262
　　　【新価保険】…………………………………………………………264
　　　【評価済保険と保険価額不変更主義】……………………………265
　　　【付保割合条件付実損填補特約・第1次危険保険】……………266
　　　【一部保険と請求権代位】…………………………………………270
　　5　生命保険契約 ……………………………………………………274
　　6　傷害保険契約 ……………………………………………………281

事項索引……………………………………………………………………285
判例索引……………………………………………………………………292

【参考文献】

石井照久＝鴻常夫・商法総則（商法１）（勁草書房　1975年）
石井照久＝鴻常夫・商行為法（勁草書房　1975年）
今井＝岩崎ほか編・現代商法１総則・商行為法〔改訂版〕（三省堂　1996年）
江頭憲治郎・商取引法〔第２版〕（弘文堂　1996年）
大隅健一郎・商法総則〔新版〕（有斐閣　1980年）
大隅健一郎・商行為法（青林書院　1962年）
鴻　常夫・商法総則（全訂第１版補正２版）（弘文堂　1991年）
鴻常夫ほか編・演習商法（総則・商行為）（青林書院新社　1984年）
大森忠夫・保険法〔補訂版〕（有斐閣　1985年）
大森忠夫・新版商法総則・商行為法（三和書房　1981年）
落合誠一＝大塚龍児＝山下友信・商法Ⅰ総則・商行為〔第２版〕（有斐閣　1994年）
梶村＝深沢＝石田編・割賦販売法（青林書院　2000年）
加藤勝郎＝金澤理編・保険法・海商法（青林書院　1996年）
加美和照・新訂商法総則（勁草書房　1989年）
河上正二・消費者契約法－立法への課題－（別冊 NBL54号）
神崎克郎・商行為法（有斐閣　1973年）
神崎克郎・商法総則・商行為法通論（改訂版）（同文舘　1988年）
岸田雅雄・ゼミナール企業取引法入門（日本経済新聞社　1996年）
菊池洋一・改正国際海外物品運送法（商事法務研究会　1992年）
近藤光男・商法総則・商行為法〔第３版〕（有斐閣　1999年）
酒巻俊雄＝庄子良男編・商行為法（青林書院　1995年）
酒巻俊雄＝石山卓磨編・保険法・海商法（青林書院　1997年）
鈴木竹雄・新版商行為法・保険法・海商法（弘文堂　1993年）
田中誠二＝喜多了佑・全訂コンメンタール商法総則（勁草書房　1975年）
田中＝喜多＝堀口＝原茂・コンメンタール商行為法（勁草書房　1975年）
田中誠二・商行為法（勁草書房　1980年）
田中誠二・全訂商法総論（千倉書房　1983年）
田中誠二・全訂商法総則詳論上巻・下巻（勁草書房　1976年）
田中誠二・海商法詳論〔増補版〕（勁草書房　1985年）
田邊光政・商法総則・商行為法〔第２版〕（新世社　1995年）
田辺康平・新版現代保険法（文眞堂　1995年）
田村諄之輔＝平出慶道編・保険法・海商法（青林書院　1992年）
戸田修三・海商法〔新訂第５版〕（文眞堂　1990年）

中村眞澄・海商法（成文堂　1988年）

西島梅治・保険法〔第3版〕（悠々社　1998年）

西原寛一・商行為法（有斐閣　1960年）

蓮井良憲＝森淳二朗・商法総則・商行為法（法律文化社　1985年）

服部栄三・商法総則〔第3版〕（青林書院　1981年）

服部栄三＝星川長七編・基本法コンメンタール商法総則・商行為法〔第4版〕（日本評論社　1997年）

平出慶道・商行為法〔第2版〕（青林書院　1989年）

丸山秀平・基礎コース商法Ⅰ（総則・商行為法／手形・小切手法）（新世社　1999年）

森本滋編・商法総則講義〔第2版〕（成文堂　1999年）

山下友信ほか・保険法（有斐閣　1999年）

米沢明・名板貸責任の法理（有斐閣　1982年）

北沢正啓＝浜田道代編・商法の争点Ⅰ・Ⅱ（有斐閣　1993年）

鴻常夫ほか編・商法（総則・商行為）判例百選〔第3版〕（有斐閣　1994年）

鴻常夫ほか編・商法（保険・海商）判例百選〔第2版〕（有斐閣　1993年）

通商産業省産業政策局消費経済課編・平成12年版訪問販売等に関する法律の解説（通商産業調査会出版部　2000年）

ファンダメンタル 法学講座

商　法　1
総則・商行為法

I 総論

§1　企業法としての商法とその特色

> **トピック**
> 　企業活動ないし企業取引を規律・規整するものとして商法という法律群が存在する。しかし，ここで問題とする企業とその活動・取引は，私たちの社会生活とも密接な関連を有している。その意味で，私たち一般市民にとっても，商法の学習は民法の勉強と同様に必要であるし，誤解を恐れずにいえば，憲法・刑法の学習以上に重要である。実際，商法と一口に言っても，六法全書に掲載されている「商法」という名の法律のみならずさまざまな法律が対象となる。ここでは，そうした広い意味での商法とは一体どのような内容・目的をもった法律なのかを学ぶこととしよう。

1　商法の意義とその対象

　商法とは，形式的には，明治32年制定の「商法」（明32・3・9法律48号）をさすが（**形式的意義の商法**），理論的には，現在，企業の主体・施設・組織・活動などについて効率的かつ公正な企業取引ないし企業活動の実現という観点から規定する法規の総体を商法と把握しており（**商法企業法説**），こうした企業関係に特有の法規の総体を**実質的意義の商法**と呼んでいる。ここに企業とは，一定の計画に従い継続・反復的に営利行為を行う独立の経済主体をさすが，ともかくかかる企業の活動において認められるさまざまな特色ないし要請が実質的意義の商法の特色として現れる。ちなみに，こうした観点から商法を捉えると，形式的意義の商法のほかに，立法技術その他の理由から独立の法典として制定された有限会社法・商業登記法・株式会社の監査等に関する商法の特例に関する法律その他のいわゆる商法特例法，国際海上物品運送法などの多数の商事特別法，商慣習法，商事自治法，商事条約などが実質的意義の商法の範疇に含まれることになる。もっとも，これら諸法の中には私法法規以外に，訴訟関係を規定する手続法的規定，罰則を定める刑法的規定などが含まれているだけに，企業関係に関する特有の法規をもっぱら私法法規のみに限定すると，これ以外

の手続法的規定または刑法的規定が実質的意義の商法から除外されることとなるが、これらが企業に関する私法秩序の実現に貢献するものであることからすると、これらも商法に含まれるものとして考える方が妥当であろう。

　他方，手形法・小切手法については，沿革的に商法制定時は商法中の1つの編として存在していたが，ジュネーブ条約にもとづき単行法化するにいたったという経緯を有する。反面，現在では手形・小切手の利用範囲が企業取引を超えて広く一般に開放されていることから，実質的意義の商法に含まれるかどうかが争われているが，手形・小切手の主たる利用場面が依然として企業取引であることに鑑みると，これを肯定するのが妥当であるように思われる。

　ところで，商法が企業関係に関する法とされても，商法だけで企業に関する法律関係を余すところなく規定しているわけではなく，私法の一般法たる民法の規定では対応が不十分ないし不適当な事項について規定するにすぎない。その限りで，商法は民法の特別法と位置づけられる。

　こうした観点から，商法の諸規定の特色を見ると，①企業活動にも関連する民法規定を補充・変更する規定（商事消滅時効に関する522条・商事売買に関する524条以下など）と，②民法上の一般的な制度を特殊化したものについて定める規定（商業使用人に関する37条以下・会社制度に関する52条以下・問屋営業に関する551条以下・運送営業に関する569条以下など），ならびに，③民法には全く存在しない特殊な制度を創設するための規定（商号に関する16条以下・交互計算に関する529条以下・保険に関する629条以下など）に分類されるであろう。

　なお，かつては商法上の固有の原則または制度であったものが，後に民法にも取り入れられて，一般私法上の原則・制度となったものが少なくないほか（契約自由の原則・破産制度など），従来は民法の対象とされた制度・法律関係が商法によって規律されるようになる場合もあり（民事会社（35条・52条2項）・店舗等の設備による物品販売業者（4条2項）），これらを**民法の商化現象**とよぶ。

2　商法の特色

(1)　企業活動面における特色

(a)　営利性　　企業活動の中心目的は利潤追求にあるから，商法も営利性を前提としている。商人・商行為の定義においてこれが盛り込まれているほか，

商人の報酬請求権（512条）・商人間の消費貸借における法定利息請求権（513条）・商行為債務の法定利率（514条）などが営利性の具体的発現である。

(b) 自由主義　企業活動は経済人がその合理的判断によって利害得失を踏まえて行うものであるから，法の後見的作用は必ずしも必要とされず，むしろ当事者間の自由な交渉に委ねた方が合理的であろう。そのため，商取引に関する商法の諸規定の多くは任意法規とされているし（521条・544条・553条など参照），民法で禁止される流質契約（民349条）を商行為債権について法認する515条なども自由主義を具体化した規定といえよう。

(c) 簡易迅速性　企業活動が営利追求を目的とし多数人との間において反復・継続的に行われるものである以上，簡易迅速な処理が要請され，商法にはこうした要請を反映した規定が少なくない。たとえば，商行為の代理について非顕名主義を定める504条，契約申込の効力を定める507条・508条，契約申込に対する諾否通知義務を定める509条，確定期売買の解除について定める525条，買主の目的物検査・瑕疵通知義務を定める526条，商事債権の短期消滅時効を定める522条・566条・567条・589条，商事売買における売主の供託・競売権を定める524条などがこれに該当する。

(d) 定型性　企業活動を大量にかつ迅速・効率的に処理するためには，行為内容ないし効果の非個性化ないし定型化が要請される。企業取引における各種取引約款の利用がその一例であるが，株式・社債の申込における申込証の利用（175条・280条ノ6・301条）なども定型性を反映したものとされている。

(e) 公示主義　企業活動における迅速性の要請と取引の安全を実現するには，企業取引上の重要事項は公示して，取引の相手方となろうとする者など利害関係者が必要に応じて自由に閲覧できるようにしておく必要がある（公示主義）。そこで，商法は，商業登記制度を定め（9条以下），商人に商業登記簿への登記とその閲覧を通じて取引上重要な事項を公示させることとしている。このほか，株式会社における定款や株主総会・取締役会の議事録，株主名簿，計算書類などの備置・閲覧も，会社の株主・債権者にとって権利実現のために重要な情報を公示させるものである。

(f) 外観主義　企業取引が大量かつ迅速に処理されるものである以上，取引において外観と真実が一致しない場合の法効果を真実に従って決することと

すると，取引の円滑を損なう恐れがある（いちいち真実かどうかの確認が必要となるから）。そこで，商法は，このような場合に，一定の外観を信頼した者を保護し取引の安全を確保するため，外観に従って法効果を生じさせることを認めている。こうした特色を外観主義といい，それを具体化した規定としては，不実登記の効力に関する14条，名板貸人の責任を定める23条，表見支配人・表見代表取締役に関する42条・262条，有価証券の善意取得を定める229条・519条，手形法16条2項，小切手法21条などがある。

(g) 厳格責任主義　企業取引が一定の信用のもとに安全に行われるためには，これに関わる企業者の義務・責任の強化が必要とされる場合がある。そこで，商法は，こうした観点から，まず商人の注意義務を加重するものとして，商事売買における買主の目的物検査・瑕疵通知義務を定める526条，商人の目的物保管義務を定める510条・527条・528条を設けており，他方，責任内容の厳格化を図るものとして，商行為による多数債務者の連帯債務を原則とする511条，相次運送人の損害賠償責任を連帯債務とする579条・766条，場屋営業者の受寄物についての無過失責任を定める594条など多数の規定を置いている。

(2) 企業組織面の特色

(a) 資金調達の便宜　企業活動には当然，資金が必要であるから，商法は，各種の会社形態のほか（52条以下），匿名組合（535条以下），船舶共有（693条以下）などの共同企業形態を規定し，企業による資金調達の便宜を図っている。

(b) 労力の補充　企業活動を遂行する上で，補助者が必要となる場合がある（労力の補充）。そこで，商法は，民法に定める代理・委任・雇傭・請負などを企業活動に適するよう特殊化し，商業使用人（37条以下）・代理商（46条以下）・仲立人（543条以下）・問屋（551条以下）などの制度を用意している。

(c) 有限責任制度　企業活動は失敗を避けることができないから，企業活動上の債務について無限責任を負わされると企業活動を萎縮させるほか，出資者の出資意欲を殺ぐこととなって資金調達が十分に図れないという不都合が生ずる。そこで，商法は，ことに大規模企業の合理的運営を確保するため，有限責任制度を一定の範囲において認めている。ちなみに，有限責任のうち，責任が一定額に限定される場合を人的有限責任といい，その具体例としては，合資会社の有限責任社員の直接有限責任（157条）・株式会社の株主および有限会社

社員の間接有限責任（200条1項，有17条），船舶所有者・船長等の責任制限（船主責任制限法3条以下）などがある。他方，責任が特定の物または財産に限定される場合を物的有限責任というが，その具体例としては，預証券所持人の責任を定める607条や積荷の利害関係人が積荷を委付した場合の責任を定める712条2項などがある。

(d) **危険の分散**　企業取引には各種の危険が伴うため，その分散が必要となる。商法では，そのための手段として，株式会社制度を企業形態の1つとして用意するほか，損害保険制度（629条以下・815条以下）や共同海損（788条以下）などを規定している。

(e) **企業維持の要請**　企業活動が継続的に行われると，これを中心として取引関係その他の各種法律関係が形成されていくし，当該企業には暖簾（のれん）が形成されることもある。したがって，いったん成立した企業の解体を安易に認めることは，利害関係人の利害を害するほか，企業価値の消滅をもたらして国民経済的にも大きな損失となろう。そこで，商法は，企業の維持を図るための各種措置を講じており，営業譲渡（24条以下）・会社の合併（56条・98条以下・408条以下など）・会社の組織変更（113条・163条，有64条など）・会社の継続（95条・97条・406条）などのほか，会社の解散事由を制限するなどして（94条・404条など），無益な企業の解体を防止しようとしている。

§2　商法の法源と適用順位

1　商法の法源

　企業活動に関連してさまざまな法的紛争が生じ，それが裁判にまで持ち込まれることがあるが，一般に何らかの裁判上の争いが生じた場合，その解決のため裁判所が当事者の合意がなくとも適用・準拠すべき裁判規範を**法源**という。企業活動に特有の法的紛争を対象とした法源（**商法の法源**）としては一般的に，商法その他の商事関連制定法，商慣習法，商事自治法および条約があげられる。

(1)　商事制定法

　商法の法源の第1は，商事制定法である。その中心は「商法」であり，第1編「総則」・第2編「会社」・第3編「商行為」および第4編「海商」から構成される。

　このほか，商事制定法としては，商法施行法，商業登記法，不正競争防止法，有限会社法，株式会社の監査等に関する商法の特例に関する法律，その他のいわゆる商法特例法，担保付社債信託法，株券の保管及び振替に関する法律，鉄道営業法，割賦販売法，国際海上物品運送法など多数の制定法が存在する。なお，手形法および小切手法は，商法制定時は商法中の1つの編として存在したが，ジュネーブ条約にもとづき，現在のように独立の単行法として制定されるにいたっている。

(2)　商慣習法

　商慣習法とは，慣習法のうち企業関係に適用されるものをいい，商法の法源の1つである。これを受け商法1条は，「商事ニ関シ本法ニ規定ナキモノニ付テハ商慣習法ヲ適用シ……」と定める。現在，商慣習法として認められているものには，白地手形も完成手形と同様の方式・効果をもって譲渡できる旨の商慣習法（大判昭5・10・23民集9巻972頁）や，再保険が行われている場合において，保険金を支払った保険者は，保険金支払により代位取得した損害賠償請求権につき，再保険金の支払を受けたときも自己の名においてこれを行使し，回収した金員を元受保険者に交付すべき旨の商慣習法（大判昭15・2・21民集19巻273頁）などがある。

(3) 商事自治法

商事自治法とは，商取引にかかわる各種団体または組織あるいは会社等が当該団体等の内部規則として定めたルールをいい，証券取引所の業務規定とか手形交換所の交換規則，各会社の定款，取締役会規則・株式取扱規則などがその例である。このうち，会社の定款など法律上その作成が義務付けられているもの（62条・147条・166条，有5条，株券保管振替5条1項，証取108条など）が法源性を有することに異論はない。これに対し，法律上の根拠がない自治規則については，慣習法といえるほどのものであれば，法源性が認められることになると解されているが，そのレベルに至らないものには上述の意味における法源性は認められない。

ちなみに，商取引においては，大量取引を迅速かつ効率的に処理する必要から，取引の一方当事者（当該取引の専門業者の側）が予め一方的に詳細な契約条項を定めておき，これを契約内容として各種契約を締結する実務が，銀行取引・保険契約・証券取引・運送契約など商取引の多方面において一般化している。この条項を普通取引約款といい，その内容が違法あるいは不当・不公正なものでないかぎり，契約当事者双方を拘束するが，かつては，その理由付けとして，普通取引約款を当該取引圏という部分社会（銀行取引とか保険取引）における自治法規と捉えてその拘束力を説明しようとする見解が唱えられた（自治法理論）。これによれば普通取引約款の上記意味における法源性が肯定されることとなるが，この見解は今日ではほとんど支持されておらず，裁判規範としての法源性が普通取引約款には認められないと解することにほぼ異論はない。

(4) 商事条約

現在，企業活動・商取引の国際化・ボーダレス化が進んでいるが，これに伴って多数の商事条約が制定・締結されている（国際航空運送についてのある規則の統一に関する条約（昭和28年条約第17号），同条約を改正する議定書（昭和42年条約第11号）等）。所定の手続に則り批准・公布された条約が直ちに国内法として私人に対する直接的な効力を有するのか，それとも改めて国内法化することを要するのかの議論があるが，条約の中にもワルソー条約のように国内法化措置をまたなくとも自動執行力を有するものがあり（自動執行条約〔self-executing treaty〕），その場合は条約自体に法源性が認められる。

2 商法における適用順位と適用範囲
(1) 適 用 順 位

商法適用の順位については，1条がこれを定めており，第1に，商事に関してはまず商法を始めとする商事制定法が適用される。ここに「商事」とは，商法によって規律されるべき事柄をいうと解するのが通説である。もっとも，商事制定法の中でも，たとえば「株式の消却の手続に関する商法の特例に関する法律」や「船舶の所有者等の責任の制限に関する法律」などの特別法は，関連する事項に対する関係で，この法律に対する一般法たる「商法」に優先して適用されるほか，商事条約と商事制定法とでは前者が後者に優先するのが原則とされている（憲98条2項参照）。

第2に，商事に関して商法中に規定がない場合は，商事慣習法があるときは，これが民法に優先して適用される（1条）。この点，商慣習法を民法の「特別法」と捉え，民法に対する商慣習法の優先的地位を当然の扱いと解するのか，それとも慣習法に対する制定法優先主義を定めた法例2条の例外と解するのか（通説），見解の対立があるが，ともかく，商慣習法が商取引におけるさまざまなニーズから考案された企業生活関係上の合理的ルールであることから，商事に関してこうした定めが置かれたものである。

第3に，商事に関し商法の規定も商慣習法もない場合は，民法が適用されるので，商事に関する法規の適用順位は，商法その他の商事制定法→商慣習法→民法ということとなる。

(2) 商法の適用範囲

商法は，第1に，すべての日本国民と日本国領土に適用されるのを原則とする。第2に，商法では，とりわけ「第2編会社」中の規定の改正が頻繁に行われていることから，特定の事項について2つ以上の法規が時間的に前後の関係において存在する場合を生じるため，新旧いずれの法規を適用すべきかが問題となる（時際法ないし経過規定の問題）。この点につき，民法・刑法などでは一般的に新法不遡及主義がとられているが，商法にあっては，新法の遡及を原則としつつも，旧法により生じた事項の効力は妨げないものとした上で（昭和56改正附則2条等），必要に応じて特定事項についての新法不遡及を明文で特に規定する経過措置を講ずること（昭和56改正附則12条等）が通例となっている。

II 商法総則

第1章　商人と営業

§1　商法の適用範囲と商人・商行為概念

> **トピック**
>
> 商法は，企業とその組織・活動を規律・規整する法であるといわれる。しかし，その適用対象とされる「企業」とは，具体的にどのようなものなのか。企業の活動・取引をどのようにして把握すればよいのか。大手の私鉄やJRのように株式会社形態で鉄道事業を営んでいる場合は商法が適用されるとしても，東京都や大阪市などが営んでいる都営・市営の地下鉄・バス事業は商法の適用を受けるのか。大学生協と学生との間で行われる商品の売買については，商法が適用されないのか。このように，商法を企業とその活動に適用するといっても，いろいろな問題や疑問が生まれてくる。ここでは，主にこうした問題を考えよう。

1　商法の適用範囲と商人・商行為概念

　商法は民法の特別法であるから，特別法優先適用のルールにより，関連する場面では商法が優先的に適用される。しかし，民法と商法とでは，同じ取引・行為を対象とする規定であっても，その内容が異なるだけに，どのような場合に商法が適用されるのか，その基準を明確にしておく必要がある。わが国の商法は，第1に，企業取引の類型とその主体に着目し，まず典型的な企業取引とされてきた一定の行為類型を「商行為」として定めて列挙するとともに，これを自己の名をもって業とする者を「商人」と呼んで，これらに商法の関連規定を適用する立場を基本とする。第2に，事業内容が商法所定の商行為類型に該当しない場合も，事業の形式や内容から見て企業法の特別ルールに服せしめた方が合理的な企業があることから，事業の方式・内容に着目した「擬制商人」

概念を定め，これに該当する者にも商法の関連規定を適用する立場を併用する（折衷主義）。

> **【商人主義・商行為主義・折衷主義】**
> 　商法の適用範囲を画定するための立法主義は，一定の商取引類型を「**商行為**」として定めた上で，これを営業として行う者を「**商人**」とし，これらを商法の適用対象とする**商行為主義（客観主義）**と，事業の種類や経営形態をもとに商人的方法で営業を営む者を「商人」と定めた上で，その者の営業上の行為を「商行為」と捉え，これらに商法を適用する**商人主義（主観主義）**とに大別される。前者には，商法の適用範囲が客観的に定まり明確であるというメリットがある反面，法定の商行為類型が限定列挙とされると，経済社会の進展により登場する新たな商取引を包摂できないデメリットもある。他方，後者は，商人概念を実質的に捉えることから，事業内容の如何を問わず商人的方法で何らかの営業を営む者とその行為に商法を適用できるので，商行為主義のデメリットを克服できる長所を有するが，反面，商人的方法の具体的内容が具体的に明示されなければ，商法の適用範囲を却って不明確にしかねない。そこで，わが国では，上記のように，一定の取引類型を商行為として列挙した上で，これを自己の名をもって営業として営む者を商人とし，これらに商法を適用する商行為主義（客観主義）を基調としながら，所定の商行為に該当しない事業を営む企業をも商法の適用対象に包摂するために，経営形式や企業形態から商法が適用されるべき企業をも商人とみなして（擬制商人），これに商法を適用する商人主義（主観主義）の立場も併用している。この立場を**折衷主義**という。

2　商人・商行為の意義

(1)　固有の商人と擬制商人

　商人とは，商法の適用を受ける事業主体のことであり，「自己ノ名ヲ以テ商行為ヲ為スヲ業トスル者」とされている（4条1項）。これを**固有の商人**といい，自らの商行為より生ずる権利・義務の帰属主体として（自己の名をもって），営利目的で当該行為（数種でも可）を一定の計画に従い継続・反復的に行う（業とする）者である。個人と法人とを問わないが，ともかく501条または502条所定の商行為に該当する営利事業を行うことが必要である。ちなみに，**営利**

目的とは、事業上の収支の差額を利得する目的をいうが、実際に利益を得たかどうかや、収益の用途などは問わないとされる。

これに対し、商法所定の商行為に該当する事業を営まないものの、その企業形態・経営方式などの点で商人として扱われるのが相当なものとして、商法は、①**店舗その他の類似設備により物品の販売業を営む者**（店舗販売業者）、②**鉱業を営む者**、ならびに、③**商行為以外の事業を目的とする会社**の3つを定めて商人と見做しており（4条2項）、これを**擬制商人**という。①は経営方式に着目したものであるが、後述のように、他から有償取得した物品の販売業は商行為の1つとして列挙されているため、店舗販売業者として商人と見做されるのは、農産物や海産物など原始取得した物品を扱う者ということになる。また、③はいわゆる**民事会社**（52条2項）であり、合名会社・合資会社・株式会社・有限会社のいずれでもよいが、ニュービジネスが一般的に株式会社または有限会社形態で行われていることからすると、それらが商行為類型に該当しない場合でも、民事会社として商法の適用を受けることとなる。商行為に該当する事業を目的とする会社のことを、民事会社に対して、講学上、**商事会社**とよぶ。

(2) **商　行　為**

(a) **基本的商行為の類型・態様**　商法は一定の企業取引類型を「商行為」として列挙した上で、ここから商人概念を導く立場を基調としていることから、これらの商行為を**基本的商行為**ともいう。基本的商行為には、①その性質上、強度の営利性があるため、営業として行われるかどうかを問わず商行為とされる**絶対的商行為**（501条）と、②営業として行われるとき、すなわち反復・継続的に行われるときに商行為として扱われる**営業的商行為**（502条）とからなる。いずれについても、これを自己の名をもって業として行う者が商人とされるが、前者の絶対的商行為は、誰が行おうと、また1回限りの行為として行われた場合も、商行為性を要件とする商法規定（504条・505条・511条・514条など）の適用を受けることに注意を要する。

(b) **絶対的商行為**　商法は、絶対的商行為として、①**投機購買とその実行売却**、②**投機売却とその実行購買**、③**取引所においてする取引**、および、④**手形その他の商業証券に関する取引**の4種を定めるほか、⑤**担保付社債信託法による信託の引受**も絶対的商行為の1つに掲げられている（担信3条）。

このうち，①は，差額を利得する目的で動産・不動産・有価証券を法律行為により取得する行為（投機購買）と，これをそのままでまたは加工のうえ売却する行為（実行売却）をいう。②は，値下りを見込んで，まず動産または有価証券を高値で売り込んでおき（投機売却），後にこれを安く買い入れて（実行購買），その差額を利得する行為をいう。③は，証券取引所・商品取引所・金融先物取引所における取引をいうが，現在，各取引所は会員制組織とされていること（証取80条2項，商品，金先3条2項），そこで行われる取引も投機売買（上記①・②）や取次（502条11号）に該当することから，これを独立の絶対的商行為として掲げることの法的実益は乏しいとされている。④は，為替手形・約束手形または小切手のほか株券・社債券・倉庫証券・運送証券などの有価証券の振出・裏書・引受・保証などをいい，当該証券の売買・寄託・交換・運送などは含まない。

(c) 営業的商行為　営業的商行為として商法等では以下の取引類型が定められている。

① **投機貸借とその実行行為**　これは，動産または不動産を安く買い入れ，または賃借した上で，これを高値で賃貸する場合の買入れまたは賃借行為と賃貸行為をいう。各種レンタル業やリース業がその一例であるが，有価証券は除外される（通説）。

② **他人のためにする製造・加工に関する行為**　これは要するに，他人から供給を受けたり他人の計算で買い入れたりした材料などの製造・加工を引き受け，その報酬を受ける契約のことである。クリーニング業・テーラーなどがその具体例である。

③ **電気またはガスの供給に関する行為**　電気またはガスの供給を引き受ける契約がこれに該当する。

④ **運送に関する行為**　これは，各種運送を引き受ける契約（運送契約）をいう。運送取引は，その客体により旅客運送と物品運送に，運送場所により陸上・海上・空中運送に分かれる。

⑤ **作業または労務の請負**　作業の請負とは，鉄道建設・家屋等の建設・船舶の建造・修理など各種作業の請負契約をいい，労務の請負とは，労働者の供給請負契約のことである。

⑥ **出版・印刷または撮影に関する行為**　出版に関する行為とは，文書や図画などを印刷して発売配布することをいい，(ア)著作者から著作物の出版権を取得するための契約，(イ)著作物の印刷複製を行わせる契約および③印刷物を発売配布するための契約を含むが，このうち(ウ)が不可欠の要素とされ，(ア)・(イ)の業務を併せ行うことが常に必要というわけではない。したがって，自己出版の場合でも，出版物の販売行為を業として行えば，出版に関する行為として商法の適用を受けることとなる。他方，印刷に関する行為は印刷業であり，撮影に関する行為とは，撮影の引受を目的とする契約をいう。

⑦ **客の来集を目的とする行為**　場屋営業とも称され，旅館・ホテル，劇場，遊園地などの施設利用契約がこれにあたる。

⑧ **両替その他の銀行取引**　両替とは円とドル・ポンドなど外国通貨との両替業をいう。銀行取引は，預金などの方法により不特定多数の者から金銭または有価証券を受け入れる受信行為と，これを他人に貸し付ける与信行為の双方が必要であると解されている（通説・判例）。したがって，自己資金で貸金業を営む者（いわゆるノンバンクや質屋等）は銀行取引に該当しないとされている（最判昭50・6・27判時785号100頁参照）。

⑨ **保険**　保険制度の説明は本書Ⅲ第2章§7に譲るが，商法が直接の適用対象とするのは**営利保険**である。それゆえ，わが国の生命保険のように通常，相互保険として行われる保険契約は商行為として扱われない。

⑩ **寄託の引受**　これは，他人のために物の保管を行うことを目的とする契約をいい，倉庫契約などがこれに該当する。

⑪ **仲立または取次に関する行為**　仲立に関する行為とは，他人間の法律行為の媒介を引き受ける契約をいう。コール取引を媒介する短資会社や保険仲立人（保険ブローカー）がその具体例である。他方，取次に関する行為とは，自己の名において他人の計算で一定の行為を行うことを引き受ける契約であり，物品売買の取次を行う問屋（といや），広告代理店など物品売買以外の行為の取次を行う準問屋（じゅんといや），および物品運送の取次を行う運送取扱人の各業務がこれに該当する。

⑫ **商行為の代理の引受**　これは，委託者たる本人のために商行為の代理

を引き受ける行為をいい，締約代理商としての保険代理店がその例である。

⑬ **信託の引受**（信託6条）・**無尽**（無尽2条）　信託の引受とは，受託者が委託者から財産権の移転その他の処分を受け一定の目的に従って当該財産の管理または処分を引き受けることをいう（信託1条）。無尽とは，一定の口数とその金額を定めて定期的に掛金の払込みを行わせ，一口ごとに抽選・入札その他の方法により掛金者に対して金銭以外の財産の給付をする行為またはこれと類似の方法で金銭以外の財産の給付をする行為をいう（無尽1条）。

　なお，もっぱら賃金を得る目的で物を製造しまたは労務に服する者の行為については，これが上記の営業的商行為のいずれかに該当しても，商行為としては扱われない（502条但書）。たとえば，個人タクシー営業がこれに該当すると解されている。

　ちなみに，以上の各種商行為がベースとなって商法の適用対象が画定されていくが，これらの法定が明治32年であったことから，その後の経済社会の発展・技術の進展などに伴って誕生した新たなビジネス形態（インターネットのプロバイダーとか衛星通信事業など）がそこには含まれていない。その結果，営利事業でありながら商法の適用を受けない不都合が生じる。これに対し，上記商行為類型を例示列挙と解することでそうした不都合を避けることもできるが，商法所定の基本的商行為を**限定列挙**と解するのが通説である。もっとも，そうした新規事業も実際には，リスクの軽減・信用力強化・資金調達の便宜などに鑑みて会社形態，とりわけ株式会社・有限会社形態で行うのが通常であろうから，前述の民事会社として商法の適用を受けることになるので，商行為を限定列挙と解しても，実際には上記の不都合が問題となることはないであろう。

　(d)　**附属的商行為**　商人はその営業目的として上記商行為を行うことになるが，それ以外にも，営業資金の借入，店舗等の賃貸借，取引先等のための債務保証など本来の営業に関連・付随する各種行為を行うことが少なくない。これらは商人がその目的として営む営業行為ではないが，その一環として営利目的で行われるのが通常であるから，これも基本的商行為とともに商法の適用対象に包摂することが合理的といえる。そこで，商法は，商人が本業以外にその営業のためにする行為を「**附属的商行為**」と称し，商行為であることが要件と

される商法関連規定を適用するのである（503条1項）。

　もっとも，附属的商行為とされるための要件が「商人がその営業のためにする」こととされているが，結局これは主観の問題であるから，相手方等がこれを立証することは困難である。そこで，商法は，**商人の行為は営業のためになされたものと「推定」される**との規定を置くことで立証責任を転換し，立証の困難を克服している（同条2項）。ちなみに，商人がその営業のために従業員を雇い入れる雇用契約についても，これが附属的商行為としての推定を受けると解するのが，通説・判例（最判昭30・9・29民集9巻10号1484頁）である。

(3) 擬制商人と準商行為

　擬制商人は，基本的商行為に該当する事業を営まないから，その営業目的たる行為は「商行為」とはならない。他方，擬制商人が本来の事業に関連・付随して行う資金借入などの行為は附属的商行為と推定され，商法の適用を受けるため，擬制商人に関しては，本業には商法が適用されないのに，付随的な行為は商法の適用を受けるという不合理な結果が生ずる。そこで，商法は，民事会社について，その営業目的たる行為も商行為に準じて扱われるものと定め，そうした商法適用上の不都合を解消する（523条）。これを**準商行為**というが，他方で，現行法は他の擬制商人にはこうした取扱いを定めておらず，立法の不備が指摘されている。

(4) 小商人

　小商人（こしょうにん）とは，**資本金額が50万円以下の商人であって，会社でないもの**をいう（商法中改正法律施行法3条）。こうした零細な企業はその規模の小ささゆえに，それほどの物的設備を必要としないし，こうした零細な商人にまで商号専用権（19条）を認めると，他の商人による商号選定の自由を妨げるおそれもある。そこで，商法は商人のうち一定規模以下の零細なものに関しては，商業登記・商号および商業帳簿に関する規定を適用しないものとした（8条）。なお，20条〜23条は第三者の利益保護を目的とした規定であるため，小商人にも適用されることには注意を要する。

3　双方的商行為と一方的商行為

　商行為にあっても，たとえば自動車部品メーカーと自動車メーカー間の部品

の売買契約や，銀行と事業会社間の金銭消費貸借契約のように，当事者の双方にとって商行為となるものと，家電販売業者と個人消費者間の家電品の売買契約や一般個人による銀行借入などのように当事者の一方にとって商行為としての意味を持つ行為とがある。前者を**双方的商行為**，後者を**一方的商行為**という。

　商法が企業生活関係を規律する法であるとすると，一般個人がかかわる場合はその適用の是非が問題となるが，関連する規定の中には契約当事者たる個人にとって有利なものもあること（消滅時効に関する522条など），**一方的商行為**も商人はこれを営利目的で行っているため，商法上は基本的に双方的商行為と同様の扱いとするのが合理的であることなどから，双方的商行為であることが要件とされるものを除き（521条等），一方的商行為についても当事者双方に商法が適用されるものとされている（3条）。

§2 商人適格と商人資格

1 商人適格とその有無
(1) 自 然 人
　自己の名をもって商行為を業として営むことが商人概念の要件であるが，こうした要件を満たせば，その限りで商法上，商人としての扱いを受けられることを，**商人適格**という。
　この点，自然人は，その年齢・性別等にかかわりなく，この要件を満たせば常に商人として扱われるので，商人適格の有無は問題とならない。

【未成年者・成年被後見人等と営業能力】
　商人として扱われうるかどうかに関する商人適格は，専ら商法適用の有無にかかわる問題であるから，これを，自ら営業活動を行い自己の名において権利を取得し義務を負担しうる営業能力の有無と混同してはならない。したがって，制限能力者たる未成年者・成年被後見人等は商人適格が認められるが，営業能力についてはそれぞれ民法の定めるところに従うから，商法はこれを受け取引安全のための措置を補充的に規定する。まず第1に，未成年者については，未成年者が法律行為を行うには原則として法定代理人の同意を要し（民4条1項本文），これを欠いてなされた法律行為はこれを取り消しうるものとされているので（同条2項），このままでは未成年者が商人として営業を行う上で支障が生ずる。そこで，民法は，未成年者は法定代理人の許可を得て一種または数種の営業を営むことができるとした上で，この場合は当該未成年者がその営業に関して成年者と同一の能力を有するものと定める（民6条1項）。したがって，未成年者も，その法定代理人の包括的な営業許可を得ておけば，その営業にかかる個々の取引のつど，法定代理人の同意を得る必要がなくなるが，同時に，こうした営業許可の有無は取引の相手方にとっては知っておくべき重要事項であるから，登記事項とされている（5条）。
　第2に，成年被後見人については，その者のなした法律行為は，成年被後見人が単独で行いうる日用品の購入その他日常生活に関する行為を除き，後見人の同意がある場合も取り消しうるものとされており（民9条），未成年者について法認されている営業許可による包括的同意の制度も認められていないから，成年被

後見人が自ら営業能力をもって営業行為を行うことはできない。もっとも，後見人が成年被後見人を代理して営業を行うことはできるため（ただし，後見監督人が選任されているときは，その同意を要する（民864条本文）），その場合には成年被後見人の商人性が認められることとなるが，その旨の登記が必要である（7条1項）。

　第3に，被保佐人については，元本の領収・利用，借財・保証その他民法12条1項所定の行為を行うには保佐人の同意を要し，この同意を欠く行為は取消の対象となるとされている（民12条1項・4項）。商人としての営業上の各種行為は，保佐人の同意を要する行為に該当するケースが少なくないが，これについては未成年者のような営業許可の制度はない。また，保佐人は，被保佐人本人，配偶者，保佐人その他一定の範囲の者の請求にもとづく家庭裁判所の審判により，特定の法律行為については被保佐人のための代理権を認められるが（民876条ノ4第1項），その範囲が限定されている。そのため，被保佐人による営業はその都度，保佐人の同意を得なければならないという不都合があるため，被保佐人の営業能力は未成年者と比べるとかなり制約されたものとなっている。現在，こうした不便を解消するための方法として，①被保佐人が保佐人の同意を得て支配人を選任し，営業を営ませる方法，②民法12条2項にもとづき家庭裁判所の審判を経て，保佐人の同意のもと未成年者が自ら営業を行う方法，または，③民法12条2項にもとづき家庭裁判所の審判を経て，保佐人の同意のもと未成年者が支配人を選任し，これに営業を営ませる方法の3つが学説上提唱されているが，いずれも一長一短である。

　第4に，民法16条1項にもとづき家庭裁判所の審判を受け，特定の法律行為について補助人の同意を要するものとされた被補助人は，当該特定の法律行為を行うには補助人の同意を要し，同意を欠く場合は当該法律行為を取り消すことができる（民16条4項）。したがって，被補助人が何らかの営業行為を行う場合に，それが補助人の同意を要するものとされる行為に該当するときは補助人の同意を得て行うことになるが，反面，同意を要する行為に該当しないときは当該営業行為を単独で行うことができる。

(2) 法　　　人

(a) 公法人　　**公法人**とは，その定義をめぐって見解の対立があるが，一般的には，設立・運営につき国家の公権力の加わる法人または国家の公権力の作

用に関与する法人をいうとされる。これには，国・地方公共団体のほか，公共組合（土地区画整理組合など）・公団（住宅都市整備公団など）・金庫（国・地方公共団体の現金出納機関）・公庫（住宅金融公庫など）のように国家のもと特定の国家目的のために設立された法人が含まれる。このうち，国または地方公共団体については，その行政目的達成のための手段には格別の制限がないし，商人概念にいう「営利性」も**収支相償**うことで足りるから，これが独立採算制で営利事業を営む場合は（たとえば，都営・市営地下鉄・バス事業など），その限りで当該事業は商行為とされ，その運営主体たる公法人も商人として扱われることとなる。これを受けて，2条は「公法人ノ商行為ニ付テハ法令ニ別段ノ定メナキトキニ限リ本法ヲ適用ス」と定める。もっとも，国が営む郵便事業・郵便貯金・簡易保険等は，全面的に特別法の規制に服する国営事業とされ，商人性を否定するのが通説である。

　他方，公共組合は，その目的が限定され，営利事業とは本質的になじまないことから，商人適格を有しないと解することにほぼ異論はない。なお，公団・公庫については後述の特殊法人の説明に譲る。

　(b)　**私法人**　これに対し，私法人とは，公法人でない法人を総称するものであり，その目的の性質により**営利法人**と**公益法人**，および，そのいずれでもないいわゆる**中間法人**の3つに分類される。このうち，**営利法人**となりうるのは会社であり，商行為を業とするか否かを問わず，商人とされるから（52条・4条，有1条2項・2条），営利法人について商人適格の有無が問題となることはない。また，**公益法人**すなわち**祭祀・宗教・慈善・学術など公益を目的とする社団法人または財団法人**にあっても，その本来の目的は公益の追求・実現にあるものの，その目的実現の手段としてであれば，その限りにおいて営利事業を行いうるとされている。したがって，その場合は，公益法人も付随的に商行為を業として営む限りにおいて商人として扱われ，商法の適用を受けると解することにほぼ異論はない。

　これに対し，**中間法人**，すなわち，**保険相互会社や各種の協同組合のように営利も公益も目的とせず専ら加入者・構成員の相互扶助や共同利益の増進を目的とする法人**については，とくに協同組合に関して，その根拠法において当該法人の行える行為が限定されていることや，取引の相手方が原則としてその構

成員であるうえ，その取引において協同組合は法の明文上，組合員への最大奉仕が求められ，営利追求が禁止されていることが少なくないことから，たとえ商行為に該当する取引を行っているとしてもまったく商人として扱われず，商法の規定の適用を受けないと解するのが，判例（信用組合に関する最判昭48・10・5裁判集民事110号165頁，信用金庫に関する最判昭63・10・18民集42巻8号575頁）・多数説である。もっとも，この立場にあっても，取引の相手方たる組合員が商人である場合には，一方的商行為を理由に商法の関連規定の適用を認めている（ただし，双方的商行為や当事者双方が商人であることが要件とされる規定は除く）。

【協同組合・相互会社と商人適格の有無】
　協同組合・相互会社は，組合員・構成員の相互扶助ないし共同利益の増進を目的とするし，その事業目的たる取引行為も協同組合等とその組合員・構成員との間において行われることが一般的であり，その目的は組合員等の経済的地位の向上や福利の増進等におかれている。そこで，現在の多数説と判例は，上述のように，協同組合等が商法所定の商行為に該当する業務を営んでいる場合も，一切その商人性を認めず，商法の適用を否定する全面否定説の立場にたつ。これに対し，近時は，協同組合等の業務が商行為に該当する場合には，これを商人として扱い商法を適用すべきとする説が有力である。その第1は，とくに信用金庫と信用組合を念頭においたものであるが，現在における協同組合の事業態様に加え，一定の範囲内で剰余金の組合員等に対する分配が可能であることなどを根拠に，協同組合等を商人そのものと捉える立場である。この説は近時有力化しているが，協同組合等の本質を看過するものとの批判を免れない。
　そこで，第2説として，まず協同組合等一般について，その目的が組合員等の事業・家計の助成または相互扶助にあり，その目的に適合する事業しか行えないことから，これを直ちに商人と捉えることは認めがたいとしつつも，第1に，企業組合のように協同組合自体が商業・工業・サービス業などを直接経営し，商行為に該当する行為を収支適合原則のもと反復継続的に行っている場合は，これを商人と認めて差し支えないとする一方，第2に，企業組合以外の協同組合等は，その主要目的実現の手段として営利事業を付随的に営む場合に，その限りで商人として扱われ商法の適用を受けると解する立場が唱えられている。
　このほか，第3説として，協同組合等の商人適格を基本的に否定しつつも，協

同組合等が行う取引を組合員・構成員を相手とするもの（内部的取引）と，組合員・構成員以外の者との取引（外部的取引）とに区分した上で，前者については，組合員等の相互扶助の目的にもとづくものであるから原則として商法が適用されず，ただ組合員等が商人であるときに限り一方的商行為を理由に商法の関連規定の適用を受けると解する反面，後者の外部的取引に関しては，これが商行為に該当する限り商法の関連規定の適用または類推適用が広く認められるべきとする立場も唱えられている。

2 商人資格の得喪

商法上，商人とされると，その営業目的たる取引はもとより（ただし，擬制商人のうち店舗等による物品販売業者と鉱業者は除く），その営業のために行う附属的商行為についても商法の関連規定が適用される。そのうち殊に附属的商行為は商人たる地位から導かれるものであるが，一般的に，ある者がいつから商人たる地位を取得するかという商人資格の取得時期については，商人としての営業が現に開始されたときではなく，その**開業準備行為**が行われ営利追求の意思が明らかとなっていれば，営業開始前の段階であっても商人資格を取得するのであって，それにより開業準備行為も附属的商行為として扱われ商法の適用を受けると解されている。しかし，開業準備行為が附属的商行為として商法の関連規定の適用を受ける場合，当事者のいずれか一方が民法適用の場合に比べると不利な扱いを受けることがあるので（たとえば，金銭債権についての短期消滅時効（522条），連帯債務の原則（511条）など），どのような事情があれば開業準備段階で商人資格が認められるのかが問題となる。

(1) 会　　　社

この点，会社は，商事会社であれ民事会社であれ，前述のように生来的に商人とされているが，会社は設立登記により成立し初めて法人格を取得するから（57条），そのときに商人資格を取得するものと解されている。したがって，会社に関しては，その設立手続において行われる開業準備行為が附属的商行為とされ商法の適用を受けることはない。なお，会社はその清算により商人資格を喪失するが，その時期は清算登記（119条ノ2・134条・147条・430条，有75条1

項）のときではなく実際の清算事務終了時（427条参照）と解されている。
(2) 自然人または会社以外の法人
　これに対し，基本的商行為のいずれかを自己の名において業として営んで初めて商人となる自然人および会社以外の法人については，開業準備行為においてどのような事情があれば商人資格が認められるのか，その基準が必ずしも明らかではない。開業準備行為の段階で商人としての扱いを受けるのは，多分にその者の営利追求意思という主観的要素によるものであるが，商人資格の取得時期は取引の相手方にとっても重大な関心事であるから，それを行為者の主観にかからせるのは問題である。この点につき学説は次のように分かれている。

① **営業意思表白行為説**　商人資格は営業開始前の開業準備行為の段階で取得されるが，そのためには看板の掲揚・チラシの配布等による営業意思の外部公表を要するとする立場。

② **営業意思主観的実現説**　行為者の主観において営業意思が実現されれば，その表白行為がとくになされなくとも，商人資格が認められ，その者による開業準備行為が附属的商行為として扱われるとする立場。

③ **営業意思客観的認識可能説**　開業準備行為の段階で商人資格の取得が認められるためには，営業意思が準備行為により相手方に客観的に認識できることが必要であると解する立場。

④ **準備行為の性質による営業意思客観的認識可能説**　③説をベースにしつつ，準備行為自体の性質から営業意思を客観的に認識しうる場合に限り行為者の商人資格取得が認められるとし，営業所の借受けや営業広告の印刷依頼などからは営業意思が明らかとなるが，資金借入行為については特段の事情がないかぎり，営業意思を表すものとはいえないとする立場。

⑤ **段解説**　まず行為者の営業意思が主観的に実現された段階では，取引の相手方だけがそれを証明し当該行為者の商人資格と開業準備行為の附属的商行為性を主張できるが，第2に，営業意思が特定の相手方に認識されまたは認識可能となった段階では，行為者の側からも，当該相手方に対しては自己の商人性と開業準備行為の附属的商行為性を主張でき，第3に，営業意思が一般的に認識されるに至った段階では，当該行為者の商人資格は誰からも主張でき，その者の行為は附属的商行為としての推定を受ける

と解する立場。

　これらのうち現在では，③説ないし④説が多数説と思われるが，⑤説の支持者も少なくなく有力化している。

　他方，現在の判例の状況はどうか。Yが映画館経営の開業準備資金調達のためにXを貸主として行った金銭消費貸借契約について，これにもとづくXの貸付債権が522条の適用を受け商行為債権として弁済期より5年で時効消滅するのか，民法167条1項に従い一般債権として消滅時効期間が10年とされるのかが争われた。この事案において，最判昭47・2・24民集26巻1号172頁は，「特定の営業を開始する目的でその準備行為をした者は，その行為により営業を開始する意思を表現したものであって，これにより商人たる資格を取得するのであるから，その準備行為もまた商人がその営業のためにする行為として商行為となる……。そして，その準備行為は，相手方はもとよりそれ以外の者にも客観的に開業準備行為と認められうるものであることを要すると解すべきところ，単に金銭を借り入れるごとき行為は，特段の事情のないかぎり，その外形からはその行為がいかなる目的でなされるものであるかを知ることができないから，その行為者の主観的目的のみによって直ちにこれを開業準備行為であるとすることはできない。もっとも，その場合においても，取引の相手方が，この事情を知悉している場合には，開業準備行為としてこれに商行為性を認めるのが相当である。」と判示した。そのうえで，同判決は，当該事案ではYによるXからの資金借入の趣旨・目的をXにおいて知悉していたとして特段の事情の存在を肯認し，上記金銭消費貸借契約に商行為性を認めて522条を適用した原判決を相当としており，上記学説のうち④説の立場に立つものといえよう。

§3　営業の意義と態様

1　主観的意義の営業と営業の自由・制限
(1)　主観的意義の営業
　商法では，各所において「営業」という概念を用いているが，その中には，商人がその財産・組織などを用いて継続的に営む営業活動という意味で使われる営業概念がある。これを，**主観的意義の営業**といい，5条の「未成年者ガ前条ノ営業ヲ為ストキハ」，19条・20条2項の「同一ノ営業ノ為ニ」，21条の「他人ノ営業ナリト」などにおける「営業」がその一例である。

(2)　営業の自由と制限
　ところで，営業活動に関しては，憲法22条1項に定める職業選択の自由に含まれるものとして憲法上その自由が保障されていると解するのが憲法学における通説・判例（最大判昭47・11・22刑集26巻9号586頁）の立場であるが，もとより公序良俗に違反する行為を営業として行うことは許されないし，一定の公益的理由ないし社会政策的理由から公法上の各種制限に服する。すなわち，①一般公益上の理由により，猥褻な文書・図画その他の物の頒布・販売（刑175条）やあへん煙の輸入・製造・販売（刑136条）など刑法により禁止されている行為を営業として行えないことはいうまでもない。②風俗営業，質屋営業・古物商営業，旅館業・飲食店業などは風俗取締，一般公安，保健衛生，その他の産業警察取締の理由から許可営業とされており，その自由が制限されている。③銀行業・信託業・保険業，電気通信業，鉄道事業・一般旅客自動車運送事業・海上運送事業・航空運送事業などは，事業の公共性から免許制とされている。④信書送達・簡易生命保険などは国の独占事業とされているため，私企業による営業の余地はない。また，⑤裁判官は商業を営めないほか，国家公務員や弁護士などは許可なしに商業を営めないなど，その職務ないし身分の公的性格から営業が制限されている。

　さらに，商法は，営業の自由に対する私法上の制限として，第1に，営業譲渡人，支配人・代理商，会社の無限責任社員・株式会社および有限会社の取締役については，営業譲受人，営業主・本人，会社に対する関係で競業行為を禁

止している。第2に，支配人は営業主の許諾がなければ，自己または第三者のために一切の営業を行うことができないものとされている（41条）。ちなみに，会社役員や従業員の退職時などに，当事者間の契約をもって，退職役員等が一定の期間・一定の地域で競業行為を行わない旨を定めることがあるが（退職後の競業禁止特約），その内容が公序良俗に反しない合理的制限である限り有効と解されており，その限りでこれも営業の自由に対する制限となろう。

このほか，営業の自由そのものの制限ではないが，営業態様の制限として，不正競争防止法や独占禁止法では，公正競争を阻害するような営業態様を規制している。

2　客観的意義の営業とその構成要素

商人がその事業に必要・有益な営業施設を用いて物品の製造販売とか運送業等の営業活動を継続して行うと，その過程で，安定的な顧客・得意先関係や仕入先関係，独自の営業上のノウハウ，合理的・効率的は経営機構（製造・販売管理システムとか人事システム等）が形成されて，これらが商人の有する動産・不動産・各種財産権などの個々の営業用財産と有機的に一体化し，1つの企業組織として機能するようになるため，個々の営業用財産の価値の総和を超える付加価値を生むこととなる。

こうした経営組織体のことを**客観的意義の営業**というが，客観的意義の営業は，土地・建物・自動車・製品などの不動産および動産や，特許権や商標権などの無体財産権などの営業用財産と，上述した得意先・仕入先関係とか営業上のノウハウなどの経済価値ある事実関係（暖簾），ならびに，営業上の債務から構成され，譲渡の対象となる（営業譲渡）。

3　営業所の意義とその効果

(1)　営業所の意義

「営業所」とは，現実の企業社会では本店または支店の下部組織の1つという意味で用いられることが多いが（たとえば，東京に本社のある企業の大阪営業所とか，新宿支店の早稲田営業所など），商法上は，商人の営業活動の中心となる場所のことをいい，商人の営業全般を統括する**本店**と，一定の地域・地区の

営業活動について独立の営業活動を行うものとされる**支店**の双方を含む概念である。問題となるのは,「営業活動の中心」となる場所とされるためには,①そこで商人の営業目的である基本的な営業行為がある程度独立して行われる場所であることを要するのか,それとも②営業活動が行われる必要はなく,営業の指揮命令が発せられ営業の成果が統一される場所であれば足りるのか,である。たとえば,ある会社では,ある地域における取引がその地域内にある営業店において行われるが,各営業店の役割は取引の媒介にとどまっているために,そこにおいて契約締結を行えず,その地域における営業の統括組織がこれら営業店の営業活動について各種の指示を発し営業活動ないし成果を集約(契約締結の承認や売上金の管理など)している場合に,この統括組織が営業所とされるか。また,この設例で,営業店は「営業所」とされるのであろうか。後者は,営業活動につき統括組織の指示・決裁を受けて取引を機械的に処理するにすぎないから,「営業所」とはいえないであろう。これに対し,前者の統括組織については,前記①説によると,営業活動じたいがそこで行われていないから,営業所に該当しないと解されることとなろうが,営業活動の意味を取引の決裁で足りると考えれば,営業所概念に含まれることとなろう。他方,②説によれば,営業所と解されることとなろうが,商法が営業所について法規制を置く主目的が,商人の営業上の債権者保護にあることからすると,商法にいう「営業所」の意義も,対外的な営業活動が行われる場所的中心と解するのが合理的であるように思われる。もっとも,そこにいう営業活動は商人の基本的な営業行為である必要はなく,資金借入のような附属的商行為や取引の決裁だけで足りると解すべきであろう。その意味で,前記統括組織は,当該会社の営業所の1つと解されよう。なお,商品の製造や保管・配送などの事実行為を行うにすぎない工場・倉庫・配送センターなどは営業所に該当しないし,営業所は商人の営業活動の場所的中心としての固定的組織であるから,行商人については営業所は存在しない。

(2) **本店と支店**

商人がその営業について数個の営業所を有する場合において,その営業全部を統括する営業所を**本店**といい,その下部組織として本店の一般的指揮下にありながらある程度独立して営業活動を行う営業所を**支店**という。この点につき,

42条に定める表見支配人の成否が問題となった最判昭37・5・1民集16巻5号1031頁では，契約締結の媒介のみを行うにすぎない生命保険相互会社の支社が同条にいう「支店」に該当しないと判示している。ちなみに，会社にあっては，取引上の必要から，定款に記載され登記された「本店」(形式上の本店) とは別の場所に「本社」組織 (実質上の本店) を設置し，そこで実質的な営業活動を行うケースが少なくない（たとえば，定款・登記簿上は本店がその会社の創業地である新宿区とされているが，現在は中央区内の本社で営業活動が実際に行われており，新宿の「本店」が単なるシンボル的存在にすぎない場合）が，本店は，後述のように，債務の履行場所とされる (516条) ので，債権者としてはどちらを債務の履行場所とすべきかが問題となる。この点，商業登記管轄（商登1条，商9条・188条など）・裁判管轄（民訴4条4項・5条5項）・裁判書類の送達場所（民訴103条1項・104条）などについては，形式上の本店を基準とすべきであろうが，債務履行の場所や表見支配人などについては，実質上の本店を基準とするのが妥当であろう。

(3) 営業所に認められる効果

まず，すべての営業所について，次のような法効果が認められる。第1に，営業所は商行為によって生じた債務の履行場所となり，特定物の引渡以外の債務の履行は，当該行為の性質または当事者の特約によって定まらないときは債権者の現時の営業所で行うものとされ (516条1項)，指図債権・無記名債権の弁済は債務者の現時の営業所でなすことを要する (同条2項)。なお，支店での取引については，当該支店が履行場所とされる (同条3項)。第2に，商業登記管轄の決定基準となり，商法上登記すべき事項は，当事者の請求によりその営業所の所在地を管轄する登記所に備えられた商業登記簿にこれを行うことを要する (9条)。第3に，商人にかかる民事裁判の裁判管轄の基準となる（民訴4条4項・5条5項，破105条，和3条，会更6条など）ほか，民事訴訟の書類送達場所の決定基準ともなる (民訴103条1項)。

これに対し，支店について認められる効果としては，第1に，商人はその支店だけを統括する支配人を置くことができ (37条・40条)，第2に，支店で行われた取引については，当該支店が原則として債務の履行場所とされる (516条3項)。第3に，本店所在地において登記すべき事項は原則として支店の所在

地でも登記することを要し（10条），支店の所在地において登記すべき事項を登記しない場合は，商業登記の効力に関する12条の適用は当該支店における取引にのみ適用される（13条）。なお，本店についてのみ認められるものとして，本店移転の場合における商号仮登記の制度がある（商登35条以下）。

第2章　企業の物的要素

§1　商　　　号

1　商号の意義とその機能
(1)　沿　　革
　商号は中世のイタリアで会社制度の発展に伴い，構成員との識別のため会社自体の名称が用いられたのが始まりといわれ，わが国では室町時代から屋号が用いられ，江戸時代に一般化し，庶民が姓氏を使うことができなかったため，屋号が商号として用いられたとされている。

(2)　商号の機能
　自然人が固有の氏名をもつと同様に，法人も他の法人と対比され企業の同一性および活動はその商号によって他から区別して，企業を個別化し表示する名称である商号を必要とする。営業を継続することによって信用の標的ともまた財産的価値を有することにもなる。しかし小商人には商号に関する規定の適用はないので（8条），営業上の呼称は商号ではないことになる。ただ21条は小商人にも適用があり，保護は受けられると解したい。

(3)　商号の意義
(a)　商号　商号とは商人の営業上の名称である。
（i）　商号は「商人」の名称である。①商人でない者の用いる屋号・芸名・雅号・俳号などの名称は商号ではなく，相互保険会社やその他の商法上商人たりえない者がその事業に用いる名称もまた商号ではない（通説）。しかし商法の規定を準用（中小企業等共同組合法6条3項）または類推可能として，商号と商号でないものとを峻別するのは妥当でないとする説もある。②企業そのものに法人格がない以上，企業を表章するものではないとするのが多数説である。これに対し企業は経済的任務を遂行する動的・有機的単位であるから，商号も企

業を表章する名称にほかならないとする議論もあり，商法典が商人のための商号を規定しているかぎり，その意味での商号は企業そのものを表章するものとはいえず商法をもって企業法として把握することの不徹底性はこのような議論にも反映してくると指摘されている。

(ii) 商号は商人の「名称」である。商号は名称であり「呼び名」を意味するため，文字で表示できかつ発音できるものである。そのため記号・符号・図形・紋様・絵等は文字と同様の意味をもち商標，営業標識，サービスマークとはなりえても，呼称しえない点で商号とはなりえない。

(iii) 商号は「営業上」自己を表示する名称である。商号は営業上の名称であるので，営業の存在を前提とする。営業は準備行為が存在すれば商号の成立を妨げない（大判大11・12・8民集1巻714頁）。

(b) **商号の使用** 個人商人の場合，身分上の行為や不動産・商業登記に際し商号使用できない。訴訟行為については使用できるとするのが有力説である。

(c) **商号の表示** 商号は日本語（漢字・ひらがな・カタカナ）で表示されなければならず，外国文字であってはならないとするのが通説である。これに対しローマ字の普及などを理由にそれを疑問視する見解もある。商号の登記実務は日本語で表示される。会社の定款が日本文字と同時に英文で併記されるが，これは商号の訳語で商号自体の併記ではないことになる（登記としてはカタカナだが，商号として最初に英語を用いたのは，TDKとされている）。

(4) **商標・サービスマーク**

商標とは，文字・図形・記号等もしくはこれらと色彩との結合（標章）で表示し，商品について使用するものが商品に係わる商標（商品商標。商標法2条1項1号）で，業として役務（サービス）に係わる商標を営業標（**サービスマーク**。同2号。例として宅急便の黒猫や飛脚のマーク，日本航空の鶴等）という。商標法は，商標権設定の登録がなされた商標（登録商標）を，出願の際指定された商品・役務（サービス）について，商標権者の独占的使用を認めている。商標法は使用する者の業務上の信用の維持を図ることを直接の目的としている。また，他人の商品等表示（商標・サービスマーク）と同一または類似のものを使用して他人の営業上の施設または活動，商品と混同を生ぜしめる行為（周知表示混同惹起行為）は，不正競争行為として，登録，未登録を問わず差止めと

損害賠償が認められる（不正競争2条1項1号）。商標の国際的保護は**パリ条約**が代表的である。1883年パリにて調印され，わが国は1899年に加盟し，平成6年現在103カ国が加盟している。

2 商号の選定

(1) 商号の選定に関する立法主義

選定についての立法主義は，選定する商号と実際の営業活動の内容との一致を要求する「**商号真実主義**」（フランス法系），商号と営業との一致を要求せず自由な選定を認める「**商号自由主義**」（英米法系），新たな商号の選定については実際の営業活動の内容との一致を要求するが，既存の商号の譲渡・相続などの場合には営業活動の内容との一致がなくてもよいとする「**折衷主義**」（ドイツ法系）等がある。わが国では，商人はその氏・氏名その他の名称をもって商号とすることができ（16条），商号の選定は自由である。商号自由主義を採用したのは，古来から実在しない人名をもって屋号とする一般の慣習があって，それをそのまま商号として認める必要があったといわれている。

(2) 商号選定自由主義に対する制限

商号選定が自由とはいえ，法的制限に反するこはできないのは当然である。そこで，以下のような諸制限がある。

(a) 会社の商号中にはその種類に従って合名会社，合資会社，株式会社，有限会社などの文字を用いなければならない（17条，有3条）。

(b) 会社でないものはその商号中に会社たることを示す文字を用いてはならない（18条，有3条）。「合名商会」のように合名会社と誤認されるおそれのある名称も使用できない（大判明41・11・20民録14輯1194頁）。

(c) 不正の目的をもって他人の営業と誤認させる商号を使用することはできない（21条）。

(d) 特別法ではあるが特殊名称も制限がある。銀行，信託，無尽などの営業を営むものはその商号中に銀行，信託，無尽の文字を用いなければならない（銀行6条，信託業3条，無尽5条）。さらに，保険業を営む会社は，商号中にその営む保険事業を示さなければならない（保険4条）。同様に，これらの事業を営まない会社は商号中にこれらの文字を使用してはいけない（銀行6条，信

託業3条，無尽5条，保険4条）。

(e) 不正競争防止法による制限　他人の商品等表示（他人の業務に係わる氏名，商号，商標，標章，商品の容器もしくは包装その他の商品または営業を表示するものをいう）として需要者の間に広く認識されているものと同一もしくは類似の商品等表示を使用し，他人の商品または営業と混同を生じさせる行為や，自己の商品等表示として他人の著名な商品等表示と同一または類似の商品等表示を使用する行為に対し（不正競争2条1項1号2号），差止め，損害賠償，罰則などを規定している。

(f) 商号中に使用禁止されている名称・文字，また法的に制限されている名称は多い。商号中に使用することが禁止されている名称・文字等については昭51・5・6民四第2909号民事局第四課長通知（昭51・1・31現在）においてまとめられ，さらに平成10・6・1現在で一覧表にしたものが「名称等の使用制限一覧表」である。たとえば，「あの部」「名称―アジア経済研究所という名称，根拠法令―アジア経済研究所法9条」「いの部」「名称―病院，病院分院，産院，診療所……，根拠法令―医療法3条1項」等多く特別法で禁止されている。また「公安調査機関」というあたかも公的機関と誤認されるような名称は公序良俗に反し使用は認められない（昭53・7・14民四3956民事局第四課長回答）。

トピック

インターネットで紹介の「おもしろ商標」　米国人から見て不思議な商標の例があげられている。「POCARI　SWEAT」のSWEATには汚い汗のイメージがあって，また「カルピス」は日本人の発音では"COW　PISS"（雌牛の小便）になるそうで，どちらもあまり飲みたくないイメージです。WITH　YOUNGは，動物が子をはらんだという意味を持っているし，SALOONは車のグレードとして使用されているものの，米語では「酒場」の意味があり，飲酒運転の車ともとられそうです。さらには，かわり商標として，オセロ（オセロゲーム，実はシェイクスピアの作品に出てくるムーア人の主人公名である），マジックインキ，ポリバケツ，くるくる寿司，お父さん頑張って！（加工食料品），エチケット（ブラシ）などが，また失われた商標権として，天むすは，以前には登録商標であったが，商標権の更新を忘れたため普通名称となり，誰でも使用できるようになったと紹介されている。同様に，珍名奇名のおもしろ商号も多くあることでしょう。

(3) 商号単一の原則

商人活動・施設などは商号によって表示されまた関連づけられることによって，商人の営業の同一性について誤認を防ぎ，取引の安全がはかられる。そのため，明文はないが，取引での誤認を防ぎ，商号の選定自由を制限しないことから，1個の営業には1個の商号しか認められないことになる。これを「**商号単一の原則**」という。会社の場合には，数個の営業を営んでいても，会社自体が1個の営業組織であり企業の主体であることから，会社を表す名称である商号は常に1つとされる。自然人が数個の営業を営む場合には，各営業につきそれぞれ別個の商号を有することができるが（商登28条2項2号・51条1項3号），1個の営業については1個の商号に限られ，営業所所在地の地名や支店たることを示す文字を付加するこは差し支えないとするのが通説である。これに対して，複数の営業所がある場合に，それぞれの営業所について別の商号を使用することができるとする判例もある（大決大13・6・13民集3巻280頁）。商号単一原則の趣旨が，営業の同一性について誤認を防ぐという点にあることを強調すれば，この判断に疑問があろう。

3　商号の登記と仮登記

(1) 商号登記制度とその目的

商号登記の意義として，商号の登記（公示）制度によって，商人は自己の商号に付着している信用・顧客などを法的に維持し，また取引の相手方は特定の商号がどの商人を表示するものかをも知り得て，商号使用者だけでなく相手方に対しても重要な利害関係を有する。商号の登記は，会社の設立登記において必ず登記されなければならない（64条・188条，商登34条・28条）が，個人商人においては，商号の登記は任意とされている。

(2) 19条商号登記の効力と私法上の効力の有無

商号の登記には，同一または類似する商号の登記を排斥する効力と，同一または類似する商号の使用を排斥する効力が認められている。

(a)　同一または類似商号の「登記」の排斥　　他人が登記した商号は，同市町村（七大都市では区（商改施5条，商登42条））において，同一の営業のために，他人が同一の商号を登記することはできない（19条）。同一営業とは，同種の

目的を有する営業をいうが，全営業が完全に一致する必要はなく，一方の営業目的が他方の営業目的を包含する場合にも営業の同一性が認められる（東京地判昭26・1・17下民集2巻1号47頁）。また同一の商号とは，まったく同一の商号のみならず，判然区別できない商号（「判然区別できない商号」と「同一又は類似の商号」は同一と解するのが通説である）を含むと解される（商登27条。大決大5・11・29民録22輯2329頁）。

(b) 19条の登記排斥の効力の根拠については意見が分かれる。①19条が登記申請において登記官を義務付ける商業登記法27条と別個に規定されていることから，19条には誤って登記商号と同一またはそれと判然区別できない商号が受理された場合に，既登記商号権者にその抹消を請求できる効力（私法上の効力）があると解される。そこで，19条は単に登記事務取扱者を拘束して，同一または判然区別できない登記の受理を禁止するだけではなく（登記法上の効力），私法上の効力も有すると解する説（多数説）から登記抹消請求を認めた判例がある（東京地判昭26・1・17下民集2巻1号47頁）。②商業登記法で登記の抹消を請求できるのは，特定の場合に限られ（商登109条），そこでは商業登記法24条13号が含まれていない。そのため，先登記商号権者が登記官に対して後登記商号の抹消を請求することはできないと解する説がある。判例には，先に商号登記をなしていた者が登記官庁に対して商業登記法114条ノ2による登記抹消の審査請求を求めたことに対し，抹消手続は登記官による職権抹消事由のある場合（商登110条・109条）にのみ認められるとして，商法19条違反を理由とした審査請求を否定したものがある（最判昭60・2・21判時1149号91頁）。

(c) 同一または類似商号の「使用」排斥　商号の登記をした者は，不正競争の目的をもって同一または類似の商号を使用する者に対して，その使用の差止め，損害賠償を請求することができ（20条1項），使用者は20万円以下の過料に処せられる（22条）。20条2項は挙証責任を転換し，同一の営業のために同市長村内において，他人の登記した商号を使用する者は不正競争の目的をもってこれを使用するものと推定している。しかも，この推定は同一の商号に限るとする説と類似記号の使用にまで及ぶと解される説がある。①営業の同種性とその競争の目的。営業が同種でなければ，不正競争の目的があるといえないか。肯定する見解と同種でなくともよいとする見解がある。最高裁判例は現

実に営む営業種目のみを対比するのでなく，社会的見地に立ちその営業目的自体を対比してこれを決すべきで，その主要部分において同一であるかぎり営業は同一という（最判昭50・7・10裁時670号1頁）。②商号使用の排斥は同一または類似称号についても認められる。類似商号か否かは一般取引上商号全体の印象からみて混同誤認のおそれがあるか否か，取引界の実情を参酌して判断される（大判大9・5・24民録26輯753頁）。すなわち，商号の主要部分が類似する場合，または会社の種類を示す文字が異なるのみで他が同一ならば類似商号となる，「日本ペイント製造合資会社」と「日本ペイント製造株式会社」（大判大7・1・26民録24輯161頁），商号の主要部分が同一または類似する場合も類似商号としている，「豊橋十万社」と「丸田田辺十万社」または「田辺十万社」（前掲大判大9・5・2），「合名会社中国新聞社」と「広島中国新聞社」（大判昭10・6・8新聞3853号16頁），「中部機械商事株式会社」と「株式会社中部化学機械製作所」（名古屋地判昭51・4・27判時842号95頁），「更科」と「更科信州屋」（最判昭40・3・18判タ175号115頁）等。しかし，「辰美屋ちゝぶ店」と「ちゝぶや」は類似商号にあたらないとされた（大判大13・9・20民集3巻428頁）。③商号の使用は事実上の使用（看板・広告）を含み，その使用が同市町村内において使用されているか否か，登記されているか否かを問わない（大判大7・1・26民録24輯161頁）。使用の差止めとは，将来における一切の使用を排除するということで，登記されているときは，登記の抹消も請求できる（通説・判例。大判大7・1・26民録24輯161頁）。そこで登記抹消される商号が会社の商号である場合には，登記事務手続上，抹消前の商号に「抹消前商号」の文字を冠記することになっている（商登24条15号）。

(3) 商号の仮登記

（a）東京瓦斯事件を契機に，昭和38年に商号の仮登記制度が商業登記法に設けられた。仮登記の制度は，会社が本店を移転しようとする場合に，あらかじめ本店移転予定地を管轄する登記所に商号の仮登記をすることで（商登35条・41条），本店移転の登記を妨害するために，第三者が本店移転予定地に先に同一の商号を登記することを排除するためである。商号の仮登記ができるのは本店移転の時は3年前（移転先を管轄する登記所）から，設立の時や会社が商号変更の仮登記の時（おのおの本店所在管轄登記所で）は1年前からである（商登35

条・35条の2）。

> 【東京瓦斯事件】
> 　関東一円において周知のガスの製造供給等の事業を営むX会社は、当初「新光電設株式会社」の商号で電気工事請負等を目的として設立されたが、事業目的を石炭ガスの製造販売等に、商号を「東京瓦斯株式会社」に変更した。そして本店移転（東京都港区から東京都中央区へ）の総会決議をしたが、その直前Y会社の変更登記がなされ本店移転ができなくなった（19条）。そこでX会社がY会社の「東京瓦斯株式会社」の商号の使用禁止および商号抹消を請求した。最高裁はY会社の同商号使用は、不正の目的をもってX会社の商号と誤認させる商号使用で、X会社はこれにより利益を害されるとした（最判昭36・9・29民集15巻8号2256頁）。本件では21条を適用し救済したが、その後仮登記制度を設け立法的解決をした。さらに昭和57年商業登記法の改正で、本店移転、商号および目的変更、会社設立の各場合に商号の仮登記ができるよう本制度を拡大している。

4　商号権と商号権者の保護

(1)　商号権の意義・性質

　商人は商号を選定することによって、他人から妨害を受けないで使用する権利（商号使用権）と、他人が同一または類似する商号を使用することを排除する権利（商号専用権）を有する。商号について有するこれらの権利を商号権という。また商号権の法的性質については、商号権は登記の前後を問わず保護され、また商人を表示する名称で人格的性質を有し、商号の譲渡が認められることから財産的性質をも有するとして、多数説はこれを人格的性質を含む財産権と解するが、財産権的性質のものと解する説もある。

(2)　商号使用権と商号専用権

　(a)　商号自由の原則により商人は原則として自由にその商号を使用しうる（大判大10・12・13民録27輯2085頁）。この商号使用権を違法に妨害したものは不法行為責任を負う（民709条）。そのような商号使用権は、他人の商号専用権、または広く他人の氏・氏名などによって排除されないかぎり（不正競争防止法、商21条）認められる。

(b) 商号専用権は、①既登記商号による商号専用権者に、同市町村において同一営業のために自己が登記した商号を使用する者の側に不正競争の目的があると推定することによって、挙証責任の転換という利益が与えられている（20条）。②未登記商号の使用者であっても、昭和13年改正に21条の規定が新設され、商号使用によって利益を害されるおそれがあるときは、その商号使用の差止めおよび損害賠償を請求できるとされ、また不正競争防止法によっても、取引上広く認識されている商号の使用者は、他人と同一または類似した商号使用（フリーライド）を排除しうる。このように未登記商号権者であるとしても、他人の不正な目的による商号使用を排除することが認められる。

(c) 商号の使用の差止めは、自己の名称・商号が、他人によって登記上、事実上使用されて、営業主体の誤認の可能性ある場合に認められている。商号等を利用される者が、現に営業を営んでいるか否か、商号であるか否か、既登記・未登記商号を問わない。なぜならこの規定は営業主体の同一性についての誤認を問題にするものであるからである。

(3) **不正の目的（21条）と不正競争の目的（20条）**

その対象範囲を異にし、不正の目的は不正競争の目的より広いと解される。「不正の目的」は、ある名称を自己の商号として使用し、その名称によって表される他人の営業主体の同一性の誤認をさせるため、営業の種類の同一性を問わない。また他人の本店移転登記を妨害し、不当な利益を得ようとする意図も含むと広く解される（最判昭36・9・29民集25巻8号2256頁）。「不正競争の目的」は一般公衆をして混同誤認させ競争しようとする目的をいい、その営業は同一の営業でなければならないとされる（東京地判昭26・1・17下民集2巻1号47頁参照）。「不正の目的」には「不正競争の目的」は含まれないとする見解も有力である。一般人を誤認させようとする意図がある点で「不正競争の目的」と「不正の目的」とは共通点をもつ。

5 不正競争防止法による商号等の保護

氏名、商号、商標等の業務に関する表示等について、周知の他人の表示と混同を生じせしめるような行為（不正競争2条1項1号、以下(1)）や、著名な表示を使用する等の行為を不正競争に当たるとして規制している（同法2条1項2

号,以下(2))。これらによって広く知られている商品,営業と混同を生ずるかぎり,他人がこの表示を使用することはできない。

(1) 不正競争法2条1項1号の混同惹起行為

氏名,商号,商標,標章,商品の容器,包装の表示等,商品の出所または営業の主体について,周知の他人の表示と混同を生じしめるような行為を本号では規制している。その要件を以下で見る。

(a) 商品等の表示　商品の容器,包装および商品の形態は,本来商品の出所を示すものではないが,長年の特定企業の特定商品への使用,広告宣伝によって,出所表示機能を持つ場合がある(バター飴の缶,札幌地判昭51・12・8無体集8巻2号462頁。即席タンメンの包装,東京高判昭45・4・28判タ254号299頁。商品形態の場合として,ルービックキューブの形態を商品表示と認めた東京地判昭57・10・18判タ499号178頁)。

(b) 周知性　「広く認識されている」は全国的に知られている必要はなく,一地方で認識されていれば足りる。本条2号の著名とは異なる。

(c) 混同には2つの混同がある。また混同が生じていなくても,そのおそれがあれば足りるとされる。混同の1つは,①狭義の混同で,商品・サービスの出所が同一,営業主体が同一であるように誤認させ,冒用者と被冒用者とが同種の事業を営み競業関係が必要とされる。もう1つは,②広義の混同で,企業経営が多角化し企業グループの形成や系列化のもとでは,経済上や組織上の関連があると誤認される場合をいう。①の判例として永大産業事件があり(東京地判昭40・12・21不競集826頁,「混同の対象となる営業が競業関係にあることを前提としていることはいうまでもない」としている),②の判例に三菱建設事件(大阪高判昭39・1・30下民集15巻1号105頁)がある。三菱建設株式会社の商号と三菱マーク類似のサービスマークの使用が,「いわゆる三菱系諸会社の一員であるかのごとく誤信させる」として混同のおそれを認めた。このように不正競争防止法で保護を受ける営業主体は,単一の事業主体だけでなく,グループ企業として同一の営業表示の下に客観的一体性を有して営業を行っているグループ主体自体も保護の対象としている。判例には,フットボールシンボルマーク事件(大阪高判昭56・7・28無体集13巻2号560頁),神田ソニー・日本橋ソニー事件(東京地判昭59・3・12判タ519号258頁)などがあり,ソニー事件は多種多角

的な営業活動にわたる「ソニーグループ」を「他人」として端的に把握した典型的事案である。

(d) 周知（商品等）表示の混同を生じさせる類似性の判断方法に関して
類似性の判断基準としは原則として識別の基準になる要部で比較し，商品表示が一体となっている場合には全体で比較する。判断の対象は，外観（図形や文字の形），呼称（どのように発音されるか），観念（外国語の訳など）等で，1つでも類似していれば，商品等表示は類似する。観察方法は，離隔的観察（時と場所を異にして対比）をとり，対比的観察（目の前に並べて対比）の方法をとらない。判断の基準は専門家でなく取引者あるいは需要者の平均人の注意力が基準とされる。

(2) 不正競争法2条1項2号の著名表示冒用行為

(a) 著名なブランドのイメージや顧客吸引力は長年の信用形成，莫大な費用，労力等によって成立するものであり，この名声にただ乗り（フリーライド）するなどの不正な競争から保護される必要がある。そのため本条2号は平成6・5・1新設施行された。旧法においても，他人のブランド冒用は混同を生じる場合は規制されていたが，商品や営業の種類が異なるが混同が生じない場合には規制されなかった。周知表示混同行為（2条1項1号）は，周知の商品等表示と類似の表示を使用して混同を生じさせ，冒用者と冒用された者との間に競業関係が必要とされるが，著名表示冒用行為は，周知表示混同行為とは異なり混同を排除するものでなく，著名な表示として確立したブランドイメージに対する侵害行為を排除しようとするものである。著名表示の獲得した信用・名声等のブランドイメージ自体の保護を守ろうとし，混同の要件は不要であるが，その保護されるべき表示は，一地方で知られている「周知」より，広く全国的に認識されている「著名」なものでなければならない（月の友の会事件・東京高判昭56・11・5無体集13巻2号793頁）。

(b) 侵害の態様には以下の三類型がある。

① 著名表示の信用・名声・好印象にただ乗りする場合（フリーライド）。

② 著名表示に対するイメージを傷つけるような場合（ポリューション）。

③ 著名表示が氾濫することによって，著名表示を永年にわたって育て上げてきた会社とその著名表示との結びつきが希釈化され，その結果，著名表示が

もつ信用，名声，評判が，損なわれる場合（ダイリューション）。

(c) 具体的事例を見る。

これらの侵害行為は独立して存在することもあろうが，実際的には複合的に行われると思われる。それらの判例には以下のものがある，

①の例　ルイ・ヴィトン偽物バッグ販売事件（大阪地判昭60・1・30判タ559号289頁）では，広く認識され強力な顧客吸引力をもつ著名標章で，本件商品販売は公告宣伝費を全く使わず商品の名声にただ乗りして，きわめて容易に販売できたとしている。

②の例　ポルノショップに「ポルノディズニー」とつけた事件（東京地判昭59・1・18判時1101号110頁）は，営業を故意に中傷し侮辱し，名声，信用を破壊するものであるとした。またコーヒーショップ・ニナリッチ事件（東京地八王子支判昭59・1・13判時1101号109頁）は，ファッション・コーヒーショップ「ニナリッチ」（風俗喫茶店）の表示を看板などに用いた行為は，長年築いてきた名声信用が棄損され，「ニナリッチ」の表示に化体した高級なイメージが侵害され無形の損害が発生したものというべきとしている。他にパチンコ店ディズニー事件（福岡地判平2・4・2判時1389号131頁）がある。

③の例　ヤシカ事件（東京地判昭41・8・30下民集17巻729頁）は，ヤシカカメラの「ヤシカ」を使い，化粧品の商標登録をうけたダリヤ工業が，容器，包装および広告に使用した事件である。判旨は，「ヤシカ」といえばカメラを想起せしめる機能をもち，このような表示を使用すれば表示のイメージが希釈化し，カメラとの結びつきをを弱めて，該表示の無体財産権としての価値を減少させるとしている。これは商標ダイリューション（商標希釈化理論）を採用した判例とされ，同理論は著名商標が種類の違う，競争関係にない商品や役務にフリーライドされるのを防止する重要な役割を演ずるとされる。ホテル名に使用したのがラブホテル・シャネル事件（神戸地判昭62・3・25判時1239号134頁）である。シャネルのもつ高級なイメージを一般に低級なイメージを与えるいわゆるラブホテルとして使用され侵害されただけでなく，シャネルの表示する商品および営業を喚起する力を阻害し，同表示の宣伝的機能を減殺することになる（希釈化）とした事件である。また，同法3条に差止め請求権，4条に損害賠償，5条では損害賠償の推定規定を新設している。

(3) 商号の譲渡

(a) 営業と商号の譲渡　商号は長年の営業継続によって顧客・信用などが付着し，財産的価値を有するため，商号の譲渡，相続も認められる。商号の譲渡は当事者間の意思表示によってなしうるが，登記商号については，第三者に対する対抗要件として登記が必要とされている（24条2項，商登30条）。登記商号の相続も登記される（商登30条3項）。商号の譲渡は営業の譲渡と共にするか，または営業を廃止する場合にしかなしえない（24条1項）。これは，商号に付着している信用が営業を基礎としていること，そして，商号のみの譲渡を認めると譲渡人の営業と譲受人の営業とが混同されるおそれがあるから（また取引における財産的担保の標的・標識としての商号と考えられる）である。そのため営業と離れて商号のみを差し押さえることはできない。個人商号を会社に譲渡し，または会社の商号を個人に譲渡する際には制限がある（17条・18条）。会社が自然人や異種類の会社の商号を買収し，自己の会社の種類を示す文字を付加して使用することは，商号の譲渡ではなく，商号の放棄契約であるとする下級審判決がある（京都地判昭32・11・13下民集8巻11号2060頁）。しかし，主要部分で一致しているかぎり，商号譲渡と考えるべきであろう。なお，26条に関する判例で，営業譲受人が営業譲渡人たる自然人の商号に，「株式会社」たる文字を付加して商号としたものを，商号続用にあたるとした判例がある（東京地判昭34・8・5下民集10巻8号1634頁）。右のようなことは，異種類の会社間における商号譲渡においても同様の問題が生じる。なお，会社がその唯一の名称である商号を譲渡するには，定款変更によって新商号を選定することが必要となる（大決昭7・1・11民集11巻1頁）。

(b) 商号譲渡と商号続用　営業の譲受人が譲渡人の商号を続用する場合には，商号譲渡の登記・公告があるかぎり，譲渡人は名板貸人としての責任を負わないのが原則であるが，その商号中に譲渡人の氏・氏名が使用されているときは，誤認を防ぐべき文字を付加しなければ名板貸人としての責任を免れない。ただし，登記公告前に譲受人がその商号を使用して取引した場合，譲渡人は善意の第三者に対しては商号を名板貸人としての責任を免れない。

(4) 商号の廃止・変更

登記商号の廃止・変更は登記しなければならない（15条，商登29条2項）。利

害関係人も登記の抹消を登記所に請求しうる（31条，商登33条）。また，2年間正当の理由なくして登記商号が使用されないとき，その商号は廃止されたものとみなされる（30条）。なぜならば，未使用の登記が存置していると，同一商号が登記しえないからである。その点では，未登記商号の商号専用権を考えるならば，未登記商号にも本条を準用すべきである（京都地判昭32・11・13下民集8巻11号2060頁）。

§2 名板貸

1 名板貸の意義と名板貸人・名板借人の責任関係

　名板貸とは自己の氏・氏名または商号を使用して営業をなすことを他人に許諾した者は，自己を営業主と誤認して取引をなした者に対し，その取引によって生じた債務につき，その他人と連帯して弁済の責を負うことをいう（23条）。名板貸は，取引所の有資格者取引員がその名義を取引所員でない無資格者に賃貸するところに発した商慣習で，看板貸・名義貸ともいわれ，それが一般化され，名義を貸して営業をなさしめる場合を広く名板貸と呼ぶようになった。判例は古くから名板貸人の責任を認めていたが，昭和13年明文規定を設けた。外観に信頼した一般公衆の保護を目的とする外観理論ないし禁反言の法理の発現したものであるが，商号の真実に対する要請が加味されている。

【消費者と名板貸】

　名板貸人の責任を認めることによって安易な名板貸が抑制され，また商号真実の要請にそうことになり，取引の相手方は名板貸人の責任を追及しうるが，一般の消費者が名板貸人の商品と誤って購入すること自体の救済としては十分でないから，営業者の名義の貸与は，その営業者の保有する営業上の秘訣やノウハウについてのいわゆる「技術提携」を伴うことなしには，これを許容しないという制限を考究する必要がある，との提言がなされている。消費者側から見た名板貸の問題である，誤認にもとづく取引による消費者の保護の必要性は今後検討されなければならない。上述の指摘のような経営形態にフランチャイズがある。フランチャイズとは「事業者（フランチャイザー）が他の事業者（フランチャイジー）との間に契約を結び，自己の商標，サービス・マーク，トレード・ネームその他の営業の象徴となる標識，および経営のノウハウを用いて，同一のイメージのもとに商品の販売その他の事業を行う権利を与え，一方，フランチャイジーはその見返りとして一定の対価を支払い，事業に必要な資金を投下してフランチャイザーの指導および援助のもとに事業を行う両者の継続的関係」である。そしてフランチャイザーが多数の加盟店とフランチャイズ関係に立つことにより，全体として1つのまとまりをもち，独自の流通組織として機能する仕組みである（フラ

ンチャイズチェーンは1988年から97年までの10年間に売上高で約2.2倍の年間15兆2000億円に急増している。百貨店の総売上高10兆円を上回り，従業員数でも約1.6倍に増えた）。しかし消費者の救済がこのシステムの中に存在するというものではない。

2 名板貸の成立要件
(1) 名義の使用許諾
(a) 名義の使用許諾　①名義使用許諾の対象。名板貸とは自己の氏・氏名または商号を使用して営業をなすことを他人に許諾するが，その使用許諾の対象は法文上，氏，氏名，商号である。個人の場合にはこれらが，また法人の場合には商号が対象になる。通称，略称等特定しうる名称であればよい。判例には，「金森製材組合」の商号で以前木材業を営んでいた金森氏Aが，自己の居宅内の一部を使用させ，Bに「金森木材」の名で看板を掲げることを許していたものを許諾したとして名板貸を認めている（最判昭33・2・21民集12巻2号282頁）。②付加語。若干の付加語を加えて使用を許諾するときも名板貸人の責任が認められ，実際上も，商号に支店・出張所など自己の営業の一部であることを示す名称を付加して使用を許諾することが多い。甲株式会社が乙に同会社出張所長名義を数回取引に使用し，それを了知していた事案につき（最判昭33・2・21民集12巻2号282頁），また株式会社小林百貨店が「小林百貨店書籍部」なる商号の使用を許諾した事案につき，それぞれ名板貸を認めている（東京地判昭27・3・10下民集3巻3号335頁）。

(b) 許諾は明示および黙示をも含む　明示による許諾が一般的であろうが，他人が自己の氏名・商号を使用して営業をしていることを知りながら何ら阻止しなかった場合には，黙示の許諾があったものと解される。単に阻止しなかっただけでなく，名板貸人と使用者との間に一定の付加的事情が存在し，そして第三者の誤認の可能性との関連で，阻止しないで放置することが社会通念上妥当でないと認められる場合にのみ，黙示の許諾を認めるべきである。最判昭42・2・9（判時483号60頁）は，甲がその自動車修理工場を廃止した後，その廃止を取引先等に周知徹底さえることなく，従前の工場責任者乙にそのままの

状態で同工場を賃貸したところ，乙が勝手に甲の商号を使用して約束手形を振出した事案につき黙示の許諾を認めたが，本件では甲が従来同じ営業を営み従前のまま自己の工場を賃貸していたという付加的事情が存在したからである。

(c) 「名板借人の名称」としての使用許諾でなければならない。自己の氏名を他の法人または団体の名称としてでなく，その代表者の名義として使用することを許諾したにすぎないときは名板貸にはならない。最判昭53・3・28（金商546号3頁）は，Aが自己の氏名を実体のない団体の名目的な代表者名義として使用することを，その団体の事業を専行処理しているBに対して許諾し，Bが右団体名義で第三者と取引した場合には，取引はAではなく団体を主体としてなされており，たとえ第三者がAを代表者と信じたとしても，それはAが代表者とされていることからくる当該団体に対する信頼であって，A自体に対する信頼にもとづいて取引したのではないから，その団体の実体がなく「たまたま団体名義をもって取引をするとはいうものの，その実質はAと右第三者との取引に等しいものであることが，行為者であるBと右第三者との間において明示的または黙示的に了解されていたというような」特段の事情がないかぎり23条の適用はないとした。形式的には判旨のとおりであるが，法的取引主体は団体とはいえ実体のない団体で，かつBが事業を専行処理しているという経済的取引主体が名称使用許諾を得ている場合には，名板貸の可能性がさらに検討されるべきであったかもしれない。

(d) 許諾は営業をなすことに対するものでなければならない。営業そのものの許諾でなくても営業に必要な登録・許可申請等に名義を貸与した場合にも適用される。最判昭32・1・31（民集11巻1号161頁）は，薬局開設の登録申請について開設者として自己の名義使用を許諾した者は，その段階で薬局営業上の名義使用を許諾したものと認められるとし，学説もこれを支持している。

(2) 名板貸と手形行為

① 営業に関連し金融決済手段である手形行為が行われることは通例である。最判昭42・2・9（判時483号60頁）は営業について名板貸が行われた以上，その営業に関連して手形行為がなされたときは，名板貸人は手形上の債務につき責任を負うものとして本条の適用を認めている。②手形行為をするためにのみ自己の氏・氏名・商号を使用することを他人に許諾したときはどうであろうか。

最判昭42・6・6（判時487号56頁）は，手形行為のみのために商号の使用を許諾した事案で，単に手形行為をすることは営業に含まれないのみならず，手形行為の本質から，A名義で手形行為をしてもBが手形上の義務を負うものでもなく，AがBと連帯して手形上の義務を負うこともありえないとして23条の適用を否定した。また判旨に賛成し表見法理によるべきとする説や，類推適用して，Aの名称はBを表示するものとして用いられているからBが手形責任を負い，Aの連帯責任を認める見解が多い。

(3) 名板貸人・名板借人の商人性

(a) 名板貸人の商人性　名板貸人は商人である必要はなく，商号でない名称についても名板貸は成立する。最判昭35・10・21（民集14巻12号2661頁）は，東京地方裁判所が現職の職員らに裁判所庁舎の一部の使用と「東京地方裁判所厚生部」なる名称の使用を許諾した事案につき名板貸の責任を認めた。経済活動における善意者の保護の必要性は，一般の経済取引の場合と異なることはない（通説）。名板貸人が営業主であるという外観が必要であるという観点から，商人となりうる可能性のある者でなければ23条は適用なく，商人となりうる能力（資格）を有しない法人でも，表見的営業主体たる可能性があれば類推適用を認めるべきとする説がある。

(b) 名板借人の商人性　名板借人は営業のために名板貸人の名義を使用するので商人であるのが当然であるが，名板借人が商人でなくても，取引行為から名板貸人が取引主体という外観があるかぎり，第三者の外観信頼者を保護する必要があり，同条を類推適用するのが通説・判例である（最判昭35・10・21民集14巻12号2661頁）。

(4) 取引の相手方・種類等の制限

取引の相手方・取引の種類等の制限をして，氏名・商号の使用を許諾したが，その制限を越えて取り引きした場合に，その取引が客観的に見て使用を許諾された名称によって表示される営業に含まれると認められるかぎり，名板貸人は善意の第三者に対し責任を免れないと解されるだろう。最判昭36・12・5（民集15巻11号2652頁）は，Aミシン製造株式会社が「Aミシン製造株式会社北海道営業所」という商号を用いてミシンの販売業を営むことをBに許諾したのに，Bが勝手に右名称を用いて電気器具を買い受けた事案につき，名板貸人は，そ

のものの営業の範囲内の行為についてのみ23条の責任を負うべきであるとして，A会社の責任を否定したが，名板貸人の営業の範囲を問題とすべきでなく，電気器具の購入が客観的に見て右の許諾商号によって表示される営業に含まれるか否かを基準とすべきであるとされる。考えるに，商号自由主義の立場を取っているかぎり，商号によって客観的に営業を確定すること自体が論理的に矛盾を含むのではないであろうか。また現在のように多角経営が多く見られ，経営の在り方も制限されていないのであるから，このように営業を基準とする考えは無理ではないかと思われる。

(5) 営業の同種性

名板借人の営業が名板貸人の営業と同種の営業であることを要するか否か。すなわち商号は特定営業についての商人を表示するため必要であるが，名板貸の外観形成があるというためには営業の同一性が必要かという問題である。非商人の氏名の使用許諾についても名板貸が成立することと，近時の営業が流動的（さらに営業の変更も原則的に自由である）多角的であることから見て，異業種であっても営業主体の誤認が生ずるかぎりは，営業の同種性の有無は名板借人の取引の相手方の重過失の有無を判断する一資料にとどまると解し，本条の適用があると考える。現金屋事件では，Aがその営んでいた電気器具商をやめるに際して，従前店舗に掲げていた「現金屋」の看板をそのままに，またその名義のゴム印，印鑑，小切手帳等を店舗においたままにし，Aの元使用人Bが店舗を使用し，同商号で食料品店を経営することおよびその後経営していたことを了知していた等の事情があるときは，Bが右印鑑等を使って取引した場合には，Aは本条の責任を負うとした（最判昭43・6・13民集22巻6号1171頁）。

(6) 取引の相手方の誤認

名板貸責任要件の1つに，相手方が，名板貸人を営業主と誤認して名板借人と取引したことを要する。なぜなら誤認によって相手方が取引したことを保護する規定であるからである。名板貸の事実を知っていたときは名板貸人の責任は生じない。この誤認についての過失をどのように考えるか，以下説は分かれる。①誤認が相手方の過失による場合も，民法109条に比べて商法23条では，取引保護の必要が大きいから，名板貸人は責任を免れないとすべきであるが，重過失は悪意と同様に取り扱うべきであって，誤認につき重過失があるときは

名板貸人は責任を負わないとする説（善意か無重過失を要求。最判昭41・1・27民集20巻1号111頁）がある。②名板貸人の責任は相手方の誤認よりも名義貸与により自己が営業に関与しているという客観的事実にもとづくものであるとして，過失の有無を問わず善意であれば足りるとする説や③客観的基礎を欠く信頼まで保護する必要はないとして，民法109条と同様，善意無過失を要求する説がある。相手方に誤認がなかったこと，または誤認につき重過失があったことは，名板貸人が立証責任を負うことになる（通説・判例。最判昭43・6・13民集22巻6号1171頁）。

3 名板貸人の責任の範囲

(1) 取引債務

既述の要件があるときは，名板貸人は，名板借人と相手方との間の取引によって生じた債務につき名板借人と連帯して責任を負う。取引によって生じた債務には，取引によって直接生じた債務のほか，名板借人の債務不履行による損害賠償債務・契約解除による原状回復義務も含まれる。（最判昭30・9・9民集9巻10号1247頁は，売買契約の合意解除における手付金返還債務につき名板貸人の責任を認めた）。

(2) 不法行為責任

名板貸責任は不法行為の場合にも適用はあるのであろうか。

(a) 純然たる不法行為　名板貸には，名板借人またはその被用者のなした不法行為にもとづく債務は含まれない。不法行為の場合には，名板貸における誤認と損害との間に因果関係がなく，禁反言ないし外観法理の発現である23条を適用する基礎がないからである。権利外観への外観信頼もなく，取引行為の安全保護という目的もない。この場合には名板貸人と借人との間に，民法715条の要件があるか否かによって解決すべきである（最判昭41・6・10民集20巻5号1029頁。なお，最判昭52・12・23判時876号116頁は，名板借人の被用者の起こした交通事故にもとづく損害賠償債務につき，名板借人が名板貸人の商号を用いて被害者と示談契約を締結したため，被害者が名板貸人を示談契約上の債務者と誤認した事案につき，不法行為にもとづく債務が23条の債務にあたらない以上，示談契約にもとづく債務も同様であるとした）。

(b) 取引的不法行為　　もっとも，詐欺による取引のような，取引に関連する不法行為にもとづく債務については，23条の類推適用を認めうるであろう。

> **トピック**
>
> **フランチャイズ契約**　　フランチャイズ（FC）契約は本部企業（フランチャイザー）が加盟店（フランチャイジー）に①自己の商標，サービス・マーク等の営業標識の使用許諾を与え，②統一されたマーケティング計画や制度の枠組みの中で，事業経営についての統制，指導，援助，同一のイメージのもとに商品の販売その他の事業を行う権利を加盟店に与え，加盟店は一定の対価（加盟金，ロイヤリティー）を支払い，事業に必要な資金を投下して，事業を行う継続的取引契約である。FC契約の利点は，本部にとり①被用者を雇用するよりも相対的に少ない資金と人材により販路拡大が可能，②加盟者が独立事業者であり損益が直接に加盟者に帰属するため，被用者を用いるよりも大きな勤労意欲を引き出しうる。③資力と経験の乏しい中小企業にとり，加盟により本部の保護で独立企業家となりうるなどがある。契約締結に際して中小小売商業振興法（サービス業は適用対象外）の「法定開示事項」とFC契約の内容の同一性を確認する。本部の情報開示義務が，契約中・後も加盟者に競業避止義務が課されるのが原則（広汎なノウハウや情報を得ているため）である。

4　名板貸と百貨店等のテナント販売

現代的経営形態である集合店舗について，名板貸について最高裁の興味深い判決が出た。X（原告・被控訴人）はY（被告・控訴人）が経営するスーパーマーケット内でテナントとしてペットショップを営んでいたA（控訴人補助参加人）から，手乗りインコを購入したが，感染によりXほかXの家族5名がオウム病性肺炎に罹患し1名が死亡したため，Xほか3名がYの責任を追及して損害賠償を請求したもので，原審（横浜地判平3・3・26判時1390号121頁）は，Yに対する23条の類推適用を認めてYの責任を肯定し，Yが控訴した。控訴審の東京高判平4・3・11（判時1418号134頁，判タ787号250頁）は，Y店のような営業形態においては，Yの直営売場とAらテナント店との営業主体の識別ができずに，Yの直営売場であると誤認をするのもやむをえない外観を作出し，

放置，容認し，しかも，23条にいう商号使用の許諾と同視できる程度の帰責事由が存在すると認められるときに，Yは，同規定の類推適用により，名板貸人と同様の責任を負うものと解するのが相当であるとしたが，右にいう外観は，その店名の表示の有無，領収書の発行，名義包装紙や代済みテープおよび店員の服装のYの売場との相違の有無など，テナント店の表示やその営業行為を全体的に観察して客観的に判断すべきで，本件では右記の諸要素について，Yの直営売場とテナント店の営業主体の識別のための措置は一応講じられていたということができると判断した。最高裁は営業主体を識別するに上述の諸点は十分でなく，誤認するのもやむをえない外観があり，かつ，統一的営業方針の下にテナントがある場合には，名板貸規定の類推適用により責任を負うと判断した（最判平7・11・30民集49巻9号2972頁）。総合店舗とテナントとの関係で商号使用許諾をしていない場合でも23条は類推適用された。商号使用許諾がないが黙示の許諾として考えるのも一方法であろう。テナントと中核店舗の識別がなされていたとするか否か，どの程度が営業主体の誤認を防ぐだけの識別措置かなど問題でもあるが，総合店舗の著名な名称を利用し，テナントの経営主体の名義が隠れ，経営が行われるというのは総合店舗の1つの形態でもあろう。テナントだけによる集合店舗経営企業体や中核店舗を中心としたテナント店との結合店舗など，多種にわたる企業の集合経営形態への責任のあり方が提出されたことになる。

§3 商業帳簿

1 商業帳簿制度の目的と法規制の必要性

商人が営業上の財産また損益の状況について商業帳簿を作成し，たえず変化する企業の財産，価値を企業会計で把握することは合理的経営のため必要なことである。また出資者にとっても，出資財産の運用，財産の増減など商業帳簿から知ることができ，今後の経営の参画のあり方を判断するの手掛りとすることができる。さらに債権者にとっても債務者の商人の営業上の財産，損益の状況から，自己の債権回収または今後の金融・取引関係のあり方を探ることができる。このように商業帳簿は利害関係を有する者にとって重要な意義を有するため。グローバルに見ても企業自体の維持，企業労働者の雇用の確保等社会的観点からも商業帳簿を通じた企業会計の健全と維持は必要性をもっている。

2 商業帳簿の意義

商法総則の32条以下は，商人全般に義務として作成を命じる商業帳簿として，会計帳簿および貸借対照表の作成を法的義務として定めるが，商人の組織・規模などに応じて異なり，小商人には適用がなく（8条），有限責任で資本を一般から集める株式会社については厳格なる制限がある（281条以下）。

商業帳簿とは，「商人」がその「営業上の財産および損益の状況」を明らかにするため，「商法上の義務」として作成する帳簿をいう（32条1項）。

(a) 「商人」が作成する帳簿である。小商人が作成する帳簿は商業帳簿ではなく（8条），また相互保険会社は商人ではないが，保険業法42条により，商業帳簿に関する規定が相互保険会社に準用されている。

(b) 商人の「営業上の財産および損益の状況」を明らかにする帳簿である。商人が商法上作成を義務付けられ，営業上の財産および損益の状況を明らかにするものでなければ商業帳簿ではない。株式名簿（223条），社債原簿（317条），株主総会議事録（244条），取締役会議事録（260条ノ4），仲立人日記帳（547条）および倉庫証券控帳（600条）などは商業帳簿でないとされている。株式会社および有限会社がその作成を義務付けられている損益計算書および営業報告書

(281条1項2号・3号，有43条1項2号・3号）について意見は分かれ，損益計算書については，昭和49年の商法改正後商業帳簿とする説が多数となっている。営業報告書については，計算書類（281条）の1つではあるが，文書による会社の営業の一般的状況を示すものにすぎないので商業帳簿ではないとされているが，判例は商業帳簿またはこれに準ずるものとしている（東京高決昭56・12・7下民集32巻9号1606頁）。

　(c)　商人が「商法上の義務」として作成する帳簿である。商人が営業に関して任意に帳簿を作成しても（たとえば，得意先名簿）商業帳簿にあたらないとするのが通説である。これに対し，商人が「任意に作成した帳簿であっても，作成の義務を負っている商業帳簿と同様に適正に作成されている限り」商業帳簿とする有力な見解（大判明35・12・9新聞119号15頁）があるが，判例はその後，態度を改めたものと考えられる（大判昭12・3・23新商事判例集1巻146頁）。商業帳簿には商法上特定の法的効果が与えられているから，その範囲をみだりに拡張すべきではないとするのが妥当であろう。

3　商業帳簿の作成

(1)　作成義務・形式

　(a)　作成義務　　商人は小商人を除き（8条），商業帳簿を作成しなければならない（32条1項）。個人商人，合名会社および合資会社は会計帳簿および貸借対照表を，株式会社（281条以下）と有限会社（有43条以下）は，これに加え損益計算書，付属明細書の作成を要する。

　(b)　作成形式　　商業帳簿の作成形式は自由で，カード式やルーズリーフ式でもよいが，会計帳簿は「整然かつ明瞭に」記載（33条1項）し，貸借対照表は，編綴し（とくに固定的な装訂を必要としない）またはとくに設けた帳簿に記載し作成者がこれに署名をする（33条3項・4項）ことになっている。作成者の署名は，詐欺的行為を防止し，責任者を明らかにするためである。これを欠けば貸借対照表は無効であると解される（会計帳簿には作成者の署名は要求されていない）。

　(c)　作成義務違反　　商業帳簿作成の懈怠・不実事項を記載した場合，個人商人については，破産の場合（破374条3号・375条4号・376条）を除き，特別

の制裁はなされない。これに対し会社の場合は一定の制裁がなされる（498条1項19号，有85条1項10号，会更290条1項3号）。

(2) 包括規定（32条2項）と「公正なる会計慣行」

本条項は昭和49年の商法改正に際し新設され，株式会社の監査制度の改正に伴い（株式会社の監査等に関する商法の特例に関する法律），商法の規定によって株主総会に提出される計算書類と証券取引法の規定によって大蔵大臣に提出される財務諸表の作成・監査の基準を一致させようとしたものである。

(a) 「商業帳簿の作成に関する規定」の範囲は，商法総則（33条・34条），会社編（281条～288条ノ2），有限会社法（有43条～46条）および計算規則など商業帳簿の作成に関するすべての規定を含む。

(b) 公正な会計慣行とは，通説は「慣行」が民法29条にいう「事実たる慣習」と同義と解し，公正な会計慣行の「公正」さは，32条1項の商業帳簿作成の目的に照らして判断される。企業会計原則が公正な会計慣行を示すものであることについては対立はない。もっとも同原則は「企業会計の実務の中に慣行として発達したものの中から，一般に公正妥当と認められるところを要約したもの」（「企業会計原則の設定について　二」）であるから，「公正ナル慣行」そのものではないが，商法上「公正な会計慣行」，すなわち企業会計原則に従って商業帳簿を作成すれば一応適法とされることになる。

(c) 商業帳簿の作成に関する規定の解釈については，公正な会計慣行を斟酌しなければならない。「斟酌」とは，公正な会計慣行が存在する場合，特別の事情のない限りその慣行に従わなければならないということであり，自由に参考することが自由というものではない。

【商法と公正なる会計慣行としての企業会計原則】

　昭和49年商業帳簿規定の改正で，財産法から損益法へそして会計帳簿，貸借対照表の作成を要求し（32条1項），財産の評価規定を規定した（34条）。そして「商法と企業会計原則との調整について」（昭和44企業会計審議会の商法改正意見書）にもとづいて，商法と証券取引法との会計基準が一致することを商法上明らかにし，かつ同原則を商法の計算規定の解釈指針とした（32条2項）。同原則は，公認会計士による会社の会計監査を行う基準を示すために，アメリカの会計原則

を模範として，昭和24年企業会計制度対策調査会（後の大蔵省企業会計審議会）の中間報告として公表されたものである。このように商法改正によって商法上の公正な会計慣行（32条2項）が規定され，企業会計原則がその公正な会計慣行を示すものとされる。同原則に記載のあるものはそれに従い，記載のないものは実務上の会計慣行によることになる。このように会計原則その他の公正な会計慣行にしたがうことによって「適正」に作成ができ，よって「適法」な帳簿類ができることになる。適正なものは適法であり，適法であるためには適正でなければならないことになる。

【財産法と損益法】

財産法は，商人が有する営業上の財産を重視し，債権者などの保護の立場から実際に財産を実地棚卸をし，財産目録を作成し，財産の評価は時価で行う時価主義（交換価額）をとり，利益は一定期間の期首と期末の純資産額の増減によって計算する。これは現在では解散，清算等の場合に行われる。損益法は，投資者保護の立場から一定期間の損益である期間損益，すなわち収益力を表す。収益と費用を比較する費用収益対応の原則によって誘導法によって企業会計を行う。営業の継続を前提とした会計処理で資産評価は時価でなく原価主義または取得価額主義がとられる。現行商法は原則的に損益法をとっている。

4 会計帳簿

(a) 会計帳簿とは，商人の一定時期における営業上の財産およびその価値ならびに取引その他営業上の財産に影響を及ぼすべき事項を掲載した帳簿をいう。昭和49年の商法改正前，日記帳と称されていたもの（商法典上のものではなく，また，簿記学の日記帳を示すものでもなかった），改正に際し，会計帳簿なる用語が採用された。現在の複式簿記の方法では，日記帳，仕訳帳，元帳が会計帳簿となる。日記帳は商人の日々の取引を発生順に記録するもので，仕訳帳は日記帳の記載にもとづき取引を貸方と借方に分類して記帳する。元帳には仕訳帳によって仕分けされた取引を各口座ごとに転記される。このほか，現金出納帳，商品売上帳，手形控えなどの補助簿も会計帳簿に含まれると解されている（通説は商業帳簿を商法上作成が義務付けられている帳簿とするが，補助簿は任意に作成される帳簿であることを指摘する説がある）。

(b) 記載事項　会計帳簿には，開業時（会社にあっては成立時）および毎年1回一定時期（会社にあっては毎決算期）における営業上の財産およびその価格を記載しなければならない（33条1項1号）。これらは昭和49年商法改正前の財産目録の制度が廃止されたため会計帳簿への記載が義務付けられ，会計帳簿に財産目録の機能が与えられたことによる（現在は棚卸法から会計帳簿にもとづき貸借対照表を作成する誘導法を採用）。

　会計帳簿には，日々の取引その他営業上の財産に影響を及ぼすべき一切の事項を記載しなければならない。「その他」は，営業上の取引のみならず商人の財産に変動をきたすすべての事項（たとえば，天変地異や不法行為による財産の滅失・毀損）が含まれる。また「財産に影響を及ぼすべき事項」とは，法律上の財産変動ではなく事実上の財産変動の意味に解されている。たとえば，商品売買では，売買契約締結段階ではなく，商品引渡しまたは代金の支払いがなされた段階で記帳すべきことになる（財産に影響を文字どおり「及ぼすべき」段階において記帳すべきとする見解や，どの段階で記載するか限定的に考えない（公正な会計慣行に委ねる）立場がある）。さらに個人商人の場合に商人資格を離れた「私用財産」に関しては記載されない（昭和49年改正前商法32条1項但書が，「家事費用は1月毎にその総額を記載するをもって足りる」としていたため，その解釈について争いがあった）。

(c) 記載方式・時期　「整然かつ明瞭に」記載することのみを要求しているため，単式簿記または複式簿記かは自由であるが，「公正なる会計慣行」によることになる。しかし法人税法施行規則53条により複式簿記の原則に従うことが義務付けられた青色申告法人，損益計算書の作成が義務付けられている株式会社（281条）および有限会社（有43条）にあっては，複式簿記によるべきものと解すべきであろう。

　記載時期については，整然かつ明瞭に記載することが可能な限度において，数日分をまとめて記載することが許される。

5　貸借対照表

(1) 意義・種類

(a) 一定の時期における商人の全財産を，会計帳簿にもとづき資産の部およ

び負債の部に分けて対照して営業財産の状態（財産の種類項目別に一括し勘定科目を設けて配列しその価額の総計を記載）を表示する帳簿である。財産目録（営業用財産の明細表で各個の財産を個別的に評価記載する）に類似した機能を有する。貸借対照表は損益計算を明らかにする記載する点において財産目録とは異なる。

(b) 個人商人は開業時および毎年1回一定の時期に，また会社は成立時および毎決算期に，貸借対照表を作成しなければならない（33条2項）。開業・成立時に作成されるものを開業貸借対照表，毎年1回一定時期・毎決算期に作成されるものを決算（年度）貸借対照表という（併せて通常貸借対照表という。営業年度の中間に仮決算の目的などから作成される中間貸借対照表もこれに属する）。これに対し営業の存続を前提にしない非常の場合（破産，会社の合併，清算，会社更生など）を非常貸借対照表という。

(2) 記載事項

作成時期における商人の一切の営業用財産を記載する。記載すべき財産は，営業用財産であるかぎり（いわゆる私用財産は記載事項ではない），積極財産（資産），消極財産（負債）を記載。

(3) 記載方式

(a)「会計帳簿に基づいて」作成されなければならない（33条2項）。昭和49年商法改正前財産目録の制度があり，棚卸法により財産目録が作成され，それにもとづいて貸借対照法が作成されるべきとされていた（多数説）のが廃止され，会計帳簿への記載が義務付けられると同時に会計帳簿に財産目録の機能が与えられ，現在は棚卸法から会計帳簿にもとづき貸借対照表を作成する誘導法を採用した。

(b)「これを編綴しまたは特に設けた帳簿にこれを記載」し，作成者が署名し（33条3項・4項）公正な会計慣行に従い貸借対照表を作成する。株式会社の貸借対照表の記載方式は「株式会社の貸借対照表，損益計算書および付属明細書に関する規定」が，証券取引所の上場会社の貸借対照表は「報告式」（財務諸表等の用語，様式及び作成方法に関する規則6条）を要求している。

(c) 貸借対照表の表示形式には勘定式と報告式がある。勘定式とは，T字形の左右両欄に分けて，左欄に資産を右欄に負債および資本を記入し，両欄の各合計額を対照的に表示する（両欄の各合計額の差額が利益または損失として，小

額の欄に掲げられ，最終的には両欄の各合計額を一致させる）方式である。報告式とは資産，負債および資本の各部を順次上から下へ書く方式である。貸借対照表における科目の配列方法として，固定性配列法と流動性配列法があり，財務諸表規則13条は流動性配列法を要求しており，同規則に従い作成される貸借対照表は，報告式・流動性配列法となる。同規則の適用を受けない貸借対照表については，いずれの表示形式・配列法によっても差し支えないと解され，公正なる会計慣行に従うことになる。

(d) 作成者は作成義務者の意で，個人商人では営業主，合名会社，合資会社は無限責任社員全員，株式会社は代表取締役全員，有限会社では取締役全員である。

【電子帳簿保存法（国税関係帳簿書類の電磁的記録による保存制度）】

パソコン等で会計処理を行い，会計記録をハードディスク等で保存している場合でも，そのデータを印刷して"紙"の形で保存するが，パソコン等の電磁的記録で帳簿書類の作成や取引のペーパーレス化などが急速に普及しつつある中で，いつまでも"紙"の形での保存は現実的でなく，帳簿保存にかかる負担軽減をはかるため記録段階からパソコン等で処理を行っている帳簿書類については，ハードディスク等により保存することを認められている。保存義務者は，国税関係帳簿の全部または一部について，自己が最初の記録段階から一貫してパソコン等を使用して作成する場合であって，納税地等の所轄税務署長等の承認を受けたときは，記録の真実性及び可視性等の確保に必要となる所定の要件の下で，その電磁的記録の備付及び保存が認められ，電子取引の取引情報に係る電磁的記録も同様である。

一般的に電子データといわれているものは，一定の記録媒体上に情報が記録・保存された状態にあるもので，フロッピーディスク，コンパクトディスク，磁気テープ，COM（コム，Computer Output Microfilm）等である。

---

6 営業財産の評価

会計帳簿には，開業・成立時および毎年１回一定時期・毎決算期における営業上の財産およびその価格を記載しなければならないが（33条１項１号），その価格評価の適正確保のため，34条は会計帳簿に記載すべき財産の評価の原則を

設けている。

(1) 流動資産の評価

流動資産（その意義について商法に規定はなく，公正な会計慣行による）については，その取得価格・製作価格（原価）または時価のいずれかを付することを要する（34条1号本文。原価主義と時価主義の選択）。ただし，時価が取得価格または制作価格より著しく低いときは，時価が取得価格または製作価格まで回復する見込みがない場合以外は，時価を付さなければならない（34条1号但書）。これは物的会社の流動資産の評価に関する特別規定（285条ノ2第1項但書，有46条1項）と同一であるが，原則としての物的会社の流動資産の評価は，資本維持の原則にもとづき原価主義である（285条ノ2，有46条1項）。

(2) 固定資産の評価

固定資産（その意義についても商法上規定はない）はその取得価格または製作価格を付し，個人商人にあっては毎年1回一定時期に，会社にあっては毎決算期に相当の償却をしなければならない（34条2号前段）。すなわち原価主義および減価償却が義務付けられている。原価主義が採用されているのは，固定資産はその性質上売却を予定しないものであり，時価の変動により評価損益の計上を認めるべきではないからである。減価償却は，当該資産の耐用年数にわたり，公正な会計慣行に従い計画的・規則的に行わなければならない。なお，予測することができない減損が生じた場合，相当の償却をしなければならない（34条2号後段）。予測することができない減損とは，公正な会計慣行にもとづく正規の償却計画では予測しえない減損をいう（物理的減損に限定されない）。

(3) 金銭債権の評価

金銭債権については，その債権金額より取立不能が見込まれる額を控除した額を付さなければならない（34条3号）。

(4) 株式・社債・債務の評価

株式会社，有限会社の財産評価規定は，流動・固定資産，金銭債権，株式，社債その他の債券，のれんについて規定がある（285条ノ2～7，有46条1項）。商法総則では，株式，社債，その他の債券の評価規定はない。そのため個人商人，人的会社の場合には34条1号もしくは2号によるのではなく，公正なる会計慣行を斟酌して決するとする説が有力である。

7 商業帳簿の保存・提出

(1) 商業帳簿の保存義務

商人は，10年間その商業帳簿およびその営業に関する重要書類を保存しなければならない（36条1項）。

(a) 何が営業に関する重要書類かについて規定はないが，後日営業に関して紛争が生じた場合の証拠資料として重要か否かによって考える。営業に関して受け取った信書，発送した信書の控，受領書などがこれにあたる。

(b) 保存期間　商人は，商業帳簿および重要書類を10年間保存しなければならないが，商業帳簿について帳簿閉鎖時が保存期間の起算点になる（36条2項）。帳簿閉鎖時の意味について，通説は帳簿（計算）締切時期と解するが（起算時期を明確にできる利点があるとされる），最後の記載をなした時期とする立場も有力である。

(c) 保存義務者　商人は10年間の保存義務期間内であれば，商人資格喪失後も，商業帳簿および営業に関する重要書類を保存しなければならない。個人商人の死亡，合併の場合にも相続人，存続会社，新会社などが，会社の解散の場合には特別規定で特定の保存者が（143条・147条・429条，有75条）保存義務を継続する。

(2) 商業帳簿の提出義務

(a) 裁判所による商業帳簿の提出命令。裁判所は，申立てによりまたは職権をもって，訴訟当事者に商業帳簿またはその一部の提出を命じることができる（35条）。民事訴訟法では，裁判所は，当事者の申立てがある場合にかぎり，文書の提出を命じることができ（民訴219条・223条），また文書所持人が文書提出義務を負う要件が定められている（民訴220条）。しかし，35条の規定により，商業帳簿について，裁判所は申立てをまたず職権により提出を命じることができる。

(b) 提出義務者は，商人または保存義務者に限定されるか，所持人一般を含むか，学説は分かれている。前説は，本条による商業帳簿の提出義務者はその作成・保存義務者であることを当然とすること，あるいは提出を命じられる者の立場も顧慮すべきことを論拠にする。一方，後説は，本条の提出義務は商業帳簿であることを論拠とする。

(3) 商業帳簿の証拠力

商業帳簿の証拠力について，商法に特定の規定はない。したがって，その証拠力は自由心証主義の原則（民訴247条）により決せられる（大判大7・3・7民録24輯374頁）。しかし一定の方式に従い作成された商業帳簿は事実上高い証拠力を有するであろう。提出を命じられた者がこれに従わない（民訴224条・225条）か，または当事者が相手方の使用を妨げる目的で商業帳簿を毀滅しまたは使用不能に至らしめたときは，裁判所は商業帳簿に関する相手方の主張を真実のものと認めうることができる（民訴224条）。

(4) 作成・保存・提出義務違反措置

第三者の文書提出命令に対する不提出の場合には過料の制裁があるが（民訴225条），作成・保存については，会社の場合を除き格別の制裁はない（498条1項19号20号，有85条1項10号11号）。しかし，破産した場合には，商業帳簿の不作成・不完全・記載の不正・隠匿または破毀は，詐欺破産または懈怠破産として一定の刑罰を科せられている（破374条3項・375条4項）。

【コンピューターと商業帳簿】

現代の企業会計の発展と現状はコンピューターなしには考えられない。従来の帳簿記載のシステムとは異なり，取引にもとづく原始証憑からコンピューターに入力されると仕訳，伝票作成，補助簿，元帳などの作成が同時にできる。時系列的帳簿会計処理が，同時に処理され，商法が考えているものとは異なり，同時的でまた即時的瞬時会計処理ができる。また一般的には見読可能性が要求され，プリントアウトした文書の提出を必要とされているが，一定の管理下にある磁気テープ等は文書と同様に法的に認知すべきであろう（多奈川火力発電所公害訴訟文書提出命令申立事件：大阪高決昭53・3・6高民集31巻1号38頁では，磁気テープは準文書で，情報ないし記録を磁気テープにインプットするのは，必要な場合に紙面等に見読可能な形で顕出することを予定しているから，提出を命じられた者は磁気テープだけでなくその内容を紙面などにアウトプットするのに必要なプログラムをも提出すべき義務を負うとし，排出物質の測定記録の磁気テープが旧民訴法312条3号の法律関係文書に当たるとして提出を命じている）。マイクロ・フイルムによる保存については，保存期間が5年を超える期間について大蔵大臣の定める方法によって保存が認められている（昭和57・3・31大蔵省告示54

号)。正面からコンピューターによる処理を法的に容認する規定はないが，公正なる会計慣行（32条2項）に照らし適法なものと解するとする立場が妥当に思われる。民訴法231条では図面，写真，録音テープ，ビデオテープ，その他の情報を表わすために作成された物件で，文書でないものについて書証の諸規定を準用し，また民訴規則の書証第五節でも同様の準文書が規定されているが，磁気テープなどの明文がない（しかし，磁気テープなどにも準用されることは合理的解釈であろう。民訴規則167条では磁気ディスクの用語を見る。また民訴法397条は電子情報処理組織を用いて行う督促手続の特則の規定がある）が，電子商取引が法的に整備されつつあり，法的に帳簿類の電磁的記録物の承認が必要であろう。

8 企業会計の情報公開

　商業帳簿を公開して，利害関係人に営業の財産状態を明らかにすることが債権者等に必要であろうが，商人一般に会計情報の公開関連規定を定めたものはない（紛争発生後の規定として35条）。人的会社では不実記載についての過料の制裁があるだけである（498条1項19号）。物的会社では，計算書類・付属明細書・監査報告書の公示および閲覧権（282条1項2項・430条，有46条1項準用），定款・議事録・株主名簿・社債原簿の備置・閲覧謄写権（263条・違反，498条），貸借対照表の公告（283条3項・公告方法，166条），会計帳簿閲覧権（293条ノ6），社員の帳簿閲覧権（有44条ノ2第2項）がある。さらに大会社では貸借対照表および損益計算書またはそれらの要旨の公告（株式会社の監査等に関する特例16条2項）がある。関連規定に商法293条ノ7（閲覧請求権を拒否しうる場合），494条（濫用に対する罰則），498条1項3号（不当拒否に対する罰則）などがある。会計帳簿閲覧権（293条ノ6）の会計の帳簿および書類の範囲については，会計の経理の状況を示す一切の帳簿および書類と広義に解する立場と，会計の帳簿を32条1項にいう会計帳簿と解し，会計の書類を会計帳簿作成の材料となった書類その他会計の帳簿を実質的に補充するものと限定的に解する通説とがある（東京地決平元・6・22判時1315号3頁，横浜地判平3・4・19判時1397号114頁）。また閲覧理由の記載は，閲覧謄写したいというだけでなく，具体的でなければならないとされている（最判平2・11・8判時1372号131頁）。

第3章　企業の人的要素

§1　商業使用人

> **トピック**
>
> **商業使用人**　支配人は，営業主に代わって営業主の営業に関する一切の裁判上または裁判外の行為を行う権限を有しているが，営業主の全営業に及ぶわけではない。取締役とも異なる。しかし，支配人の選任解任は株式会社の営業上，重要な事項とされている。支配人はかなり偉い人なのである。たとえば，天皇が行幸なさるということで有名なホテルも，不況のあおりで売上げが低迷していた。そこで名誉挽回のために，このホテルを運営する会社がうって出た策は，名物シェフとして全国的に知られている人物を，同ホテルの最高責任者である総支配人にするという内容であった。また，たとえば企業がマスコミの取材をうけるとき誰がこれに応じるかを注目してみよう。支配人が登場してくることが非常に多い。支配人は，ある種，企業の顔なのである。

1　商業使用人の意義

　商法において**商業使用人**とは，商人つまり営業主の営業について代理権を有し，商人に従属して補助する者をいう。特定の商人と指揮服従関係に立つ者である。支配人（37条〜41条），番頭・手代（43条）および物品販売店の使用人（44条）がこれにあたる。これらの者に対しては商事代理に関する規定（504条〜506条）も適用される。ただし，商業使用人の意義の重点は，営業主の商業上の労務に服することであると考える立場もある。経営補助者であれば，対外的代理権の有無にかかわらず一般に商業使用人と認めるべきだという理由による。

【営業主との雇用契約関係の要否】

商業使用人となるための要件として，営業主と雇用契約関係があることを要するかにつき，見解が分かれる。必要とする説は，45条の規定を根拠に，営業主との雇用契約関係を商業使用人の要件であるとし，雇用関係のない者には商業使用人に関する商法の規定が類推適用されるにとどまると考える。これに対して不要とする説は，営業主と商業使用人との関係については雇用契約において定められるのが通常であるのに対し，商法が商業使用人が対外的な取引において有する権限について規定しているのであって，営業主の営業上の代理権を有し，営業主と指揮服従の関係に立って，営業活動を補助する者を商業使用人と解するからである。ただし，必要とする説も，あらゆる被用者を商業使用人として考えようとしているわけではなく，商人的労務つまり商品の転換または現金もしくは簿記の取り扱いに関し一定程度の教養を要する業務に携わっている者のみに限定する。たとえば，商業通信係，売買担当係，帳簿係，現金出納係は商業使用人に該当するが，運搬夫，巡視，掃除人などは該当しない。

夫婦で共同して営業を行っていた場合に，一方が他方をどの範囲まで代理できるかは1つの問題である。日常家事による債務につき夫婦は連帯して責任を負うが，日常家事に関する行為の範囲を超える行為については夫婦は相互に代理権を当然には有さないため，代理権に関する第三者の信頼を保護する必要があるときには民法110条を適用することになる。ただし，夫婦間では双方の実印を比較的自由に使えることから，第三者の信頼の正当性がわずかであり，越権代理の成立について判例は厳格である（最判昭44・12・18民集23巻12号2467頁，京都地判昭60・2・5金商717号26頁）。これに対して，夫婦で共同して営業を行っていた場合に，その一方が商業使用人ないし支配人になりうるとすると，広範な代理権を有することになる。対外的には夫が営業主であったが実質的には夫婦が一店舗ずつ責任をもって経営し，共同経営者と認められる場合に，妻は支配人と類似することを根拠に38条を類推適用して，妻が夫名義で対外的に法律行為をなしうるとした判決がある（大阪地判平元・4・11金商835号29頁）。この事例は，妻が支配人として雇用されていなかったから真正な支配人と認めなかったのであって，事実として一店舗の経営を任されている者は夫名義または商号をもって行為する権限を有すると判示したと解される。配偶者であることが，支配人の権限を授与することの障害とはならない。

2 支 配 人

　営業主によって**本店**または**支店**の営業の主任者として選任された商業使用人である（37条）。通説によれば，営業主に代わって営業主の営業に関する一切の裁判上および裁判外の行為を行う権限を営業主から実質的に与えられている者でなければならない。したがって，支配人の権限が営業主によって制限されている場合，通説によればその商業使用人は表見支配人だということになる（支配人の登記がなされていても，実質的に営業主の営業について代理する権限を有さない従業員が，裁判上営業主を代理する権限を有するかという問題がある。判例は，法令により裁判上の行為をすることができる代理人のほか，弁護士でなければ訴訟代理人となることができない旨定める民事訴訟法の規定（旧民訴79条，現行民訴54条）に反するとして否定的である（仙台高判昭59・1・20判夕883号278頁，前橋地判平7・1・25判夕883号278頁）が，支配人の権限を裁判上の権限のみに限定すること自体は違法性を有さず，その制限が単に善意の第三者に対抗できないだけであるから，このような支配人の選任は当事者訴訟または本人訴訟の1つであるという理由で肯定的に解する説もある）。ただし，支配人は本店または支店の営業の主任者たる地位にある商業使用人であり，実質的な権限が制限されていることは妨げにはならないと解す少数説がある。38条3項は権限の制限された支配人がいることを前提とする規定だと解されるからである。このほか，この両者の折衷説として，営業主によって本店または支店の営業の主任者として選任された商業使用人は当然に支配人となるとするとともに，いったん支配人に就任すれば，その営業主の意思にかかわりなく，法律上当然に包括的かつ不可制限的な代理権を有すると解する説がある。少数説によった場合にも，どの程度の実質的な権限を授与された商業使用人を支配人と認めるべきかという問題があるからである。

(1) 支配人の意義と選任・終任

　支配人の選任および**解任**は営業主ないし商人が行う。個人商人においては，その営業主である商人が選解任をする。未成年者のために法定代理人が営業を行う場合には，法定代理人が選解任する。会社に関しては代表者が選解任を行うが，具体的な方法は会社形態によって異なる。合名会社の場合，社員の過半数により（71条），合資会社の場合，無限責任社員の過半数により（152条），株

式会社の場合，取締役会により（260条2項3号），有限会社の場合，取締役の過半数により（有26条）決定する。支配人は能力者たることを要しないが（民102条），性質上，自然人であることを要する。株式会社または有限会社の監査役は被監査会社またはその子会社の使用人を兼任することができない（276条，有34条1項）という理由から，支配人となれない。

支配人の終任事由は，商事代理人のそれが基準となる。したがって，支配人の死亡もしくは破産または後見開始の審判を受けたこと（民111条1項2号）が終任原因となるほか，支配人選任の前提が委任契約の場合は，委任契約の解除（民111条2項・651条），営業主の破産（民631条）が終任事由となる。支配人選任の前提が雇傭契約の場合は，解約（民627条），営業主の破産（民653条），雇用期間の満了（民627条）が終任原因である。営業主の死亡（民111条1項1号）は終任事由とならない（506条）。なお，支配人の選任・終任は登記事項である（40条ただし8条）。

(2) **支配人の権限（支配権）**

支配人の支配権は営業主の営業に関する裁判上または裁判外の包括的な権限である（38条）。この権限に営業主が制限を加えたとしても，その制限は善意の第三者に対抗できない（38条3項）。ただし，営業主の全営業に及ぶわけではなく，営業所または商号で個別化された営業に限定される。営業主が法人の場合，支配権は営業所によって特定される。営業主が自然人であり複数の商号を用いて営業を行っている場合，支配権は商号によっても制限される。支配人を選任する権限は，特別に授権されないかぎり支配人の権限に含まれていないと解されている。商法38条2項が支配人は番頭，手代その他の使用人を選任または解任することを得と規定していることの反対解釈である。

【支配人の権限濫用】

支配人の行為が権限内であるか否かの判断は，客観的抽象的に観察して決すべきものである（最判昭32・3・5民集11巻3号395頁）から，支配人がその権限内の行為を自己または第三者のために行った場合であっても，行為の効果は営業主に帰属する。ただし，このように権限が濫用されたと解される場合，無制限に効果が営業主に帰属すべきだと解されているわけではない。権限を濫用した代理

人の行為の効力に関する法理として，心裡留保説と権利濫用説がある。心裡留保説とは，相手方が支配人等代理人の主観的様態について悪意である場合に，民法の心裡留保に関する規定を類推して，営業主等本人が代理人の主観的様態を相手方に対して主張できるとする説である。権利濫用説とは，支配人等代理人が権限の濫用をしたことを知りながら営業主に対して権利行使をすることは権利の濫用にあたると解する説である。判例（最判昭42・4・20民集21巻3号697頁等）および通説は，心裡留保説に立っている。たとえ支配人の行為が外形上営業主の事業の範囲内に属すると認められる場合であっても，支配人の職務権限内において適法に行われたものでなく，かつそのことにつき相手方が悪意または重過失不知である場合は，相手方が営業主に対して，使用者責任を追及することができない（最判昭42・11・2民集21巻9号2278頁，高松高判昭63・11・30判タ708号198頁）。

(3) 共同支配人制度

複数の支配人を選任して，支配人の代理権を共同して行使すべき旨を定めることができる。支配人の権限が広範であるため，権限の行使につき支配人相互で牽制をさせ，権限の濫用を防止することがこの制度の趣旨である。**共同支配人制度**の定め，変更および消滅については，その旨の登記を要する（40条，商登51条1項5号，ただし商8条）。共同支配人制度を採用している場合，営業主に対する意思表示は1人の支配人に対して行えば効力が生じる。

(4) 支配人の義務

営業避止義務および**競業避止義務**を負う（41条1項）。支配人が営業主と高度な信頼関係に立ち，企業秘密を知り，広範な代理権を有する高級商業使用人であることで，精力分散を防止するためである。この不作為義務のほか，選任の基礎となった雇用契約にもとづく義務を負う（45条）（なお，支配人が営業主に代わって権限を有する営業に従事する従業員が行った不法行為について，従業員が責任を負うほか，営業主が使用者責任を負うが，支配人もその従業員を監督する立場にあり代理監督者にあたると考えられるならば，民法715条2項の責任を負う。東京地判平3・10・18判タ783号156頁）。

① 善管注意義務・報告義務　　支配人選任は，委任契約的要素を含むので，支配人は善管注意義務（民644条）および報告義務（民645条）を負う。

② 営業避止義務　　営業主の許諾がない限り，自ら営業をなし，または会

社の無限責任社員・取締役もしくは他の商人の使用人となることはできない。

③　競業避止義務　　営業主の許諾がないかぎり，自己または第三者のために営業主の営業の部類に属する取引をすることはできない。取引の名義が第三者であっても，支配人の計算でなされている場合は，支配人が自己のために取引をしたと解すべきである。営業主の営業の部類に属する取引とは，営業主の営業の目的となっている取引を指す。

【株式会社の取締役等の競業避止義務との異同】
　支配人の負う営業避止・競業避止義務と類似する競業避止義務を，株式会社の取締役（264条），有限会社の取締役（有29条），合資会社の無限責任社員（147条），合名会社の社員（74条）および代理商（48条）も負う。支配人の義務は，株式会社の取締役等の義務に比べて厳格である。支配人の不作為義務は，①自己または第三者のために本人の営業の部類に属する取引をすること，②本人の営業と同種の営業を目的とする会社の無限責任社員または取締役となること，③本人の営業と種を異にする営業を目的とする会社の無限責任社員または取締役となること，④自ら営業をなすこと，および⑤他の商人の商業使用人となることである。これに対して，株式会社または有限会社の取締役の不作為義務は①のみ，合名会社の社員・合資会社の無限責任社員の不作為義務は①および②，代理商の不作為義務は①および②にとどまる。

【営業避止・競業避止義務違反の効果】
　支配人が義務に違反した場合，契約法の一般原則にもとづき，営業主は支配人の解任および損害賠償請求をすることができる。このほかに，支配人が営業避止・競業避止義務に違反して自己のために取引を行った場合，営業主はその取引を営業主のためになしたものとみなす権利を有する（41条2項）。この権利を介入権または奪取権という。介入権は形成権の性質を持つ債権である。介入権が行使されると，支配人は義務違反の取引により取得した金銭その他の物または権利義務を営業主に移転すべき義務を負い，営業主は，支配人が負担する債務を支配人の取引相手に対して負担し，支配人がすでに負担した費用の償還をすべき義務を負う。介入権を行使しても損害が残る場合には営業主の損害賠償請求も認められる。義務違反の取引であっても第三者のための取引である場合には介入権の行使は認められていない。義務違反の取引を支配人が自己のために行ったと判断さ

れる場合とは，取引が支配人の計算でなされた場合のことであって，取引の名義だけでは判断されない。なお，介入権の行使がなされないまま，営業主が義務違反の取引を知ったときから2週間が経過した場合，または取引の時から1年が経過した場合，介入権は消滅する（41条3項）。この期間は除斥期間である。

3 表見支配人

　本店または支店の主任者たることを示すべき名称を付した使用人は，本店または支店の支配人と同一の権限を有するものとみなされる（42条1項前段）。通説によれば，支配人とは，営業主に代わって営業主の営業に関する一切の裁判上および裁判外の行為を行う権限を営業主から実質的に与えられている者でなければならない。ところが実質的な権限の有無は外部の者からはわからない。そこで，実質的な権限を有していないにも関らず，支配人と誤認される肩書を有する使用人と取引をした善意の第三者を保護する必要がでてくる。英米法における表示による禁反言またはドイツ法における外観法理とと同じ趣旨である。少数説によれば，支配人とは，本店または支店の営業の主任者たる地位にある商業使用人であり，実質的な権限が制限されていることは妨げにはならないから，通説によった場合よりも支配人の範囲が広くなる結果，本条の適用範囲は狭くなる。

(1) 適用要件

　42条1項が適用されるための要件に関し，(a)本条の「本店又は支店」は営業所としての実態を有する必要があるか，(b)どのような名称が本店または支店の主任者たることを示すべき名称か，という点について議論がある。

　(a)　商業使用人の配属されている店舗は営業所としての実態を有する必要があるか。通説は，本条の「本店又は支店」が営業所としての実態を有する必要があると解する。支配人であるとの信頼が生ずるためには，支配人として誤認された使用人が所属する本店または支店が営業所としての実質を有しており，支配人を置こうとすれば置くこともできる状態である必要があるからである。通説に従った場合，相手方は支配人として誤認した使用人の所属する本店または支店が営業所としての実質を有するのか調査をするのでなければ安心して取

引をすることができず，かつその調査は容易でないことが問題となる。そこで，反対説は，支店長または支社長など営業の主任者たる名称を与えられた者には42条が適用されると解して，本条の「本店又は支店」が営業所としての実体を有する必要はないとするか，あるいは営業所としての外観または表示があればよいとする（出張所・派出所・事務所などのように取引社会において一般に支店と同様の意味に用いられていない名称を持った事業所の場合には実体を問題とし，取引の相手方において当該事業所が支店の実体を持つことを立証すれば本条の保護を受けうるとする）。反対説のいう支店の外観が，当該事業所の名称・店舗の大きさ・従業員の数・取引の種類・性質・数量・金額・方式・実績・企業の規模などと総合的して客観的に判断されるのであるから，反対説によって支店の外観があるとされる場合は，支店の実体があると判断すべき場合である。

　(b)　どのような名称が主任者たることを示す名称か。営業主からその使用を認められた名称であり，かつ上席者または主任者が他に存在することを示す名称たとえば支店次長などの名称であってはならない（他に上席者や主任者が実際にいない場合は，支店次長などの一般的には主任者を示さない名称であっても，(b)の要件が満たされる）。支店長（最判昭32・3・5民集11巻3号395頁）がその典型例である。ただし，(a)の要件との関連から，営業主の営業がどのような種類かによって，支店長の名称では不十分なこともある。たとえば信用金庫支店長は，支配人としての代理権を授与されているものでないことは一般取引上の見地からも明らかである，とする判決がある（東京高判平元・6・7金法1249号30頁（信用金庫法40条2項によれば，信用金庫の支店長は営業に関する一切の裁判外の行為の権限を有するものと見なされると規定されているにもかかわらずである））。支社長についても，生命保険会社の支社長の場合，営業の主任者の名称として認められない（新聞社の東京支社長心得が，表見支配人に該当するという判例がある（東京地判平4・12・17判時1469号149頁）。東京支社長心得とは，未だ支社長に任命されていないが支社長の職務を行う者であることを示すために使用される名称であり，東京支社長と名乗るのと変らないという理由である）。

　(2)　保護される相手方

　42条1項によって保護されるべき相手方は，支配人の権限について悪意であってはならない（42条2項）。

(a) 悪意の内容は，真実，支配人でないことである。悪意ではないが，過失がある場合はどうであろうか。とくに明示してない以上，悪意と同視できる重過失のみを問題とし，過失は問うべきではない。

(b) **表見支配人**と直接に取引をした相手方から，物または権利等を転得した第三者は，保護の対象となるであろうか。判例によれば，直接の相手方に限定される（最判昭59・3・29判時1135号125頁）。この立場によれば直接の相手方が善意であれば，その後の転得者は権利を承継取得できる。逆に直接の相手方が悪意であれば，その後の取得者は権利を取得することはない。手形行為の場合，直接の相手方の解釈としては，実質的な取引の相手方とする立場（最判昭59・3・29判時1135号125頁）と手形記載上直接の相手方とする立場（東京高判平元・6・7金法1249号30頁）がある。

(3) 効　果

その使用人に「本店又ハ支店ノ支配人ト同一ノ権限」が擬制される。擬制される権限は，裁判外の権限に限る。問題は擬制される権限を，当該営業所の主任者が実際に有する権限または当該営業所の主任者ならば，一般的客観的に有するはずの権限のどちらと考えるかである。当該営業所の主任者の権限が制限されていた場合にこのことが重要になる。後者の立場を支持する判例（東京高判昭34・10・28裁時214号29頁）および学説がある。支配人の権限に加えた制限が善意の第三者に主張されえないことからも，この立場が妥当である。

4　その他の商業使用人

支配人の代理権が営業主の営業の全般に及ぶのに対して，営業の一部について包括的な代理権を有する**商業使用人**が商法で定められている。番頭・手代（43条1項），物品販売店舗の使用人（44条）である。

(1) **番頭・手代**

番頭・手代は日本古来の商人の職制であるが，現代の職制の部長・次長・課長・係長・主任のいずれにも該当し，特定の職制を示しているわけではない。

(a) 意義　　営業主の営業のうちのある種類または特定の事項について委任を受けた商業使用人である。営業主によって選任されるほか，支配人によっても選任されうる（38条2項）。終任事由は，支配人の終任事由があてはまる。

(b) 権限および義務　番頭・手代は，支配人の権限に比べて範囲が限定されているが，その有する権限内において，営業主の営業について裁判上および裁判外の包括的な代理権を有する。番頭・手代の代理権に制限を加えたとしても，善意の第三者に対して対抗することができない。

(2) 物品販売店舗の使用人

物品の販売を目的とする店舗の使用人は，その店舗にある物品については当然に販売の権限があるとみなされる（44条）。

(a) 意義　本条による擬制がないとすれば，物品販売店舗の使用人が必ずしも明示的に営業主から代理権を付与されるわけではないため，物品販売店舗の店員から物品を購入した者が営業主から無権代理を主張されることになりかねない。本条は取引の安全をはかる趣旨である。

(b) 擬制される権限　物品販売店舗の使用人に権限あると信じた購入者の信頼を保護することが制度趣旨であるため，本条により擬制される権限は，場所および内容において限定がある。物品販売店舗から離れた場所では，使用人の販売権限は擬制されない。物品販売店舗の営業主の営業を補助している使用人という外観が存在しないからである。また擬制される権限の内容についても，販売に関する権限に限定される。他の商人から商品を仕入れる権限を，通常は使用人が有するものではないからである。

(c) 本条が類推される範囲　本条の類推により，あらゆる業種の店舗の店員は，その店舗内の取引について権限が擬制されると考えられている。たとえば，レンタル・ビデオ店，レンタルCD店，貸衣装店などの使用人は，その店舗で営業として賃貸している物品を客に賃貸する権限を擬制される。

§2 代理商

> **トピック**
>
> **代理商** 日本企業が海外に進出する場合も，海外の企業が日本に進出する場合も，代理商を使って展開する。たとえば海外進出の場合は，まず海外の現地代理店を通して取引の感触を確かめた後，その代理店に対する出資比率を引き上げて，合弁会社ないし子会社とするのである。逆に，日本では目新しい事業を開始しようとする場合，その分野の外国会社の日本における代理店となるという方法がある。たとえば豊田通商が風力発電に算入するというときにも，風力発電機の製造で世界最大手のヴェスタス・ウインド・システム社の日本総代理店となっている。IT 技術が進歩すると，中間流通業者が苦境に立たされるといわれてもいるが，まだまだ代理店を利用すべき場合はあるようだ。

1 代理商の意義・類型と機能

(1) 代理商の意義

代理商とは，商業使用人ではないが，一定の商人（本人）のために平常その営業の部類に属する取引の代理または媒介をなす者である（46条）。本人の営業の補助者であるが，本人と雇用契約関係はなく，独立の商人として**代理商契約**を締結している。ただし，代理商と商業使用人の区別は明確なものではなく，手数料か定額報酬か・営業費の分担関係・営業所の所有関係など，諸要素を総合的に勘案して決定しなくてはならない。大審院昭和15年3月12日判決（法律新聞4556号7頁）は，代理商であるか否かは，当事者が代理店という名称をしたことを基準とすべきではなく，本人たる商人との間の契約内容の実質によって判断すべきだとする。

(2) 類型

商法上，代理商の類型は，**締約代理商**と**媒介代理商**がある。媒介代理商は一定の商人の営業の部類の属する取引が成立するように斡旋を行う。締約代理商は，媒介代理商と同様に，一定の商人の取引を媒介するほか，代理として契約

を締結する権限を有する。媒介代理商と締約代理商を兼業することもできる。

(3) 機　　能

　商人がその営業を拡大し，自己が不案内な土地で営業を行う場合，独自に営業所や使用人を置くのは費用がかかり，リスクがある。これに比して，その土地に詳しい他の商人に自己の営業を肩代りしてもらえるならば，初期投資も少なくてすむ等，容易に営業を拡大することができる。逆に事業を縮小するときも代理商契約の解除のみでよく，簡便である。また，使用人でないため，監督する義務を本人である営業主が負わなくてよい。

【商業使用人・仲立人・問屋との異同】
　代理商と商業使用人は，商人の営業を補助する点で共通するが，代理商は営業主とは独立の商人であり外部から商人を補助するのに対して，商業使用人は独立の商人ではなく，商人に雇用されていわば内部から補助する者である点が異なる。仲立人とは，他人間の商行為の媒介をなすことを業とする者である（543条）。他人間の商行為以外の法律行為を媒介することを業とする者を民事仲立人という。仲立人または**民事仲立人**と**媒介代理商**は，他人間の法律行為を媒介することを業とする点では共通するが，媒介代理商は一定の商人のために媒介をするが，仲立人等は誰のために媒介をするか一定していない点が異なる。**問屋**とは，自己の名をもって他人のために物品の販売または買入の取次をすることを業とする者（551条）をいう。**取次**，つまり自己の名をもって他人の計算において法律行為をすることを引き受けることを業とする商人である取次商（502条11号）は，問屋とともに運送取扱人（559条），準問屋（558条）を含む概念である。問屋と締約代理商は他人のために法律行為をなすことを引き受ける点で共通しているが，問屋は不特定多数人のために取次を行うが，締約代理商は一定の商人のために取次を行う点が異なっている。

【代理店・特約店と営業主との関係】
　代理商と似た概念に，代理店および特約店がある。代理店とは，代理商の営業所を意味するが，代理商または特約店と同じ意味で用いられる。たとえば損害保険の分野において損害保険代理店（保険業276条以下）がある。特約店とは，生産者等が自己の製品の販売を確保するために販売業者と継続的取引関係の契約を結んで取引をしている流通業者またはその者の営業所をいう。そのような取引を

特約店契約という。販売段階の統制のために，専売店契約または排他的特約店契約が締結され，流通業者に対し自社製品以外の取扱を禁止する条項がその契約に含まれている場合，それが不当なものであれば独占禁止法上不公正な取引方法に該当する（独禁2条4項1号一般指定6項・8項）。

【代理商と類似する形態：フランチャイズ】→54頁（トピック）参照。

2　内部関係：代理商と営業主との関係
(1)　代理商の義務

代理商は営業主との間で代理商契約を締結する。締約代理商の場合，その契約の性質は委任（民643条以下）の性質を有し，媒介代理商の場合，その契約は準委任（民656条）の性質を有する。

(a)　善管注意義務　代理商は，受任者として，委任の本旨に従い，一定の商人の営業の部類に，善良なる管理者の注意義務をもって委任事務を処理する義務を負う（民644条）。商行為の委任であるとしても，善管注意義務の内容は，同様である（505条）。

(b)　通知義務　代理商が取引の代理または媒介をなしたときは遅滞なく本人に対してその通知を発することを要す（47条）。委任契約の受任者の報告義務は，委託者から請求があったときおよび委任終了時に限られる（民645条）のに比べて，代理商の通知義務は重い義務である。ただし，通知は発信すれば足りる。

(c)　競業避止義務　代理商は，本人の許諾がない限り，自己もしくは第三者のために本人の営業の部類に属する取引をなし，または同種の営業を目的とする会社の無限責任社員もしくは取締役となることができない（48条）。

この義務に代理商が違反した場合についてどのように考えるべきか。自己もしくは第三者のために本人の営業の部類に属する取引をなした場合は，その取引自体は有効であるが，本人は介入権を行使することができる上に，損害賠償請求をすることもできる。同種の営業を目的とする会社の無限責任社員もしくは取締役となった場合については，介入権の行使は想定できないため，代理商

契約の解除および損害賠償請求をなしうるにすぎないと解する（50条）。競業避止義務が，独占禁止法2条9項4号，一般指定11項および19条が禁止する不公正な取引に該当するかということも問題となっている。代理商契約にもとづき競業避止義務を負うこと自体が常に不公正な取引となるわけではないとする少数説もあるが，多数説はこの義務が常に同法2条9項に該当するので競争秩序に影響を及ぼすかぎり不公正な取引方法になると解している。その理由としては，代理商契約というだけでは公益維持を目的とする独占禁止法の適用を排除できるほどの強い理由となりえないということがあげられる。

(2) 代理商の権利

(a) 一般的権利　　代理商は本人との間で代理商契約を締結している。代理商が本人に対して有する権利は具体的にはこの代理商契約によって定められる。代理商契約の法的性質が委任（締約代理商の場合）または準委任（媒介代理商の場合）であることにもとづき，次の権利を有する。委任事務を処理するにつき費用を要するときは代理商の請求があれば本人はその費用を支払うことを要する（民649条：費用前払請求権）。代理商が委任を受けた事務を処理するために必要と認められる費用の支払をしまたは支払うべき債務を負担した場合はその費用の支払を本人に請求することができるほか，委任事務を処理する際に自己に過失なく被った損害について賠償請求をすることができる（民650条：**費用償還請求権**）。ただし**代理商の報酬請求権**については民法648条1項は適用されず，商法512条により原則的に本人に対して発生する。

(b) 留置権　　(i) 意義　　代理商は，別段の意思表示がない限り，代理または媒介したことにより本人に対して有する債権が弁済期にある場合，その債権の弁済を受けるまで，本人のために占有している物または有価証券を留置することができる（51条）。民法上の留置権は成立要件および効果の点で商人の取引には適さないため，商法その他の法律によって別個の留置権の制度が設けられている。

(ii) 要件　　代理商の留置権は，商人間の留置権（521条：狭義の商事留置権），問屋の留置権（557条），準問屋の留置権（558条），運送取扱人の留置権（562条），陸上運送人の留置権（589条），（内航）船主の留置権（753条3項），外航船主の留置権（国際海運20条1項）とともに商事留置権の1つである。民法で

認められている留置権（民295条）がその目的物と被担保債権との関連性を要件とするのに対して，これらの商事留置権は，成立要件が緩和されている。代理商の留置権の場合，「（α）被担保債権が，本人のために取引の代理または媒介したことにより生じた債権であること」および「（β）留置の目的物が，本人のために占有する物であること」である。（α）被担保債権は，代理商が，本人のために取引の代理または媒介したことにより本人に対して取得する債権であるから，必ず双方にとって商行為たる行為によって生じた債権である。したがって商人間の留置権（521条）の被担保債権に関する要件を満たしており，これと同じ意味である。（β）代理商が本人のために占有する物とは，代理商が第三者から占有を取得したが未だ本人が所有権を取得していない物または第三者に所有権が移転しているが占有は未だ代理商が有する物などである。代理商が占有する物は，本人との間の商行為によって代理商に占有が帰属した物に限られない上，本人が所有権を有する物に限られない。この点が，商人間の留置権と異なるところで，代理商の留置権制度の存在するゆえんである。

(iii) 効力　効果の点でも，民法上の留置権と商事留置権では若干異なっている。民法上の留置権者は，弁済を受けるまで物を留置することが主な効果であって，競売権（民執195条）および果実から優先弁済を受ける権利（民297条）を有するが，その物から優先弁済を受ける権利（民303条・342条・369条参照）はなく，破産財団に対する別除権もない（破93条2項）。商事留置権者も，果実からの優先弁済権，その物からの優先弁済権および競売権に関しては，民法の一般原則に対する特則が設けられてはおらず，ただ破産財団に対する別除権が認められている（破93条1項）など，倒産手続において保護されている点が異なるにすぎない（会更123条1項，和43条）。

3　外部関係

(1) 代理商の代理権

媒介代理商は本人に対して代理権を有さない。締約代理商は，本人に対して代理権を有する。たとえば，締約代理商が第三者との間で本人の所有する商品の売買契約を行えば，その契約の効果が直接に本人に対して発生し，売買代金債権を本人が取得するかわりに，第三者が商品引渡請求権を取得する。

(2) 代理商の通知受領権限

物品の販売または物品販売の媒介の委託を受けた代理商は、売買の目的物の瑕疵または数量の不足その他売買の履行に関する通知を受ける権限を有する（49条）。物品の販売を行う締約代理商および物品の販売を媒介する媒介代理商が、この通知受領権限を有する。このような代理商から物品の購入をした第三者は、売買の目的物の瑕疵または数量の不足など売買の履行に関する事項を代理商に通知することによって、本人に通知したものとみなされる。売買の履行に関係しない事項は直接本人に対して主張しなくてはならない。たとえば売買の無効・取消の主張が直接本人に主張すべき事項と解されている。

4 代理商契約の終了

代理商契約は委任または準委任の性質を有するため、終了事由についても、委任に関する民法653条および商法506条の適用範囲が問題となる。ただし、商法は代理商契約の解除について特則をおいている（50条）。

(1) 代理商契約の終了事由

506条により、商行為の委任による代理権は本人の死亡によって消滅しないから、締約代理商契約の終了原因は、①代理商の死亡、②代理商または本人の破産、③代理商または本人が後見開始の審判を受けたこと、である。媒介代理商契約については、民法653条および商法506条の文言解釈によれば、本人の死亡も終了事由となる余地がある。しかし通説は、本人の営業が存続する限り営業の一部である代理人との委任契約を存続させようとする506条の立法趣旨に鑑みて、締約代理商と同様に営業の一部である媒介代理商と本人の間の準委任契約も、本人の死亡により消滅しないと解している。

(2) 代理商契約の解除に関する特則（50条）

委任契約は、各当事者がいつでも解除することができるのが原則である（民651条1項）。当事者の一方が相手方にとって不利な時期に解除した場合には、損害を賠償する必要があるが、やむを得ない事由により解除をした場合にはこの限りではない（民651条2項）代理商契約の解除によって相手方に損害が発生したとしても、他の当事者は損害賠償義務を負わないとする学説がある。しかし、本人たる商人が解除権を行使した場合であっても、代理商が開拓した顧客

による利益は本人たる商人に帰属してしまい代理商にとって不利であるため，本人側は代理商に対して損失補償をなすべきであるとする学説も近時主張されている。もちろん解除に関して帰責性があるならば代理商が本人側に対して損害賠償責任を負うべきである。商法は，代理商契約が継続的な関係であることに鑑みて，当事者が代理商契約の期間を定めなかった場合には，各当事者は2カ月前に予告しなければ解除することができない旨規定する（50条1項）。ただし，やむを得ない事由ある場合には，代理商または本人のどちらからでも，いつでも解除することができる（50条2項）（やむを得ない事由とは，代理商契約を継続しがたいと認められる事由である。たとえば，代理商が競業避止義務に違反したという事由，本人が手数料支払義務を履行しないという事由がこれに該当する）。

第4章　企業の公示

§1　商業登記制度

1　商業登記制度の意義と目的
(1)　商業登記の目的と利益調整
　商業登記は，企業取引において商人が法定の重要な事項を公示し，企業取引をしようとする者がその取引や企業に関する必要な情報を得て，安心して取引ができるように，また，取引の内容について誤解が生ずることもなく，取引がスムーズに展開されるように制度化されたものである。商人（企業）は，一定の重要な事項の公示で信用を増大し，また公示事項は第三者に対抗することができるとすればその利益はさらに大きい。**商業登記制度**は，商人自身の利益および取引の相手方ないしは広く一般公衆の利益などのためにも認められているといえる。しかし，企業数が多く，商取引が極めて頻繁に行われている以上，実際の取引にあたっての登記簿の閲覧や謄本・抄本の利用はかなり面倒である。したがって商業登記制度の公示的機能は，実際上必ずしも十分なものではないといわれる。

(2)　商業登記の意義
　商業登記とは，商法の規定にもとづき，商業登記法に従って商業登記簿になされる登記である。

　商業登記簿として，商号，未成年者，後見人，支配人，合名会社，合資会社，有限会社，株式会社そして外国会社の九種の登記簿がある（商登6条）。しかし，商法の規定する登記でも船舶登記は，商業登記簿になされないので商業登記ではない。また，商業登記は権利義務の主体に関する登記であるので，権利の客体に関する不動産登記とも異なる。さらに個人商人および会社に関する登記であるから，学校法人や公益法人に関する法人登記とも異なる。なお，法務

大臣指定の登記所では登記事務を電子情報処理組織すなわちコンピュータシステムにより取り扱うことができ，この場合の登記簿は磁気ディスク（これに準ずる方法を含む）で調整される（商登113条の2）。

2 登記事項の類型

(1) 登記事項の範囲と利益調整

何を登記事項とすべきかについて，商人（企業）の立場からは，登記事項が多ければ信用の増大の可能性があり，反面営業上の機密保持については不利益が生ずる。一般公衆の立場からは，登記事項が多ければ情報を十分得て取引しやすくなるが，しかし，それを知らないときはそれだけ対抗を受けるという不利益が多くなる。したがって，おのおのの利害調整をして登記事項の範囲を定める必要がある。登記事項は商法（特別法を含む）各本条が定めており，そのほかの事項は登記をする必要がなく，また登記することができない。

(2) 絶対的登記事項と相対的登記事項

絶対的（必要的）登記事項とは，登記が義務づけられている事項で，相対的（任意的）登記事項とは，登記が当事者の任意に委ねられている事項である。ただ，相対的登記事項であっても，いったんこれを登記すれば，その事項の変更または消滅は登記事項となり（15条），その限りで絶対的登記事項と同じ扱いになる。絶対的登記事項は，登記が義務づけられているため登記を怠っているときには，利害関係者は登記の履行を求めることができる。また，株式会社および有限会社においては，登記義務の不履行に対して罰則が科せられている（498条1項1号，有85条1項1号）。

(3) 登記事項に関する通則

本店の所在地において登記すべき事項は，商法において別段の定めがない限り，支店の所在地においてもこれを登記しなければならない（10条）。この規定は，絶対的登記事項についてのみ適用される。登記した事項の変更・消滅は，絶対的登記事項，相対的登記事項とも遅滞なくその旨の登記がなされなければならない（15条，有13条3項）。

3 登記手続

(1) 当事者申請主義

登記は，当事者の請求ないし申請にもとづいてなされるのを原則とする（9条・15条，有13条3項等）。これを当事者申請主義という。その例外として，登記事項が裁判によって生じた場合には，裁判所が職権で登記所に登記を嘱託する（商登14条・15条・16条2項等）。たとえば会社設立無効の登記（非訟135条ノ6），株主総会決議取消判決の登記（250条，非訟139条6号），株式会社の整理開始（382条，非訟135条ノ35）や更生手続開始（会更17条・20条）等会社関係に多い。また休眠会社の解散（406条ノ3）の登記は登記官が職権で行う（商登91条の2）。

登記の申請は，当事者の営業所の所在地を管轄する登記所に書面でしなければならない（9条，商登1条・17条）。管轄登記所は当事者の営業所の所在地を管轄する法務局である（商登1条）。

(2) 登記官の審査権

登記官の審査権限については見解が分かれ，1つは申請事項が法定の登記事項であるか，申請者の権限の有無，申請の方式が具備されているかなど，管轄，申請の形式上の適法性等を審査する権限のみを有するとする見解（**形式審査主義**）で，登記官は記録官にすぎず，登記には一般に公信力が認められないこと等を理由としている。これに対し登記官には形式的な審査だけでなく実質的審査権限があり，また義務を有するとする見解（**実質審査主義**）とが対立している。

商業登記が，公示主義の要請にもとづく制度であり，真実が公示されなければならないと考えると実質審査主義によるべきことになるが，登記官は裁判官とは異なることや，登記手続の迅速化の要請を重視すれば（平成10年商業・法人に関する登記件数は1,901,629件で，登記合計20,934,901件である。法務省HPより），形式審査主義によることになろう。いずれの主義もこれを徹底的に貫くときは不当な結果を生ずることになるが，実際の結果はそれほど差異がないとされる。判例は一貫して形式的審査主義の立場をとっていた（大決大7・11・15民録24輯2183頁，大決昭8・7・31民集12巻1972頁等）。

現行の商業登記法24条は，登記申請の却下事由を個別的に列挙し，登記官の

審査権の範囲を明確にしているが，その大部分は形式的事由であるため現行法は形式的審査主義をとるものと解される。したがって，形式的審査主義と実質的審査主義との対立はほとんどその意味を失った。ただ，同条10号は，登記すべき事項につき無効・取消しの原因があるときを却下事由として挙げているが，法律関係の無効が客観的に明白である場合に却下は限定されるべきだろう。疑義ある場合には一応登記をし，有効・無効の決定は関係者が訴訟で争うところに一任すべきであろう。

また無効原因の有無については申請書および添付書類によって判断すべきであって，その他の資料によって判断すべきではないというのが多数説・判例（最判昭43・12・24民集22巻13号3334頁）である。なお，右に挙げた10号の規定は取消判決があるまでは登記を受けつけるべきで，取消判決があれば，改めて登記の抹消をすべきだとしている。

(3) 登記の公示

登記されると，登記所は登記した事項を遅滞なく**公告**しなければならない（11条1項）。しかし公告は現在停止されている（法務局及び地方法務局設置に伴う関係法律の整備等に関する法律附則9条）。何ぴとでも登記簿の閲覧を請求できる。登記簿の付属書類についても，利害関係のある部分に限り閲覧することができる（商登10条）。

また何ぴとでも登記簿の謄本または抄本の交付・郵送を請求することができる（平成10年謄・抄本交付等請求事件総数は4億1,190万件である。前掲法務省HPより）。登記簿に変更がないこと，ある事項の登記がないこと，または登記簿の謄本または抄本の記載事項に変更がないなどの証明書の交付・郵送を請求することができる（商登11条）。

【電子認証制度】

電子取引社会にそなえた「商業登記に基礎を置く電子認証制度」がある。商業登記法その他の関係法令等にもとづき運用され，指定を受けた登記所に印鑑を提出している法人代表者等がこの制度を利用できる。電子認証登記所の登記官（電子証明書発行者）の「電子証明書」は「公開鍵暗号方式」と呼ばれる数学的な暗号技術を用いた「電子署名」により持ち主を証明する「認証」である。企業取引

等において，取引相手方の「本人性」,「法人の存在」,「代表権現の存在」を確認するため登記所発行の印鑑証明書・資格証明書が利用されているが，これらの登記事項等を証明し，不実の登記申請を行った場合や変更登記の申請を怠った場合には罰則規定が設けられ，また12条・14条等の手厚い保護も与えられている。

「電子証明書」を発行する認証機関は，「電子証明書」を受け取った方からの照会に応じて，証明書の内容が現在も有効か否かの証明を認証機関に確認をオンラインで行う。これによりeコマース社会で面識のない相手方との取引を支援することになる。

§2　商業登記の効力

1　一般的効力（公示力）

　登記すべき事項は，登記および公告の後でなければ善意の第三者に対抗することができず，また登記および公告の後であっても，第三者が正当の事由によってこれを知らなかったときは，これを第三者に対抗することができない（12条）。この商業登記の効力を**一般的効力**（確保的効力・宣言的効力）という。公告が現在停止され公告はされないので，12条の適用については登記のときに公告があったものとされる。12条は以下のように解釈される。①登記事項は，登記前はその事項を悪意者に対して主張することができるが，善意の第三者にはその事項を対抗できない（消極的効力，消極的公示力，公示原則）。そして登記前には第三者の善意が推定されるので，第三者の悪意は主張するものが立証責任を負うことになる。②登記後は，第三者の悪意が擬制されるため，その事項を第三者に対抗できることになる（**積極的公示力**，公示原則）。ただし，第三者が正当の事由によってこれを知らなかった場合にはその第三者には対抗できない。正当の事由はきわめて狭く解されて，登記を知ろうとしても知ることができないような客観的事由，たとえば地震災害による交通断絶に限られ，病気や長期の旅行などの当事者の主観的事由は該当しない（最判昭52・12・23判時880号78頁）。

(1)　消極的効力

　登記前はその登記事項を善意の第三者に対抗できないということであるが，「善意の第三者に対抗できない」とは，善意は取引の時に登記事項である事実を知らなかったことをいい，知らないことの過失の有無や登記の有無が取引をなす意思決定の原因となったか否かを問わない。未登記は登記申請義務者や登記官の過失にもとづくか否かを問わず，登記がないものとして取り扱われる。悪意の者には，登記・公告前でも登記事項をもって対抗できるが，第三者の善意・悪意は取引の時を標準にして決定される。また，支配人選任の未登記のときは，その選任を善意の第三者には対抗できないが，第三者よりこれを認めることは妨げない（大判明41・10・12民録14輯999頁）し，当事者間（大判大15・

2・24刑集5巻56頁)もしくは第三者相互間(最判昭29・10・15民集8巻10号1898頁)においても登記の有無に関係なく事実関係に従って主張できる。

> **【商号変更登記未了の会社が新商号のもとに行った手形行為とその責任関係】**
> 会社の商号変更や代表取締役の未登記の間に,新商号や新代表取締役名で会社のために法律行為や手形行為がなされたような場合には,12条の適用の問題でなく,法人格の同一性としての法律行為または手形関係によって解決するとしたものがある(最判昭35・4・14民集14巻5号833頁)。株式会社近江屋洋服店は株式会社近江屋商店に商号を変更し,Yが同時に代表取締役に就任したが,商号変更およびYの代表取締役就任につき未登記のまま,Yは株式会社近江屋商店代表取締役名義で約束手形を振り出し,順次裏書譲渡された。現所持人Xは,振出名義である近江屋商店という会社は存在しないとして,X個人に手形金を請求した。一・二審ともXの請求を認容したが,最高裁は,株式会社近江屋商店は株式会社近江屋洋服店と実質上同一で,現実に存在していた会社であり,Yはその実在する会社の代表取締役であったのであるから,その代表権限にもとづいて振出したと見るのが当然として,善意の手形所持人Xに手形上の責任を負うのは会社自身であって,代表取締役個人のYではないとして,原判決を破棄し,Xの請求を棄却した。

(2) 積極的効力

登記事項を登記した後は,その事項を悪意の第三者はもとより善意の第三者にも対抗できる(登記の積極的公示力,積極的公示主義)。登記後は,第三者は登記事項を知ったものと悪意が擬制されるところに商業登記の法的公示制度としての意義をもつ。ただし,「正当ノ事由」によりこれを知らなかった場合には悪意の擬制はされない。これは水害,地震等の天災,伝染病による隔離等の客観的障碍をいい,主観的事由は該当しない。また,本条は登記当事者が登記事項を第三者に対抗できる場合を規定したのだから,第三者相互間には適用されない(前掲最判昭29・10・15)。

(3) 支店取引と登記の効力

本店で登記すべき事項は別段の定めがないかぎり(40条),支店でも登記す

ることを要する（10条）。本店で登記がなされても，支店所在地で登記未了の場合には，支店における取引をした善意の第三者には対抗することができない（13条）。登記の効力は各営業所ごとに生ずることになる。そのため支店において取引をなした者が，本店の登記によって悪意を擬制されることはないが，その者が本店における登記によって登記事項を知っていた場合には悪意があり，登記事項の対抗を受けることになるが，その立証責任は主張者が負うことになろう。

(4) 商業登記の効力の範囲

商業登記の適用範囲について，12条は取引行為だけでなく，訴訟行為にも適用があるとするのが近時の多数説であるが，判例は（最判昭43・11・1民集22巻12号2402頁），民事訴訟において会社代表者を定めるについては12条の適用はないとしている。また不当利得や不法行為のように，取引にもとづかない法律関係にも適用がないとする。12条の民事訴訟への適用の可否の論点は以下のようなことである。たとえば，代表者の交替が未登記の場合に，善意の第三者が登記簿の記載にもとづき旧代表者を相手に会社を訴えた場合である。適用を容認すれば，会社は旧代表者の無権限を対抗できないことになる。反対に適用を認めなければ，旧代表者に対してなされた行為は無効となり，新代表者による追認がないかぎり訴訟は転覆することになる。肯定説に対しては，相手側の善意・悪意で代表権が左右され，訴訟手続の安定性を欠き，デュープロセスの法理の要請からも法人の訴訟行為は真正な代表者によって行われるべきで否定説が正当であるとする。また肯定説は，自己の怠慢で登記をしなかった会社のために訴訟行為を初めからやり直させるべきでなく，訴訟は転覆されず，手続はかえって安定すると反論している。

2 不実登記

事実でないことが登記されても，その登記が効力を持つことはない。しかし事実と相違する不実の登記を真実と信じて取引した者が不測の損害を被る恐れがあり，また取引の安全が損なわれ，さらには登記制度そのものへの信頼をも失う恐れもある。そこで登記への一定限度の公信力を認め，あるいはドイツ法における**外観理論**，英米法における**禁反言の原則**などから，いずれにしろ登記を

信頼した者の保護をはかるため，故意または過失によって不実の登記をした者は，それが不実であることをもって，善意の第三者に対抗することができないとした（14条）。しかし善意の第三者とは，不実の登記を見て真実と信じたことが必要とする説と，必要でないとの説に分かれている。

(1) 名目的取締役就任の不実の登記出現に加功した者への14条類推適用

最高裁昭和47年判決は不実の登記簿上の取締役の責任を認めた判決である（最判昭47・6・15民集26巻5号984頁）。事案は，YはA株式会社の事実上の経営者Bから，同社の名目上の代表取締役就任を頼まれこれを承諾し，その旨の登記がなされた。A会社の債権者Xは，その後同社が倒産したため債権の回収ができず，Yに対して266条ノ3にもとづく損害賠償を求めた。最高裁は，正規の選任手続のないまま取締役および代表取締役に就任した旨の登記について承諾を与えた者について，14条にいう「不実ノ事項ヲ登記シタル者」とは，本来登記申請権者である会社を指すとしつつも，「その不実の登記事項が株式会社の取締役への就任であり，かつ，その就任の登記につき取締役とされた本人が承諾を与えたのであれば，同人もまた不実の登記の出現に加功した者というべく，したがって，同人に対する関係においても，当該当事項の申請をした商人に対する関係と同様，善意の第三者を保護する必要があるから，同条の規定を類推適用して，取締役として就任の登記をされた当該本人も，同人に故意または過失のある限り，当該登記事項の不実なることを持って善意の第三者に対抗することができない」として，正規の取締役でない登記簿上の取締役Yに対し266条ノ3の責任を認めた。また，登記申請権者の申請にもとづかないでなされた不実の商業登記でも，登記申請権者が何らかの形で右登記の実現に加功し，または不実登記の存在が判明しているのに是正措置をとらずに放置するなど特段の事情がある場合には本条の適用の余地がある（最判昭55・9・11民集34巻5号717頁，判時983号116頁）。

(2) 取締役の辞任登記の未了と14条類推適用

(a) 退任したにもかかわらず，その退任の登記前に，積極的に取締役としての対外的または内部的な行動をあえてした場合には，その行為により損害を被った第三者に対しては266条ノ3にもとづく責任を免れないとしている（最判昭37・8・28裁判集民事62号273頁，最判昭62・4・16判時1248号127頁）。

(b) さらに、取締役の辞任者が当該会社の代表者に対し退任登記を申請しないで不実登記を残存させることにつき明示的に承諾を与えた場合に、辞任登記が未了であることによりその者を取締役と信じて取り引きし損害を被った場合には、14条の類推適用により善意の第三者に対して当該株式会社の取締役でないことを対抗することができない結果、266条ノ3にもとづく責任を負う（最判昭63・1・26金法1196号26頁）と判示している。もっとも、この事件では、取締役を辞任した者が、辞任後もなお積極的に取締役として行動したわけでもなく、取締役としての登記を残存させることにつき明示的に承諾を与えていたわけでもなかったので、同人の責任は否定されている。

3 表見法理と商業登記の効力

(1) 民商法の表見規定と商業登記

登記事項について、登記後は12条の適用のみを受け、民法112条の適用ないし類推適用の余地はなく、会社が代表取締役の退任および代表権喪失につき登記したときは、その後その者が会社の代表者として第三者となした取引に民法112条の適用はないとする判例があるが（最判昭49・3・22民集28巻2号368頁）、外観保護規定（42条・262条）と商業登記の一般的公示力を定めた12条との適用関係が問題となる。既登記事項は12条後段によって第三者の悪意が擬制されることになる一方で、42条・262条によれば、支配人の肩書ある者や代表権のある取締役の肩書ある者を信じて取引をなした善意の第三者は保護されることになる。この限りで、両者は矛盾することになる。これに対しては以下のように諸説がある。

(2) 12条と外観信頼者の調整

① 12条の正当事由は、当事者の主観的事情は含まず客観的事由をさし、民法112条等の表見規定適用はないとする説（正当事由厳格限定説。最判昭49・3・22民集28巻2号368頁）と、以下のような外観規定を優先的に適用また12条を別異に考える諸説がある。

② 42条・262条を12条の例外規定と考える説（多数説）。

③ 42条・262条の事情があることは12条後段の正当事由となると弾力的に解釈する説（正当事由弾力化説）で、登記に優越する事情や外観が存在する場

合には正当事由に該当すると解すべきで，取引毎に登記簿調査を要求することは非現実的で登記の公知性を絶対視すべきでなく，登記による静的安全は外観信頼保護規定の前に譲歩すべきとする考えである。

④　42条・262条と12条とは異次元とする説（異次元説）。これは12条が登記された事項が事実である場合に限り事実の持つ対抗力が実際には当該事実を知らない第三者にも及ぶこととする規定であるのに対し，262条は事実と異なる外観を信頼した第三者を保護する規定であることから，両者は規制の次元が異なるとされる。さらに12条は未登記の登記義務者を不利に扱うことによって，登記義務者が励行され登記制度が機能することをねらいとするもので，登記済の登記義務者に第三者の悪意を常に主張しうる利益を与えるためのものではない。

一方，民商法の外観信頼保護規定は，当事者は事実をもって第三者に対抗しうることを前提とする。したがって，登記によって会社が広く第三者に対抗できる場合であっても，民商法の外観信頼保護規定の適用が可能であることに論理的障碍はない。よって公示主義の12条と外観信頼保護規定とは，次元を異にするとする。

4　特殊の効力

(a)　創設的効力　　登記によって一定の法律関係創設されることがある。たとえば，会社の設立登記（57条），合併登記（102条・147条・416条），有限会社の資本増加の登記（有53条ノ2）等がある。

(b)　補完的効力　　登記された事項に瑕疵があっても，登記によってその瑕疵が治癒されるという効力である。たとえば，会社の設立無効・取消の不遡及効（136条），株式引受人の意思表示の瑕疵の補完（191条）等がある。

(c)　強化的効力　　登記によって法律関係の保護が強化されるという効力である。たとえば，商号の登記（19条・20条2項），外国会社の営業所の登記（479条・481条1項）等がある。

(d)　免責的効力　　登記がある行為の許容または免責の基準となるという効力で，退社による免責の時間的範囲（93条・147条）等がある。

(e)　商号譲渡の登記　　商号の譲渡は，当事者間の意思表示によってその効

力を生ずるが，それが登記されなければ，これを第三者に対抗することができない（24条2項）。この場合第三者の善意悪意は問わない。すなわち，商号の譲渡は登記しなければ，譲渡を知らない者だけでなくそれを知っている者に対しても譲渡を対抗することができない。商業登記の一般的効力を定めた12条は排除されるものと解されている（通説）。

第5章　営業譲渡等と利害関係人の保護

§1　営業譲渡の意義と機能

> **トピック**
>
> 　現代の企業の活動はきわめて多角化している。たとえば，ある百貨店は観光事業，不動産事業，インターネット事業，ホテル事業，鉄道事業などあらゆる事業活動を広く展開している。そのように多くのセクションを抱える企業は常に，何か新しい営業部門を創設して積極的なチャレンジを試みたり，他の業者から営業部門を譲り受けて取り込みを図り，事業活動を**拡大**したかと思うと（企業合併・買収，M＆A），その一方で赤字で不要な営業部門を一部切り離し，別会社にして独立させたり，他の業者に譲渡して切り捨てたり，営業部門・営業自体を廃止したりして事業を縮小・合理化しながら，わずかでも利益を確保・拡大し，激しい企業サバイバル競争を生き抜いている。栄枯盛衰・弱肉強食は資本主義の掟である。しかし，自由競争とはいっても最低限知っておくべき一定のルールが要求され，そこに商法（企業法）の存在意義がある。

1　営業譲渡の意義づけ

　営業の譲渡（全部・一部）として商法の規制対象となる「営業」とは，判例・通説によれば「一定の営業目的のため組織化され，有機的一体として機能する財産」である（最判昭40・9・22民集19巻6号1600頁）。この営業の定義は組織性・有機的一体性・機能性を重視するものであり，単なる個別財産とは区別されるところにポイントがある。そして，**「譲渡」**とは「営業の移転を目的とする債権契約」であるが，単純な売買契約とは異なり，得意先の紹介等を含む複雑な内容の混合契約と解されている。この営業概念の定義においては組織

的一体財産の持つ特別な価値がとくに強調され，企業財産とはいっても単なる財産ではなく，得意先，経営組織，ノウハウ，のれん（暖簾），秘訣等といった「事実関係」を含むところに特色がある。事実関係の金銭的な評価は難しいが，最近では不正競争防止法による保護の対象にもなっている（なお，285条ノ7参照）。のれんを侵害すると不法行為が成立する（大判昭14・11・28民集4巻670頁）。

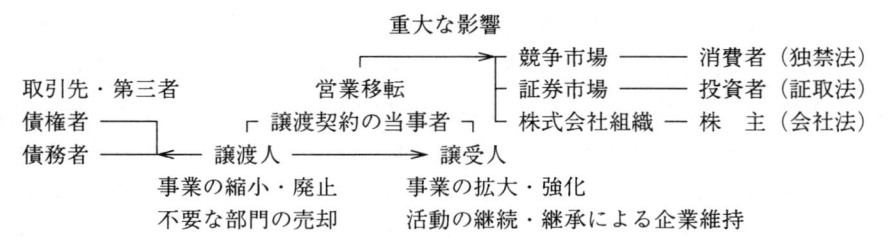

```
                           重大な影響
                      ┌─────────┬─── 競争市場 ──── 消費者（独禁法）
取引先・第三者           営業移転 ─────┼─── 証券市場 ──── 投資者（証取法）
債権者  ┐         ┌ 譲渡契約の当事者 ┐└─── 株式会社組織 ── 株  主（会社法）
債務者  ┴── 譲渡人 ─────────→ 譲受人
            事業の縮小・廃止    事業の拡大・強化
            不要な部門の売却    活動の継続・継承による企業維持
```

なお，営業の一部譲渡の例としては，複数の営業活動・営業所（本店，支店）・工場を有する商人がその1つを譲渡する場合が典型である。営業譲渡の**判断基準**は微妙なことも少なくなく（とくに一部譲渡のケース），諸事情を勘案して一般社会通念により決定されるが，事実関係移転の有無が重要なメルクマールとされている。

営業譲渡における営業の概念は「客観的意義における営業」といわれ，「主観的意義における営業（継続的営利事業活動）」とは区別される（前述）。一方，通説によれば，商法総則の営業譲渡（25条～29条）と会社法の営業譲渡（245条）の概念は**同一**とされる（同一説，営業財産譲渡説）。しかし，有力な反対説は規制する趣旨が違うから，すなわち，総則では関係者の利害調整を目的としているのに対して，会社法では株主の保護に重点があるから，245条の営業譲渡の場合には，後述する営業活動の承継・競業避止義務は考えなくてよいとする（異質説）。このほか営業譲渡概念を巡っては，営業組織譲渡説，地位財産移転説，地位交替説もある。

2 営業譲渡の機能・有用性とその問題点

営業譲渡は企業の経済活動において，有用な機能を果たすための手段となっている。第1に，企業の解体を防ぎ，営業組織の維持（ゴーイング・コンサー

ン）に役立つ。第2に，企業規模を拡大し，競争力を高めるのに役に立つ。営業譲渡は合併・買収（Merger and Acquisition），企業提携といった企業結合の1つの方法である。第3に，企業組織の分割の手段として有用である。企業分割としての営業譲渡は合弁会社の設立や子会社の設立に伴って行われる。なお，平成12年の商法改正において企業分割に関する規定が立法化された。第4に，企業の経営破綻・倒産に伴い，新たな経営の引受手を探す場合によく使われる。最近大手の銀行・証券会社の経営破綻処理のときにとくに見られる。

　このように営業譲渡は経済活動に有用である反面，法律上さまざまな観点から規制が加えられている。その第1は，**商法**によるものである。①商法総則では営業譲渡契約の当事者間と利害関係者・取引先等の調整のための規定を置き，②会社法等では営業譲渡を実施するための会社内部の手続規定を整備している。第2は，**独占禁止法**である。企業結合手段としての企業の合併や重要な営業譲渡は独占（monopoly）を生み，公正な企業間競争を阻害し，消費者の利益を害するおそれがあるため独禁法の規制対象になり，公正取引委員会への届出が必要になる（独禁法15条・16条）。その結果，場合によっては制限が付されたり，認められないことがある。第3は，市場（market）機能の確保を目的とする**証券取引（市場）法**であり，違反すると損害賠償責任のみならず，懲役刑等の重大な刑事罰を招くことになる。その内容は，有価証券（株式等）を広く市場で公開している上場企業等について，①その合併等の情報は証券市場における株価形成（投資者の投資判断）に影響を及ぼす重要情報であるため，迅速かつ正確な情報開示（disclosure）が義務付けられる。すなわち，定期開示として有価証券（年次）報告書（証取法24条），半期報告書（同法24条の5），適時開示として臨時報告書（同法24条の5）・証券取引所による要請等である。②上場会社等の会社役員等の**インサイダー（内部者）**が職務上知った合併等に関する秘密の未公表情報を利用して株式等を取引し，巨額の利益を得ることは情報格差を利用した不正取引としてきわめて厳しく禁止される（同法166条2項）。③合併等に当たって大量の（発行済株式の5％超）株式取引を伴う場合には原則として公開買付（TOB）の手続が強制される一方（同法27条の2），株式を大量に取得した者には大量株式保有報告書を提出し，名前・取得目的・資金源等の申請・公表が義務づけられる（同法27条の23）。

【企業合併と営業譲渡の共通する点と違う点】

　合併と営業譲渡は企業組織の重要な変動であり，共通点もある。まず第1に，株式会社の場合には株主総会の特別決議が必要で（245条，有限会社では59条，人的会社では総社員の同意（98条）），第2に，反対株主に買取請求権が与えられ（合併は408条ノ3・245条ノ2），さらに第3に，独占禁止法・証券取引法等の市場（マーケット）法の規制を受ける点で共通の性質を有する。

　しかし，個別・具体的に見ると以下のような相違点がある。第1に，営業譲渡は一般取引的な債権契約であるが（取引性），合併は組織的な特殊な契約である（組織性）。この違いは手続違反があるとき無効が主張される場合への対応に顕著に表れている。すなわち，営業譲渡には違反の主張に対する制限は存在せず，民法上の一般原則により処理されるが，合併には無効の主張に対する制限がかなり周到に準備されている（104条・110条・147条・415条・416条，有限会社では63条）。合併は無効にすると，取引先等に混乱を招きやすいためである。ただし，営業譲渡の場合に，信義則により無効の主張を制限した有名なケースとしては最判昭61・9・11判時1215号125頁がある。第2に，営業譲渡では譲渡の対象財産について個別の移転手続が必要であるが，包括承継である合併では必要がない。また，合併の場合には債権者異議申立手続があるが（416条・100条），営業譲渡にはない。第3に，営業譲渡では社員・株主（出資者）は原則として収容しないが，合併では当然収容される。第4に，営業譲渡では譲渡人の使用人・従業員・労働者の雇用関係は原則として引き継がれないが，合併では法律上当然新しい合併会社に承継される。商業使用人の雇用契約上の権利を譲受人に移転するために，使用人の同意を要するかどうかについては，通説は民法625条の例外として同意を不要とするが，反対説も有力である。なお，不当解雇における労働者保護は商法ではなく，労働法の問題と考えられている（大阪高判昭38・3・26高民集16巻2号97頁）。

	共通点	相違点
営業譲渡	企業結合（M＆A）の一形態であり，総会の特別決議等が必要独禁法・証取法の規制対象	個別性・取引行為的な債権契約
合　　併		包括性・組織的な特殊な契約

3 営業譲渡契約の締結とその手続

(1) 営業譲渡契約の当事者——譲渡人と譲受人——

営業譲渡契約の当事者である譲渡人は商人でなければならないが、譲受人は非商人でもよい。営業譲渡契約とその履行は附属的商行為（503条1項）となるため、譲受人が非商人のときでも商人資格を得ることになる。当事者が会社の場合、契約は代表機関が締結するのが普通である。

(2) 営業譲渡契約の手続——契約プロセス——

営業譲渡は契約であるから、譲渡人と譲受人の**合意**による。契約の方式は法律上は自由であるが、書面による契約が普通である。この点は要式性が厳格な合併の場合と大きく異なるので注意が必要である（408条・411条、有限会社では63条）。営業譲渡の**契約内容**の具体例としては、①譲渡する財産の範囲、②その代金・値段、③引渡の時期、④商号の引継等がある。

譲渡人が会社の場合、株主総会の特別の決議（343条）による承認等の手続が必要である（245条1項、合名・合資会社では72条、147条で総社員の同意、有限会社では40条）。譲り受ける側でも一定の手続を要する（245条1項3号）。会社の目的に変更があれば、定款を変える必要がある。

【株式会社組織である場合の財産・営業譲渡の要件】

株式会社において財産や営業の譲渡がなされる場合、その重要性により実施プロセスに差異が見られる点には**重要論点**として注意が必要である。第1に、単なる個別の営業用財産の譲渡については日常業務として代表取締役に授権されており（261条3項）、その権限内であれば忠実義務・善管注意義務に従って会社の利益のために行われうる。第2に、「重要な」財産の譲渡については取締役会の決議が必要とされ（260条2項1号）、その手続に違反して代表取締役が勝手に譲渡したときには原則としてその行為は無効になる。そして第3に、本項における意味での企業組織に根本的な変更を及ぼす重大な営業（有機的組織的一体財産）の譲渡については株主総会の特別決議（343条）が必要であり（245条）、その手続

株式会社の 財産・営業 譲渡の要件	①営業用財産の譲渡→代表取締役の権限内 ②重要な財産の譲渡→取締役会の決議が必要、手続違反は無効 ③「営業」の譲渡→株主総会の特別決議が必要、手続違反は無効

に違反があれば無効となるのが原則である。なお，取締役会の決議と株主総会の決議の在り方とその方法にはさまざまな相違点があるため，その内容についても押さえておかなければならない。

§2 営業を譲渡した場合に発生する法定の効果

1 譲渡人・譲受人間の関係

(1) 譲渡人の営業「移転」義務

譲渡人は営業譲渡契約により，営業を譲受人に移転する義務を負うものと考えられている。営業譲渡には個別の引継ぎが必要である。それはたとえば，引渡（民178条），不動産については登記（民177条），指名債権については債務者への通知・承諾（民467条）のような第三者への対抗要件に加えて，場合によっては得意先への紹介，秘訣の伝授等も要する。

(2) 譲渡人の「競業」避止義務——競業に対する制限措置——

譲受人が対価を支払ってせっかく営業を譲り受けても，譲渡人がそのすぐそばで再び競業を開始してしまったら，譲受人は何のために営業を譲り受けたのかわからなくなり，著しく損害を被ってしまう。そこで，商法は譲渡人に対して一定期間・一定地域における「同一ノ営業ヲ為スコト（いわゆる競業）」を禁止して，譲受人の保護を図っている。すなわち，譲渡人には特約がなければ，同一・隣接市町村（区）において20年間は競業をしてはならない（25条1項）。競業制限の基準地は譲渡前の営業所の所在地となる。もっとも，当事者が合意のうえで，競業避止義務を免除・排除する旨特約すれば，その特約は有効である。

その一方で，譲渡人が憲法上有する営業の自由もある程度尊重するため，競業制限を加重する特約を結ぶ場合であっても，同府県・隣接府県内の競業避止義務については最長でも30年間を超えてはならない（同条2項）。ただしこれら形式的規制とは別に，実質的に不正競争目的があれば譲渡人による競業は禁止される（同条3項）。この規定により譲渡人による不正な競業は，第1に，競業避止義務を排除するための特約があっても許されないし，第2に，同一・隣接市町村（区）以外においても許容されない。

この競業避止義務に違反すると，譲受人は譲渡人に対して第1に，債務不履行にもとづく損害賠償を請求でき，第2に，不法行為にもとづく損害賠償を請求でき，第3に，営業の差止を請求できる。

なお、これまで理髪業の譲渡において25条による**競業避止義務**が問題となった重要なケースがある（大判昭12・11・26民集16巻1681頁）。大審院判決は理髪業が502条が列挙する営業的商行為のうち7号の「客ノ来集ヲ目的トスル場屋ノ取引」（Ⅲ第2章§6場屋取引の箇所を参照）に該当しないため、理髪業者は商人ではなく、その譲渡に25条の適用がないとした。しかし、現在の多数説は客の保護と理髪業者の信用維持の観点から理髪業者の商人性を肯定すべきであるとして、同判決に反対している。

【商法上の各種の競業避止義務】

商法上競業避止（制限）義務を負担するタイプがいくつか存在する。それらの趣旨・内容・制限解除要件・制限範囲の違い・違反の効果について整理しておくことは制度趣旨を知るうえできわめて有用であり、各種資格試験でよく問われている。すなわち、条文の順番に示すと、①営業譲渡人（25条、譲受人の利益保護のため）、②支配人（41条1項、いわゆる精力分散防止義務の一環で最も厳しい、**介入権**あり）、③代理商（48条1項、本人の利益保護のため）、④合名会社・合資会社（人的会社）の無限責任社員（74条1項・147条、会社利益との相反を広く防止）、⑤株式会社・有限会社（物的会社）の取締役（264条、有29条、限定的に会社利益との相反を防止、**介入権**あり）、である。なお、匿名組合の営業者等も解釈上競業避止義務を負うとする見解が多い。このうちとりわけ重要なのは⑤の場合であり、株式会社の取締役による競業避止義務・善管注意義務・忠実義務に対する違反行為が認定された有名なケースとしては、いわゆる山崎製パン事件（東京高判昭56・3・26判時1015号27頁）があり、競業避止義務違反について会社による介入権が実際に行使されたケースとしては最判昭24・6・4（民集3巻7号235頁）がある。以上に関する詳細は本書テキストにおける該当箇所を参照のこと。

---

2 譲渡当事者と第三者（営業上の債権者・債務者）との関係

営業譲渡がなされた場合、第三者（取引先）から見ると、譲渡人・譲受人いずれに請求をなすべきか「誤認」することが多く、法律上そのような場合を調整する必要がある。

(1) 譲渡人の営業上の「債権者」に対する譲受人の責任

(a) **一般原則** 譲受人は原則として譲渡人の債務を負担することはない。譲受人が債務を負担するには債務の引受，弁済の引受（民474条），債務者の交替による更改（民514条）等の特別の手続が必要である。

(b) **商号続用の場合の特例** 譲受人が譲渡人の商号をそのまま使用している場合（登記はなくても），第三者が誤認しやすいため，**外観主義**により譲受人にも譲渡人の営業に関する債務を弁済すべき責任が規定されている（26条1項）。この場合に，譲渡人の債権者は，別個の原因の債務を負担するという不真正連帯債務（同一原因であると連帯債務）として譲渡人にも譲受人にも支払いを請求できる。商号と営業には商法上強い一体性が認められている（24条）。一方，譲受人がこのような責任を負担したくないときには営業譲渡を履行した後に遅滞なく，①責任を負わない旨を**登記**するか，②第三者にその旨を**通知**すればよい（26条2項の免責効果発生要件）。ただし，この免責の効果が発生する対象は①と②では異なり，①の登記では一般に広く効果が発生するが，②の通知については通知をした相手方たる債権者のみに対して，という狭い範囲でしか効果がない。

ところで，譲受人が譲渡人から引き継ぐ営業関連債務の**範囲**としては，不法行為による損害賠償責任（最判昭29・10・7民集8巻10号1795頁）のほか，不当利得によるものもすべて含まれ，最近では製造物責任（プロダクト・ライアビリティ，PL）なども含まれる。責任の範囲も無限であるが，主張し得る抗弁（拒否事由）も引き継ぐことができる。

問題は商号を続用していると認定する**具体的基準**である。判例では実態が同じで旧商号に株式会社など会社の種類を主体部分にほぼ付け加えただけの場合，全く同じ商号を続用していなくても，商号の同一性を認定している（最判昭47・3・2民集26巻2号183頁，営業の現物出資のケース・類推適用）。これに対して，旧会社の商号が有限会社・米安商店であり，新会社の商号が合資会社・新米安商店である場合，「新」の文字は継承的字句でなく，遮断的語句であるとした事例もあるが（最判昭38・3・1民集17巻2号280頁），賛否は分かれている。形式的に商号の共通性を判断するか，諸般の状況を含めて実質・総合的に判断すべきかは今後検討を要する問題であるが，判例は後者の方向で商法の適用範

囲を拡大しているように見える。

(c) 債務引受の広告のある場合　たとえ商号を続用していなくても，一般原則の例外として譲受人が「譲渡人ノ営業ニ因リテ生ジタル債務（営業関連債務）」を引き受ける旨の広告をした場合，外観理論・禁反言の原則から譲受人は譲渡人の債務を弁済すべき責任を負担する（28条）。広告とは新聞広告・ちらし・個別広告の送付などを指す。

問題はこの「債務引受の趣旨の広告」かどうかの**具体的判断基準**である。この点に関して判例では，旧会社に対する貸主が新会社に対して貸金を請求したケースで，取引先に配布した単なる挨拶状は債務引受広告には該当しないとして，貸主による請求を棄却している（最判昭36・10・13民集15巻9号2320頁）。要するに，28条の債務引受の広告というためには，第1に，債務を引き受ける趣旨が明確でなければならず（単なる事業承継ではなく），第2に，新聞広告など不特定多数を対象になされたものであることが必要である。

(d) 短期除斥期間による譲渡人の責任消滅　以上の26条1項・28条に該当する場合，商法上例外として譲受人は譲渡人の債務を負担しなければならない。そのような場合には，譲渡人を早く解放させることにも合理性がある。そこで商法はこの場合の譲渡人に関する責任は，営業譲渡または広告後2年以内に請求や請求の予告をしない債権者に対しては消滅し（29条），その後は譲受人のみが弁済責任を負うとする。この期間は除斥期間であり，除斥期間経過前に当該債権の消滅時効により債務が消滅してしまうこともありうる。

(2) 譲渡人の営業上の「債務者」と譲受人との関係

(a) 一般原則　(1)の問題とは逆に，譲渡人に債務を支払うべき者がいる場合には，その譲渡人の債務者にとっても営業譲渡がなされてしまうと，自己の債務を誰に支払ったらよいかという問題・**二重弁済のリスク**が発生する。この点，一般原則としては「特約」がなければ，譲渡人の債権は譲受人に移転するから，譲受人に支払えばよい。また，債権移転の対抗要件がなされていないときは譲渡人に支払っても，譲受人に弁済しても有効と解されている。いずれにしても債務者にリスクは通常発生しない。

(b) 商法による善意者保護の特別規定　しかし，営業債権を除外する特約があったり，二重譲渡がなされたりすると，債務者に二重弁済リスクが残る。

そこで，債務者の二重弁済の問題について，商法は商号が続用されており，かつ債務者が**善意**にして重大なる過失がないときに限っては，「譲渡人ノ営業ニ因リテ生ジタル債権（営業関連債権）」の弁済を有効であるとして債務者の救済を図っている（27条）。商号の続用がない場合の弁済の効力については，民法の一般原則により債権の準占有者に対する善意の弁済（478条），受領権なき者への弁済（479条）の規定によるほかはない。

§3　営業の賃貸借と経営委任

1　営業の賃貸借

営業の賃貸借契約とは，商人（賃貸人）が前述した意味での「営業」の全部・一部を他人（賃借人）に貸すという契約である。契約については，民法の賃貸借の規定（民601条）が類推適用される。賃借人は賃借人自身の名義で営業し，賃貸人に賃料を支払う。営業に必要な費用については賃借人が負担するが，営業財産の修繕等の費用は賃貸人が支払うことになる。

2　経営委任

広い意味における経営の委任とは，商人（委任者）が経営を他人（受任者）に委託する契約である。対外的・形式的な経営活動は以前と変わらず，委任者のままの**名義**で行われる。これに対して，賃貸借の場合には名義が賃借人である点が大きな相違である。契約については，民法の委任の規定（民643条）が類推適用される。

(1)　狭義の経営委任

経営委任のうち狭義の経営委任とは営業の実質的利益（計算）が，**受任者**に帰属するものである（名義は委任者だが，計算は受任者）。受任者は利益を自分のものとする一方で，委任者に利益の一定割合といった方法で報酬を支払う（民656条の準委任契約とも考えられる）。委任者は前述の競業避止義務を負う。

(2)　経営管理契約

経営委任のうち経営管理契約とは営業の実質的利益（計算）が，**委任者**に帰属する場合である（名義も計算も委任者）。委任者は受任者に約定の報酬を支払

契約のタイプ	契約当事者	契約後の営業活動
営業譲渡	譲渡人→譲受人へ売却	譲受人が原則として営業を引き継ぐ
営業の賃貸借	賃貸人→賃借人へ賃借	名義は賃借人へ移り，賃貸人に賃料支払
経営委任	委任者→受任者へ委託	名義は委任者のままで，利益は受任者へ
経営管理契約	委任者→受任者へ委託	名義も利益の帰属も委任者のまま

う。

> **トピック**
>
> 営業の賃貸借と経営委任については商法に別段の規定はないが，企業結合（M&A）の一環として営業譲渡と実質的に類似する点が少なくないため，営業譲渡に関する規制がある程度**類推適用**されると考えられている。株式会社の場合，営業全部の賃貸，経営委員，損益共通契約の締結，変更，解約には株主総会の特別決議が必要となる（245条1項2号・3号）。独禁法上の規制も同じく存在する（16条3号・4号・15条）。

3 営業の担保化

　組織的有機的一体性のある営業は個々の財産以上の経済的，財産的価値があり，質権や抵当権などといった**担保権**の目的になる可能性がある。しかし，営業概念の中心となる事実関係の評価が困難であるなどといった問題があるため，そのような担保化を一般企業が容易に利用するための法制度は現在存在せず，公示方法もない。

　ただし，営業を担保に入れるものに近い，類似するものとしては第1に，各種の財団抵当法（鉄道抵当法，工場抵当法等）の定める一定の場合，第2に，企業担保法の定める場合などにはその営業を担保として利用しうるケースがあるが，これらは事実上，大企業しか使えない。

Ⅲ 商行為法

第1章　商行為法通則

§1　企業取引の態様・特色と法的規制

> **トピック**
>
> 商取引は基本的に各種の契約を通じて行われる。契約については民法に詳しい規定があるが，これが必ずしも商取引の目的・特質に適合するものではないので，商法がこれに修正・補充を施している。また，商取引のルールとされていたものが，その合理性ゆえに民法上の原則・ルールとされるにいたっているものも少なくない（民法の商化現象）。そこで，ここでは，商取引一般と，商取引の中で最も一般的に見られる商事売買とについて，商法がどのような規整を行っているかを見ていこう。

1　企業取引の具体的態様

　商法が対象とする企業取引は，いずれもさまざまな契約を通じて行われる。これを，ある製品メーカーA社を例にとって見てみよう。A社は原材料等を仕入れこれを製品に加工等して販売することで利益を得る商人である（500条1号所定の投機購買とその実行売却を業として営む）から，まず他から製品化に必要な原材料等の仕入れをする必要があるし，これを製品化した上でユーザー等に販売しなければならない。このいずれの取引も，法律的には売買契約を通じて行われるのが通常であろう。その際，A社は，販売委託契約を第三者と締結し当該製品の販売を委託することもあろうし，製品をユーザーに納入する際，運送業者との運送契約を締結し物品運送を委託することも少なくないであろう。さらに，社屋を対象とする火災保険契約とか製造物責任を問われる場合を考えた製造物責任保険など損害保険契約を損害保険会社との間で締結したり，従業

員を被保険者とする団体生命保険契約を生命保険会社との間で締結したりすることや，事業資金調達のため，新株・社債の発行について証券会社等との間で引受契約を締結したり，銀行等との間で金銭消費貸借契約を結ぶこともある。

　このように，いわゆる企業取引は何らかの契約（典型契約または非典型契約）を媒体として行われるが，いずれも営利性を有し，大量にしかも継続・反復的に行われて，迅速な処理・決済が要求される。そのため，商法は，企業活動における法律関係の規整について，民法に規定のない取引類型は別として（保険・場屋営業など），基本的には民法の契約に関する諸規定に拠りながらも，必要に応じてこれを修正する規定を置いている。他方，民法に規定のない企業取引については，商法がほぼ自己完結的な規定を置いているが，いずれにしても，企業取引法に関しては，商法制定後ほとんど改正が行われていないこともあって，企業活動の実態とのギャップも指摘されている（保険取引など）。

2　企業取引の態様と法的規制

　企業取引は，取引当事者に着目すると，両当事者が企業（商人）同士であるケース（**企業間取引**）と，一方当事者が企業となり他方当事者を一般消費者とする場合（**消費者取引**と呼ぶ）とに大別されるが，商法自体は，一部の例外（利息請求権・商事留置権・商人間売買など）を除き企業取引をこのように区別することはないし，基本的に契約自由の原則・当事者自治の原則に委ねており，商取引に関する諸規定の大半は任意規定とされている。

　しかし，企業間取引では，両当事者が契約・商品に関する専門知識・分析能力や交渉能力等の点で一応は対等と考えられることから，取引条件・内容の決定を取引当事者間の自由な交渉に委ねてもかまわないであろうし，それにより経済法則に従って合理的な契約内容に落ち着くことであろう。もっとも，わが国の一部の業界について従来指摘されてきた系列取引においては，元請企業の下請企業に対する優越的支配力の故に取引内容が元請側に一方的に有利なものとされることも少なくないが，そうしたケースを除けば，基本的に契約自由・当事者自治の原則が妥当するといえるであろう。

　これに対し，消費者取引では，取引内容に関する専門知識や各種情報，判断・交渉能力等が一方当事者たる企業の側に偏在し，他方当事者たる一般消費

者の側が圧倒的に劣っていることが少なくないし，現実の経済社会では市民生活が企業取引を抜きにしては成り立たないといっても過言ではないのに，実際問題として企業の作成する契約条件を一般消費者が一方的に受諾する形で取引を行わざるをえないのが通常であることから，取引当事者間の非対等性を前提に，法的規制のあり方を考える必要があるのであろう。こうした観点から，割賦販売法や訪問販売法，消費者契約法など消費者保護のための特別立法が，業者側の説明義務を定めるとか，ミス・リーディングな一定の行為（断定的判断の提供，拒絶されているにもかかわらず，しつこく勧誘する行為など）を禁止するなどしたり，消費者に対しクーリング・オフ制度や一方的解約権を認めるとか，契約内容等について消費者側にとって不利となる契約条件の定めを無効とする片面的強行規定を置くなどしたりしている。また，判例においても，法運用の過程で，企業側の説明義務を認めてその違反を理由に消費者側の請求を認めたり（変額保険訴訟など），普通取引約款の条項解釈において消費者に不意打ちを与える免責条項の効力を否定するとか（制限的解釈），不明確な約款条項の内容を一般契約者の有利に解釈する（作成者不利解釈の原則）などしたりしており，必ずしも十分ではないものの，取引関係の実質的公平を図ろうとする努力を示しつつある。さらに，主務官庁による認可・指導等を通じた取引適正化措置も講じられているが，企業取引の法的規制のあり方を考えるにあたっては，こうした立法・司法・行政による対応を看過すべきではない。

3　企業取引と双方的・一方的商行為

　企業取引とは，いわばその主体に着目した概念であるのに対し，商法所定の基本的商行為（500条・501条）は行為類型をベースとした概念であるから（附属的商行為は別），両者が必ずしも一致するわけではないが，ともあれ，絶対的商行為または営業的商行為（500条・501条）に該当する企業取引は，商人概念の基礎となるし（4条1項），附属的商行為も含めて504条ないし522条の商行為法通則規定の適用を受けることとなる。

　もっとも，企業取引が絶対的商行為（500条）もしくは営業的商行為（501条など）または附属的商行為（503条）に該当する場合において，取引当事者の双方が商人であるときは（企業間取引），**双方的商行為**となるのに対し，一方当事

者が商人で他方が一般消費者である消費者取引のときは**一方的商行為**となる。いずれにしても，原則として商法の適用を受けることとなるが（3条1項），商行為を対象とする商法の関連規定の中には，双方的商行為のみに適用されることが明文で規定されているもの（513条1項・521条・524条〜528条）があることには注意を要する。

§2 商行為法通則

> **トピック**
> 商人の商行為は営利を目的として反復的に行われるものであり，社会的にも簡易・迅速な対応が要請されている。さらに，企業取引は多くの場合，多人数を相手に反復的・集団的に行われるものであるため，個性を失い定型化されるべき性質をもつ。こうした特殊性を反映するため，商法では，一般法である民法の規定に対して特則を設け，あるいは民法の規定にない特殊の制度を定めて，商行為の特殊性に対応せしめている。なお，実務界では，民法や商法の規定によらず，約款と呼ばれる定型的な契約条項が多くの商取引で利用されている。

1 代理および委任に関する規定

商行為編の総則中に定められた代理に関する3ヵ条（504条・505条・506条）は，商行為の特別な事情に応ずるため，一般法たる民法の規定を補充・変更した特則である。

(1) 顕名主義（民99条1項）と非顕名主義（504条）

私人の行為は，物の貸借ひとつにしても，付合いの深さや，個人の個性に重点を置くことが多い。そこで，民法99条1項は，代理人の行為が直接に本人（**代理の依頼人**）に対して効力を生ずるためには，相手方に自分が代理人であることを示してなすことを要求しており，そうでなければ代理の効果が生じないとの立場をとっている（**顕名主義**）。さらに民法は，このような場合に単に代理行為が不成立となると，相手方が不安定な立場に置かれることから，相手方が代理人に対し，その行為を代理人が代理人自身のためになしたものとみなして履行を請求できるとする規定を置いている（民100条）。

しかし，代理人が本人のためにすることを明示しない場合には，どのような場合にもこの規定が適用されるとすると，代理人に過剰な責任がかかることから，一般にこの規定は，故意または過失がある代理人の行為に責任を課している規定と解釈され，相手方がその者が代理人であることを知っていたときや過

失により知りえなかった場合には，本人に対して効果が生じると解されている。

これに対して，504条は，代理人が本人のためにすることを示さないときでも，代理行為が本人に対して効力を生ずるものとし，民法の原則に対する例外として非顕名主義の特則を定めている。このような特則が定められたのは，商行為の代理においては，多くの場合，取引相手の個性よりも取引内容が重視され，また，反復・継続が当然であり簡易迅速を重んずる商取引において，相手方もその事情を知る場合が多い商業使用人や代理商等についてまで，いちいち取引の度に顕名主義を徹底することは，単に煩わしくするだけであり，さらに代理人がとうてい負い切れないような過剰な責任を負わされるおそれを増やすだけだからである。しかし，これは当初から代理行為であることを示さない場合やことさら代理人であることを隠してなされた場合等，相手方が過失なくしても当然に代理行為を知らない場合にまで，本人に対して効果が及ぶとするものではない。そこで504条は但書において，相手方が本人のためになすことを知らなかったときには，代理人に対しても履行の請求をなすことができるとしている（最判昭43・4・24民集22巻4号1043頁においては，商行為の代理にあっては，相手方がその代理行為を知っても知らなくても，本人に対して効力を生ずるが，相手方が代理であることを知らずかつ知りえなかった場合には，相手方と代理人との間にも法律関係が成立することになり，相手方はそのいずれかを選択して請求できるとの立場を採った。しかし，最判昭48・10・30民集27巻9号1258頁は，こうした場合に相手方が代理人との法律関係を主張したときには，本人はもはや相手方に対して，本人・相手方間の法律関係を主張することはできないとの立場に変更しており，以降の判例はこの立場に統一されている）。このように，民法と商法では出発点が逆になっているが，実際上の結果は著しく接近している。

なお，504条は，本人にとって商行為となる行為を代理する場合の規定であって（最判昭51・2・26金法784号33頁，通説・判例），本人・代理人・相手方の商人性や代理人・相手方の行為が商行為にあたるかどうかは要件ではない。本人にとって商行為であれば絶対的商行為にすぎない場合にも適用されるが，手形・小切手等の有価証券上の行為は，厳格な要式行為を要求する書面行為とされており，表示を重視する性質上，当然に本条の適用も民法100条の適用もない。

また，本条は代理権推定の根拠になる条文ではないため，代理権がなければ本条は適用されないが，会社代表機関の代表には類推適用されている。

(2) 受任者の権限 (505条)

商行為の受任者は，委任の本旨に反しない範囲内において，委任を受けない行為をなしうる (505条)。この規定により，たとえば代理人が，相手方の財務状況の変化や失権などの情報により，暴落のおそれがある商品を慌てて転売したり，契約の締結を見合わせたりするなど，緊急で一刻を争う状況において臨機応変の処理を取りうることが公然と認められている。しかし，本条は一般に，民法の定める受任者の権限の拡張を認めるものではなく，民法644条が定める**善管注意義務**を合理的に解釈し，その趣旨を明確化した注意的規定であると解されている。

(3) 代理権の消滅 (506条)

民法における代理権は，本人の死亡によって消滅するが (民111条1項1号，ただし，特約により本人の死亡によって消滅しない代理権を締結することを妨げるものではない。また，過失なく代理権の消滅を知らなかった者を救済する規定がある。民112条・代理権消滅後の表見代理)，**商行為の委任による代理権**は，本人の死亡によっては消滅しない (506条)。商行為の委任による代理権とは，代理権を付与する行為である委任自体が本人からみて商行為である場合でよく (大判昭13・8・1民集17巻1597頁，通説・判例)，代理権授与の基礎となる法律関係は，必ずしも委任に限らず，雇用・組合などの場合にも同様に解されている。

これは**商行為の代理**は，相続に適さない一身専属的な行為の代理ではなく，本人と代理人間の個人的信頼関係よりも，代理人が代理している本人の営業との信頼関係に重きが置かれること，また反復・継続性が重視される商取引において，代理権等がすべて消滅し，営業活動が一時中断するなどして，商業使用人・代理商等の代理人や相手方が不安定な地位に置かれることを防ぐ必要があるためである。代理人は本人の死亡により当然に相続人の代理人となり，相続人による新たな授権行為は必要ない。

2 契約の成立に関する規定

(1) 対話者間の契約の申込（507条）

507条は、対話者間において、**承諾の期間を定めない契約の申込を受けた者**が、直ちに承諾をなさないときは、その申込は効力を失うものと規定している（対話者間とは、直ちに意思の交換ができる状態の当事者間をいい、実際に面と向かっていなくとも、通信機器等で直ちに意思の交換ができる状態であれば当然に対話者間となる）。この規定により、生鮮品等や金融商品等の商品価値の変動が激しい商品を扱う者が、契約の申込後に申込先に拘束されたり、要求に応えられない場合に賠償責任を課せられたりすることなく、安心して次の申込先を探すことができる。民法にはこうした申込に対する規定はないが、優れた規定であるため、今日では民法上も同様に解されている。

なお、申込者が**承諾期間**を事前に定めなくとも、申込者が相手方の猶予期間の申出に応じたときは、承諾期間の定めのある申込となる。承諾期間の定めがある申込の場合には、その期間は諾否の返事があるまで申込の効力が持続し、承諾期間の経過までに諾否の返事がない場合に申込が失効する（民521条）。

(2) 隔地者間の契約の申込（508条）

508条は、商行為の迅速性の要請から、**隔地者間**（直ちに意思の交換ができない当事者間をいう。つまり対話者間でないものはすべて隔地者間となる）において、承諾期間を定めずに契約の申込をした者が、相当の期間内に承諾の通知を受けないときは、その申込は効力を失うと規定する。これに対し、民法524条の条文は、隔地者間において承諾期間を定めずに契約の申込をした者が、相当の期間内に承諾の通知を受けないときは、申込を撤回できるともとれる。しかし、今日では、取引の安全のため、民法上も商法508条と同様に解するようになっている。

相当の期間の経過後に相手方からなされた承諾は、相手方からの新たな申込とみなすことができる（民523条、商508条2項）。したがって、承諾の場合には承諾の通知を省略して、直ちに契約内容の実行をなしてもよいが、契約条件変更の申出や契約拒否の通知・対応をなしてもよいことになる。

なお、この相当の期間には明確な基準がなく、解釈に委ねられているため、相手方がその事項について熟考し承諾の意思表示をするに要すべき期間である

とする立場（相手方の立場に立った解釈）と，申込者が満足するであろうと相手方が考える期間であるとする立場（申込者の立場に立った解釈）とが対立するが，商行為の申込については，その迅速性の要請から，後者が適当である。そのため，申込者がメール・電報・速達郵便等の迅速な伝達方法を選択した場合には，期間の長短に影響を与えるとされている。さらに，相当の期間の決定には，売買目的物の品質・価格変動等の性質や申込者と相手方との過去の取引態様が重要な意味を持ち，取引慣行がある場合には，決定的な重要性を持つ。ただし，大地震等の社会状況の変化は，当然に期間の伸長に影響を与える。

(3) 諾否の通知義務（509条）

民法の原則によれば，契約は申込に対して明示または**黙示の意思表示**がなければ成立しない（民526条）。しかも，契約の申込を受けた相手方は，申込に対して承諾や拒絶の意思表示の義務を負うことはないから，申込者が申込に際して，拒絶の意思表示がなければ承諾したものとみなす旨を予告しても，これに拘束されることはない（たとえば，ネガティブ・オプションと呼ばれる，商品を一方的に送りつけてくる商売方法があるが，商品購入の意思がない場合には，業者指定の期間に商品を送り返すことを要求し，期間経過の場合には，購入する意思があるとみなし，代金支払義務が生ずるなどとした一方的な文書が添えられていても，この文書には法的拘束力はない）。

これに対して，509条は，商人が平常取引をなす者より自己の営業の部類に属する契約の申込を受けたときは，遅滞なく諾否の通知を発することを要し，これを怠ったときは申込を承諾したものとみなすと規定する。本条は，継続的取引関係にある商人に対する申込では，不承諾の通知がなければ承諾されたものと信じる場合が多く，また自己の営業の部類に属する契約の申込に対しては，普段の営業知識で容易に決定できる事柄であることから，商取引の迅速性の要請に応え，申込者の期待を保護する規定であり，507条・508条の規定の例外をなす（したがって，平常取引のない相手方からの契約申込や自己の営業の部類に属さない契約の申込など，調査や考慮に時間を要する契約の申込には適用されない）。この規定は，商行為をなりわいとする商人に特別の責任を課した規定であるから，曖昧な返答をした場合には，責任を免れることはできない（したがって，直ちに諾否の返答できない等の事情がある場合には，猶予期間を申出て，期間の定

めのある申込に変更してもらう等の対応が必要である）。

(4) 物品保管義務（510条）

民法の原則によれば，契約の申込を受けた者が申込と同時に，または前後して，一方的に物品の送付を受けても，その申込を拒絶した場合には契約は成立しておらず，申込者が返送の手間や経費をかける義務はない。申込を受けた者は**申込者の物品返還請求**に応じれば足り，その物品について**事務管理**（民697条～702条）をなしうるにすぎない。これは，申込者と申込を受けた者には特別な関係はなく，申込を受けた側に法的な責任を課す根拠がない上，むしろ迷惑である場合も多く，高価なものを一方的に送りつけることは嫌がらせともとれるからである。

これに対し，510条は，商人がその営業の部類に属する契約の申込を受けた際に申込とともに受け取った物品があるときには，その申込を拒絶したときでも，申込者の費用でその物品を保管することを要求している。これは，商人には，商取引の申込は日常の事であり，契約の申込と同時に，契約の目的物の性能・品質・状態等を知らせるために，見本として物品を送付することが少なくない上，これらの中には，高価な物品や開発のために多くの手間・時間・費用がかかった物品も含まれることから，商取引の特殊性を考慮して商人に特別の義務を課したものである。

したがって，これらの**保管義務**のある物品には，もともと保管されることを期待していない試供品や試食品等は当然に含まれない。また，物品の保管を望まないときには，申込者から破棄を申し出ることもできる。

なお，**送付物品の保管**は申込者の費用でなすべきものであるから，この保管費用債権について，商人は保管物品の上に民法上の留置権（民295条）および商人同士であれば商人間の留置権（521条）を行使しうる。したがって，その物品の保管が保管費用を償うに足りないときや商人がその物品の保管によって損害を受ける場合（積極的債権侵害のおそれがある場合等）には，物品の送付を受けた商人は，その旨を立証することによりこの保管義務を免れることができる。

3 債権の担保に関する規定

商事債権も，基本的には民法の債権と同様の法律規制に服するべきであるが，

一般の民事債権と異なり、営利を目的とし、多人数を相手として反復的・集団的に行われる企業取引は、多くの場合、その特殊性を反映して個性を失い定型化されるべき性質のものである。そこで、民事債権編の規定に対して特則を設け、あるいは民法の規定にない特殊の制度を定めて、こうした企業取引の特性に対応せしめている。

商法は、企業取引の安全保護の観点から、当事者の信用の確保を図って、商事債権の人的担保・物的担保を、次のように強化している。

(1) 多数当事者の連帯（511条1項）

民法上、数人の債務者がある場合には、債務は、原則として**分割債務**となり、債務者が平等の割合で債務を負う（民427条）。しかし、それでは、債権者は各人の資力・信用を調査しなければ取引にふみ切れず、そのうちの1人でも資力に問題がある場合には安心して取引ができない。また、各人から債務を取り立てる手間がかかることになる。

511条1項は、商取引における債務の履行をより確実・迅速にして、債権者の保護を強化するため、共同して取引した者のうち、1人でもその取引が商行為である者がいるときには、その債務は連帯債務になることを規定する。**連帯債務**とは、数人の債務者が同一内容の給付について、各自全部を弁済する義務を負い、その中の1人から数人が全部を弁済すれば、他の者の債務も消滅する債務関係をいう（他の債務者の責任部分に対する請求権は、債権者に弁済した者に移転する）。債権者はどの債務者にも全債務の履行を請求できるため、資力の確実な債務者が1人でもいれば安心して取引ができ、各人に履行を請求する手間も省けることから、各人の資力・信用を調査する手間を省け、債務者中に資力に問題がある者が含まれていたとしても安心して取引ができる。また、債務者にとっても、信用や資力のある者を中心にすれば、信用や資力が十分でない者を債務者中に含んでいたとしても取引に応じてもらえる等のメリットがある。

この連帯の特則が適用されるためには、債務の発生原因が債務者の1人ないしは全員にとって商行為であり、かつ、債務が数人の債務者の共同行為によって生じたことが必要である（各別の行為による場合を含まない）。債務の発生原因が商行為であれば、その後に生じた契約解除や債務不履行による原状回復義務・損害賠償義務等、実質的に同一性を有するものも含まれる。

この規定は，任意規定であるので，反対の特約をなすこともできるが，むしろ民法上の債務についても特約により連帯債務の制度（民432条〜445条）が多く利用されている。

また，不可分債務については，民法上も連帯債務となる（民430条）。

なお，手形等の有価証券上の行為は，書面行為とされ，その性質上，連帯債務とはならず，合同責任になる。

(2) 保証人の連帯（511条2項）

民法上の原則では，**保証人の責任**は二次的なものであり，保証人が債権者からいきなり債務の履行を請求されても，まず主たる債務者に対して催告をなすことを請求できる（民452条・催告の抗弁権）。さらに催告がなされた後であっても，保証人が主たる債務者に弁済の資力があり，かつ，執行が容易であることを証明したときには，債権者は，まず主たる債務者の財産に対して執行をなさねばならない（民453条・検索の抗弁権）。保証人のこうした請求があったにも拘わらず，債権者が催告または執行をなすことを怠った結果，その後，主たる債務者より全部の弁済を受けることができなくなったときは，請求があったときに直ちに執行をなせば弁済を受けられたであろう部分については，保証人は責任を免れる（民455条）。また，保証人が数人あるときには，債務は原則として分割債務となり，債務を分割負担すればよい（民456条・分別の利益）。

これに対し，511条2項は，商取引における債務の履行をより確実にして，債権者の保護を強化するといった多数債務者の連帯（511条1項）と同様の趣旨から，主たる債務の発生原因が，主たる債務者にとって商行為であるか（債権者にとってのみ商行為である場合には成立しない），保証が商行為である場合（銀行が顧客のために支払保証をする等，商人が自らの営業のために保証する場合。なお，銀行が貸付にあたり保証人をたてさせる行為等，商人がその営業のために保証をさせる場合も保証が商行為になる場合である。通説・判例）には，主たる**債務者**および保証人が各別の行為により債務を負担した場合といえども，当然に連帯保証となると規定している。

連帯保証の場合には，保証人は前述のような**抗弁権**を持たないため（民454条），債権者は，債務者が履行遅滞等に陥っただけで，主たる債務者に請求せず，いきなり保証人に請求することができることになり，その責任は二次的な

ものではない。また複数の保証人がいる場合にも，各保証人が債権者に債務全額の責任を負う連帯債務となり，分割債務とはならない（当然，弁済をなした保証人は後に主たる債務者に請求できる）。

この規定は，任意規定であるので，反対の特約をなすこともできるが，むしろ民法上の債務についても特約による**連帯保証の制度**（民458条参照）が多く利用されている。

なお，手形等の有価証券上の保証には，その制度上当然に適用されない。

(3) 流質契約の許容（515条）

民法は，質権を設定したときに担保される債権の弁済期到来前の契約をもって，**被担保債権**が弁済されないときには，質物の所有権が質権者に移転するとか，法律に定める方法（競売等）によらないで質物を処分できるなどといった内容の契約（**流質契約**）をなすことを禁止し，かかる契約を無効として債務者（**質権設定者**）の保護を図っている（民349条）。これは，債務者の窮乏に乗じて債権者が暴利を貪ることを防止するためである。

これに対して，515条は，商行為によって生じた債権を担保するために設定された質権には，民法の原則は適用されないとして，流質契約の許容をし，債権の強化を図っている。商人は自己の利害得失を合理的に判断でき，また，迅速性が要求される商取引においては，迅速な質物処分によって金融の円滑化を図る必要があり，かえって金融の便を与えるとの認識によるものである。

被担保債権は商行為によって生じたものでなければならないが，この規定の立法趣旨からすると，本来は債務者にとって商行為であることが必要である。しかし，現実には，譲渡担保の利用により民法の流質契約の禁止原則自体が形骸化しているため，商取引の金融の便を考えると，債権者でも債務者でもどちらか一方にとって商行為であればよいとの解釈が定着している。

なお，**質屋**については，質屋営業法により流質契約が認められている（質屋1条・19条）。

(4) 商人間の留置権（521条）および商事留置権

民法上，他人の物の占有者は，その物に関して生じた債権を有し，それが弁済期にあるときは，その債権の弁済を受けるまでその物を留置することができる（民295条・民事留置権）。その物に関して，生じた債権とは，その物の保

管・運送・修繕等だけでなく，その物から生じた損害より発生する損害賠償請求権等も含まれる。この権利は，法律上当然に認められる担保物権であり，物権であるが故に，相手方だけでなく，第三者に対しても効力があるが，その制度目的が債権者と債務者間の公平の維持にあることから（ローマ法上の悪意の抗弁に由来する），被担保債権と留置の目的物の間に牽連性（個別的関連性）が必要である。

　これに対して，商法は，被担保債権と留置物との牽連関係を要しない**商人間の留置権**（521条）を**民法上の留置権**とは別個に制度化した。すなわち，521条の定める商人間の留置権の内容は，商人間において，その双方のために商行為たる行為によって生じた債権が弁済期にあるときは，債権者は別段の意思表示がない限り，弁済を受けるまで，その債務者との間の商行為によって自己の占有に帰した債務者所有の物または有価証券を留置することができるというものである。商人間の取引は，通常継続的・反復的に行われ，しかも取引当事者の一方がその義務を先履行する信用取引の形態を採ることが多いことから，民事留置権では，債権担保手段として機能しにくい。しかし，取引にいちいち担保の設定を求めることは煩雑すぎ，相手方に対する不信の表明とも受け取られることから，債権者がその取引関係にもとづいて自己の占有に帰した相手方のいずれの物品からでも，その債権の満足を受けることができる制度が求められた結果，考えられた制度である（中世イタリアの商人団体の慣習法に由来する）。このように商人間の留置権は，債権者の地位強化と信用取引の円滑・安全を図ることを目的とし，その沿革・要件・効果等について民事留置権のそれと異なっている。

　商法は，このように**一般的特別規定**として商人間の留置権を定めており（521条），狭義における**商事留置権**とはこの商人間の留置権を指す。また，企業取引の必要に応じるために，これとは別個に，代理商（51条）・問屋（557条）・準問屋（558条），運送取扱人（562条）・陸上運送人（589条）・海上運送人（753条2項，国際海運20条1項）につき，その業態に即した特殊の留置権を定めている。これらの商法上の留置権を総称して広義の商事留置権という。

　代理商の留置権とは，手数料その他報酬の請求権・立替金の償還請求権等，代理商としての取引の代理または媒介によって生じた債権が弁済期にあるとき

は，別段の意思表示がない限り，本人のために占有する物または有価証券を留置することができるというものである（51条）。この代理商の留置権に関する規定が，問屋については，報酬・費用償還請求権等，委託者のためにする物品の販売・買入によって生じた対委託者債権に（557条），準問屋にあっては，委託者のためにする販売・買入以外の行為によって生じた対委託者債権に（558条）対し，それぞれ準用されている。商人間の留置権と違い，留置の目的物が債務者所有であること，債務者との間の商行為により占有に帰したこと，債務者が商人であることは要件ではない。

このように代理商等に特殊な留置権が認められたのは，商人間の留置権は，留置の目的物が債務者所有の物または有価証券に限られており，業務の性質上いまだ本人の所有に帰しないか，または既に他人の所有に帰した物品を占有したりすることが少なくない代理商等の保護には狭すぎ，また，問屋等の委託者が商人でない場合には，商人間の留置権が機能しないからである。

運送取扱人（562条）および**陸上運送人**（589条・562条準用）は，運送品に関し，受け取るべき報酬，運送賃その他委託者のためになした立替えまたは前貸についてのみ，その運送品を留置することができる。**海上運送人**（753条，国際海運20条1項）も同趣旨の規定であり，運送賃，付随の費用，立替金，碇泊料および運送品の価格に応じ共同海損または救助のために負担すべき金額につき，留置権を行使できる。これらの留置権は，他の商事留置権と違い，その制度上，被担保債権と留置の目的物との牽連関係が成立要件として要求される。

商事留置権の効力については，原則として，民法の一般原則によるが，債務者が破産した場合に，民法上の留置権が破産財団に対して効力を失うのに対して，商事留置権は，破産財団に対し特別の先取特権とみなされており（破93条），会社更生手続においても，民法上の留置権と異なり，更生担保権として特別の取扱を受けるものとされているため（会更123条・161の2条・228条1項），その効力が民法上の留置権よりも強化されている。

【留置権と不動産】

不動産と留置権には複雑な関係がある。たとえば債務者の所有する土地上の建物とその建築請負代金との間に，牽連関係があり，民法上の留置権を行使する要

件が整っているとしても，建築請負業者が建物に対する民事留置権を行使した場合には，同時に牽連関係が成立しない敷地に対しても留置権を行使することになってしまう。この点，債務者が商人であり，商人間の留置権の要件が整っている場合には，商人間の留置権には牽連関係が必要とされていないため，問題がないように思われるが，そもそも建築請負代金について，建物と土地の両方を留置することができるのかという問題がある。

　また，抵当権との抵触も問題になる。不動産を担保にとる方法として，留置権と同じ法定担保権であり別途権および先取特権を有する抵当権が使われているが，抵当権は，登記事項であり，一番抵当から登記の順位により優先して弁済されていくため，登記簿を見れば，債権者は，その不動産のおおよその販売価格をもとに，安全に回収できる債権額を予想することができる。ところが，留置権は，登記事項ではないため，留置権を行使されると抵当権者の利益が侵害されるばかりか，抵当権制度そのものの根幹が揺らいでしまうという問題がある。

　学説は，民事・商事留置権の成立をともに認めるもの，商事留置権についてのみ認めるもの，不動産については認められないとするもの，また，認める場合にも，留置権は抵当権に優先するとするもの，留置権行使以前に設定された抵当権には劣るとするものなど諸説に分かれる。従来の下級審判例には，留置権の目的物は物であり，不動産をとくに除外する必要はないとの立場を採るものが多いが，近時の判例である東京高判平成8・5・28判時1570号118頁は，上記のような制度上の問題点を理由として，不動産については，留置権を認めないとの立場を採っており，最高裁の判断が待たれている段階である。

4　商行為の営利性が重視された規定

　商人の行為・企業取引は当然に営利を目的とする行為であるのが通常であるから，有償を原則とする。そこで，商法は，**営利性**を具体的に承認・強化した諸規定を設けている。

(1) 報酬請求権（512条）

　民法上も他人のために委任・準委任・寄託・事務管理等の行為をした場合の費用の償還請求は当然に認められるものの（民650・656条・665条・702条），さらに報酬を請求するためには特約を必要としている（民648条・656条・665条・701条・702条）。

それに対して512条は，商人の行為は**有償性**を原則としているため，商人がその営業の範囲内において他人のためにある行為をなしたときは，**費用の償還請求**のほかに，特約がなくても**相当の報酬**を請求できるものと規定している。商人がその営業とは無関係になした個人的な行為では認められないが，商人の行為はその営業のためになすものと推定されるため（503条），この行為は法律行為でも事実行為でもよく，営業の部類に属する行為のみならず，その営業上の利益や便宜のためにする一切の行為をも含む。ただし，その行為の対価が売買代金・運賃・手数料などに既に含まれているもの，たとえば有償とされない範囲の包装や配達の場合には別途に請求することができない。

(2) **利息請求権**（513条）

商人間において，金銭の消費貸借をなしたとき（513条1項）および商人がその営業の範囲内において他人のために金銭の立替をしたときは，その**立替日以後の法定利息**を請求することができる（513条2項）。遅延利息と異なり，支払猶予令の期間であっても利息の発生は停止されない。この金銭の立替は，広く他人のために金銭の出捐をなすことをいい，委任・寄託・請負・雇用等契約関係にもとづく場合のみならず，事務管理等，相手が法律上その立替を承認しなければならない行為にもとづいてなされる場合も含まれる。なお，この条文の規定に関しては，1項の規定は，商人間に限られるが，2項の規定は商人と非商人間でも成立することから，これでは商人がその営業の範囲内において非商人である他人のために金銭の立替をしたときは法定利息を請求できるのに対し，貸付をすれば法定利息を請求しえないことになるとの批判がある。

(3) **商事法定利率**（514条）

法定利率とは，利息を生ずるべき債務でありながら，とくに利率について取決がない場合（約定利率がない場合および自然発生する利息）に適用される利率であり，利息の上限や下限を示したものではない。

民事における法定利率は年5分（5％）であるが（民404条），民法上は利息の約定がない場合には無利息であるから，利息を付す約定だけで利率の取決がない民事債務や民事裁判における損害賠償にかかる遅延利息等に適用される。

これに対して，514条が定める**商事法定利率**は，年6分（6％）であり，商行為によって生じた債務に関しては，民事法定利率より1分高い法定利率を定

めている。こうした立法がなされたのは，商人は資金需要が高く，私人がその資金を保有したときに比べ効率よく利用されるため，より損失が大きいことを前提としたためであるという。

商事法定利率は，利息を付す約定だけで利率の取決めがない商事債務や商行為たる行為によって生じた損害賠償にかかる遅延利息に限らず，前述の貸付金や立替金の利息請求権（513条）のような自然発生する利息にも適用される。

商事法定利率の適用される債務は，債務者にとり商行為たる行為によって生じた債務に限らず，債権者にとり商行為たる行為によって生じた債務をも含み（消費者保護の点からは，問題があるとの批判もある），債務の発生自体が商行為であるときは，それに伴う原状回復義務等にも当然に適用される（最判昭30・9・8民集9巻10号1222頁）。

バブル時代においては市場金利に比べ低い利率であったことから，裁判を引き伸ばして，その利鞘を稼ぐ者がいるとの批判が多かった法定利率であるが，近時の超低金利時代になってそのイメージが変わってきている。

【交通事故被害者の損害保険会社に対する直接請求権との関係】
　保険者（損害保険株式会社）から被保険者に支払われる保険金にかかる遅延損害金は，保険契約（商行為）にもとづくものであるから，年6分の商事法定利率が適用される（大阪地判昭59・10・4判タ545号252頁等），これに対し，保険者・被保険者間の保険金支払に対する紛争のため，やむなく自動車損害賠償保障法16条1項にもとづいて，交通事故の被害者側から保険者（損害保険株式会社）へなされた直接請求権の行使について，これは被害者が保険会社に対して有する損害賠償請求権の行使であり，被保険者の保険金請求権ないしはそれに準ずる権利ではないとして，これにより生じた遅延損害金につき，商事法定利率の適用を否定し，民事法定利率を適用した判例がある（最判昭57・1・19民集36巻1号1頁）。結果的に被害者にわたる賠償金が均衡を欠くことになるため，こうした対応には批判が多い。

【利息の上限】
　「利息制限法」は，元本が10万円未満のときは元本の年2割，元本が10万円以上100万円未満のときは元本の年1割8分，元本が100万円以上のときは元本の年

1割5分と利息の上限を定めている。それ以上の利息を債務者が支払ったときは、支払に対する認識の有無などにより、認識がある場合には有効、ない場合には元本の返済に充当または返還等の対応がなされている。また、「出資の受入れ、預り金及び金利等の取締りに関する法律」（出資法）は、貸金業の免許がない個人が不特定多数の者に金銭を貸し付けたり、預金業務をなすことを禁止し（出資法1条・2条）、さらに、貸金業者が年29.2％（出資法5条）、を超える高金利を科すことを禁止しており、これに違反した場合は、債務者の意思にかかわらず犯罪となり、刑事罰を科す対象となることを規定している（以前は40.004％であったが、商工ローンの問題などで社会的批判を浴び引き下げられた。なお、日賦貸金業者と呼ばれ、小規模の物品販売・物品製造・サービス業を営む者に金銭を貸し付ける業者で、返済期間が100日以上であり、100分の70以上の日数貸付、業者が自ら集金する方法で取り立てる大蔵省令で定められた業者は、現在もなお、年109.5％までの高利率が認められているが、こちらも批判が多く、近々引き下げられる可能性が高い。附則8条・9条・10条・11条。なお、年利は365日を想定しており、閏年の場合には1日分加算される）。

5　債権の消滅

(1)　通常の債務の履行場所（516条1項）

通常、**債務の履行場所**は当事者間の協議で決めるか、慣習によって定まるものであるが、当事者間の協議や慣習の不存在によって、債務の履行場所が定まらない時には、民法484条は、特定物（代替性のない物）の引渡については、債権発生当時その物の存在した場所でなし、その他の弁済は、債権者の現時の住所に持参してなすことを要求している。特定物の場合は、代替性がないため、輸送時の事故による損敗が、即、損害賠償等につながるためである。

516条1項は、商行為による特定物の引渡は、「**行為の当時**」その物の存在した場所でなし、その他の弁済は、債権者の現時の「**営業所**」に持参してなすことを要求している。営業所がないときには、住所地が履行場所となる。支店で行われた取引は、その支店が営業所とみなされる（3項）。持参債務の履行場所が「営業所」とされるのは、商人は居住所と別に営業所を持つ場合が多く、営業生活上の本拠地である営業所を履行場所とする方が便利だからである。

規定の仕方は異なるが，債権は原則として行為とともに発生するため，民法と商法の基準はほぼ一致する。ただし，停止条件付または期限付法律行為の場合には，条件の成就時が債権発生時になるため，差異を生ずることになる。

(2) **債務の履行時間**（520条）

債権者の営業時間が午後6時までであるのに，午後11時に債務の履行に来られたら迷惑であるし，不在であれば受領遅滞になるのではたまらない。また，債務者の弱みに付け込んで，公共の交通機関が動いていないような時間帯に債務の履行を要求するような嫌がらせも問題である。そこで，520条は，法令または慣習により**取引時間**の定めがあるときは，その取引時間内に限って，債務の履行をなし，またはその履行を請求しうるものと規定している。民法には取引時間に関する明文の規定はないが，条理上同様に解されている。なお，取引時間とは必ずしも債権者の営業時間を指すものではなく，債務の履行場所が銀行等の取引所であれば，銀行等の取引時間となる。

本条は任意規定であり，当事者の合意によって，取引時間外に任意に債務を履行したり，受領することを妨げるものではなく，それが弁済の期日内であれば，債務者は履行遅滞の責を免れる（最判昭35・5・6民集14巻7号1136頁）。

(3) **消滅時効**（522条）

民法では，債権の消滅時効期間は原則として10年となっているが（民167条1項，ただし，各種の債権には，5・3・2・1年といったこれより短期の消滅時効が規定されているものも多い。民168条～174条ノ2参照），522条は，商業活動の迅速化の要請に応ずるために，商行為によって生じた債権の消滅時効期間を原則として5年と定め，他の法令にこれより短い時効期間の定めがあるときはその規定に従う旨を規定している。**商事債権**そのものの他，判例により，商行為によって生じた債権と認められ，本条の適用があるものとして，商行為によって生じた債務の不履行にもとづく損害賠償請求権，商行為の解除権，商行為によって生じた保証債務（非商人によってなされたとしても，本条の適用がある），**商事契約の解除**による原状回復請求権およびその履行不能による損害賠償権，白地手形・小切手の白地補充権，利得償還請求権等の消滅時効がある。一方，商行為によって生じた債権とは認められなかった例としては，商行為たる契約が無効であった場合の不当利得償還請求権，商行為たる消費貸借が利息制限法

に違反した場合における超過利息等の不当利得償還請求権等がある。

6 有価証券に関する規定

(1) 総　説

商法は**有価証券**を定義していないため，その解釈はさまざまであるが，財産的価値のある私権を表彰する証券であって，原則として，権利の発生・移転・行使の一部または全部が証券によってなされるものとすることが適当であろう。有価証券は，財産上の権利を証券に結合させて証券と権利を一体化し，権利の所在と内容を明確にすることにより，権利の移転・行使を迅速・確実に行わせることができるという機能をもつ。

有価証券には，金銭を表彰するもの（手形・小切手），物品の引渡請求権を表彰するもの（貨物引換証・船荷証券・倉庫証券・商品券等），物権に対する請求権を表彰するもの（質入証券・抵当証券），社員権を表彰するもの（株券，なお，保管振替制度の存在や株主名簿による管理等により，かなり原則から外れるものであるが，代表的な有価証券とされる），公社債者の権利を表彰するもの（公社債券，ただし，実際には，有価証券が発行されないものもある）といった代表的な有価証券の他，広く解すれば，役務の提供を約する映画観賞券・コンサートチケット・テーマパーク等の入場券・電車等の乗車券（回数券・定期券には異論も多い），プリペイドカード（電子マネーに分類されるものもある）なども含まれる（広く解する方が，刑法の有価証券偽造罪・同行使罪などの適用には有利である）。

このような有価証券は，商取引による権利の移転や決済のために利用されることが多く，商取引の客体とされることも多い。そこで，商法は，商行為編の総則において，有価証券に関する若干の規定を設けている。商行為編の総則に存する規定は，とうてい十分なものとはいえないが，それぞれの有価証券には，手形法，小切手法，担保附社債信託法など商法の特別法や他のさまざまな法律にも規定がみられる。

(2) 有価証券債務の履行場所（516条2項）

516条2項は，**指図証券**および**無記名証券**について，原則として，債務者の現時の営業所または住所において弁済をなすことを要する取立債務としている。これは，証券上の権利は原則として債務者と無関係に流通し，債務者は当初の

債権者は知っていても，債務の履行期に証券を所持している債権者がだれであるかを知りえない状況が想定されるためである。したがって，条文にはないが，**記名証券**も，有価証券としての性質上（呈示証券であり受戻証券である），原則として取立債務と解することができる。なお，現実には，流通する手形や小切手の債務の履行場所は広義の銀行であり，その他の証券についても，債務者から委託を受けた機関等であるものが多い。

(3) 履行遅滞の時期（517条）

民法412条は，確定期限のある債務については，債務者はその期限が到来した時から当然に**履行遅滞**に陥り，不確定期限のある債務については，債務者はその到来を知った時から遅滞の責を負うと定めているが，有価証券は，流通するものが多く，債務者は現時の債権者がだれなのか知りえない場合も多い。そこで，517条は，指図債権・無記名債権の債務者は，その履行につき期限のある債務については，証券所持人が期限の到来後に証券を呈示して履行を請求したときから，遅滞の責を負うと定めている。

(4) 有価証券喪失の場合の特則（518条）

有価証券の所持人が，有価証券を喪失（盗難・紛失・滅失）して，証券の占有を失っても，それまで有していた証券上の権利を直ちに失うものではない。しかし，原則として，有価証券上の権利の移転・行使は，証券を必要とし，債務者も有価証券上の債務の履行は，大抵の場合，有価証券と引換に行うものである（**受戻証券性**）。また，善意取得制度により，第三者がその証券を善意取得した場合には，従前の有価証券の所持人の権利は失われる。そこで，このような証券喪失者を救済するために，権利と証券との結合を解消させ，第三者が喪失証券を善意取得するのを防ぐとともに，証券を所持しなくても，証券所持と同じ形式的資格の回復を認めるための制度として，公示催告による除権判決の制度が設けられている。

除権判決制度は，518条の定める金銭その他の物または有価証券の給付を目的とする有価証券，230条が規定する株券，民法施行法57条が定める指図証券・無記名証券・選択無記名証券，抵当証券法40条の定める抵当証券に適用される。

証券喪失者は，証券上の債務の履行地を管轄する簡易裁判所に**公示催告手続**

を申立て，これを受けた裁判所が，喪失証券の所持人に対し，所定期間内に権利の届出をなすように，公告によって催告する。この公示催告期間内に届出がなければ，裁判所は**除権判決**をなし証券の無効を宣言する（この判決後，証券喪失者は，証券の再発行を求めるか，判決正本等による債務の履行等の対応をとれることになる。なお，この制度は，形式的資格を回復するにすぎないため，白地手形・小切手等の権利行使には，なお問題が残る）。

(5) 有価証券に関するその他の特則（519条）

金銭その他の物または有価証券の給付を目的とする有価証券は，いずれも流通証券としての性質を有する。そこで，519条は，手形法および小切手法の中から，裏書の要件（手12条），裏書の方式（手13条），裏書の権利移転的効力（手14条），白地裏書の効力（手14条2項），選択無記名式による振出の効力（小5条2項），裏書の資格授与的効力（小19条），善意取得（小21条）に関する規定をこれらの証券に準用している。

7 普通取引約款

(1) 普通取引約款の意義と企業取引における必要性

普通取引約款（普通契約約款・普通取引条款・業務約款・営業約款・取引規定等，さまざまな呼ばれ方をする）は，企業その他の団体等が予め設定した定型的な契約条項の総称であり，その種の契約から生ずる当事者の権利義務・契約不履行に対する制裁・契約の存続期間・期間満了前の解約権の他，免責事項・裁判籍などを含んだ内容のものが多い。

多人数を相手として反復的・集団的に行われる取引には，個性を失い定型化できる性質のものが多い。こうした取引において，定型化した契約条項を取引様式として利用するようになったことが，約款発生の原因である。さらにより積極的に，予め定型的な契約条項を企業等が設定し，大量に処理しやすい同型の取引となすことにより，将来の契約・取引について画一的に適用し，経費や手間を削減し，同時に契約上の優越的地位を形成しうることが人気を呼び，取引活動の拡大・大規模化に伴って，現在では，大量の取引を扱うほとんどの業界で約款の利用がなされている。

約款には，普通保険約款・運送約款・宿泊約款・倉庫寄託約款といった約款

という名称を含むものの他，銀行取引約定書・当座勘定規定・電気・ガスの供給規程・証券または商品取引所の受託契約準則等がある。

(2) **約款の拘束力**

今日の大量取引では約款の利用は不可欠であることから，現在では，約款は原則として，その内容を知らない取引相手をも拘束するという結論が社会秩序上要請されている。電気・ガス・水・工業用水の供給規定，倉庫寄託約款等，公共の利害に大きく関係する業種については，差別的な取扱を規制する必要から，法律がその利用を要求しており問題はないが，法で約款の利用が強制されていない他のものについては，こうした約款の利用について，契約の一般原則である個人主義的・意思主義的立場からの伝統的な法律行為論に立てば，当然に当事者の意思を必要とするはずである。

これに対し，大判大4・12・24民録21輯2182頁は，当事者双方がとくに約款によらない旨の意思表示をしないで契約したときは，反証のないかぎり，その約款による意思をもって契約したものと推定するという意思推定の理論をとり，約款による拘束力を認めている。

さらに学説では，さらなる法的安定性を重視する視点から附合契約説・規範契約説・指定理論・制度理論・自治法説・商慣習説等の諸説が展開されており，このうち，比較的多くの支持を集める商慣習法説によれば，今日の大量的・集団的な取引契約においては，特別の事情がないかぎり，当事者間の契約は約款によるという商慣習法ないし事実たる慣習が認められ，その結果，個々の契約は約款の規制を受けることになるとする。

前掲の判決以降，判例は，これらのさまざまな諸説に立脚して，運送約款・保険約款・証券取引所の受託契約準則・銀行取引約款等に関して，これらの業者と取引する相手方がその約款の内容を知らず，あるいは，その約款によって契約を締結することを明示的に表示していない場合においても，なお，約款が契約の内容を構成することにつき，これを肯定してきた。しかし，約款にも法により強制されるものや**社会秩序上要請**されるものだけではなく，業者に一方的に有利な社会秩序上問題とされるものも多く存在することから，契約者保護に視点を置いた議論が盛んに展開されており，現在では，単一の根拠にその拘束力を求めることを批判し，約款によりその性質が異なることを指摘する主張

が多くの支持を得ている。

(3) 約款に関する規制

約款には，一定種類の取引について**契約条件**のすべてが予め定められているものと，相当部分について定められており，残りの部分について交渉によって個別に定めることが予定されてものがある。しかし，どちらにせよ約款によって契約が締結される場合には，約款に予め定められた契約条件については，約款を利用する相手方は交渉によってこれを決定する機会を持たず，約款の利用者が定めた条件を一括承認して，これを契約内容とする契約を締結することになるのが通常である。こうした場合に，約款を使用する業者が約款を使用しない取引をなしたり，約款を修正してまで取引をなす相手は，その企業にとって大変重要な取引相手に対してだけであり，その他の企業や一般の消費者等は単純に約款による取引を承認するか，全く取引をしないかの選択を迫られることになる。しかし，約款は多くの場合，約款使用者である企業またはその他の団体によって一方的に作成されることが多く，また，もともと約款がこれらの者の優越的地位を形成するために発生したことから，取引力の弱い契約者には大変な不利益をもたらすおそれがある。

そこで約款には，立法・行政・司法による規制や業界による自主規制がなされている。ただし，業界による自主規制は，顧客に不利益な約款が用いられることを防止する側面の他，業界の競争制限的な規制も存在することから，業界団体に加入しない企業も多いため，立法・行政・司法による規制に比べればはるかに実効性の低いものとなっている。

(a) 立法による規制　約款の利用者が一方的に定めた契約条件が，相手方に十分に理解されなかった結果として，相手方が不測の損失を被ることを防止するために，いくつかの立法は，約款において定める契約条件の開示を要求している。この**開示の要求**には，契約条件を相手方に個別的に開示することを要求するもの（個別的な開示を要求するものとして，有価証券の公開買付における買付の条件および方法・決済の方法等を記載した公開買付証明書の交付の要求・証取27条の9・47条の2，割賦販売業者が指定商品を割賦販売する場合における割賦販売条件の相手方への表示の要求・割賦3条，訪問販売における書面の交付・訪問4条・5条，等がある）と，契約条件を営業所その他の事業所において，公衆に

見やすいように掲示するべきことを要求するもの（一般的な公示を要求するものとして，運送約款，倉庫約款等，鉄営3条，道運13条・64条，通運22条，海運10条，港湾運送12条，航空107条，倉庫9条，旅行12条の2等がある）がある。

また，いくつかの立法は，約款に定める契約条件に規制を課している。この規制は，一定の条件を約款へ挿入することを禁止する消極的なものと（有価証券の公開買付における公開買付者による申込の撤回・解約の原則禁止・証取27条の11・証取令13条6号・7号，割賦販売業者が指定商品を割賦販売する場合における契約の解除ならびに損害賠償額の制限・割賦5条・6条，海上運送人の免責約款の制限・商739条・789条・768条，国際海運15条，訪販7条，金銭の消費貸借における一定率以上の利息の禁止ならびに賠償額予定の制限・利息1条・4条等がある），一定の条件を約款へ挿入することを要求する積極的なものとがある（有価証券の公開買付における買付相手方への申込の撤回・解約の許容・買付数量を超過する数量の申出がある場合の按分買付・証取27条の12・証取令13条5号・8号等がある）。

しかし，これらのものではとうてい十分とは言い難く，とくに一般消費者を対象とする消費者約款に関しては，法的知識ひとつをとっても，企業に比べ消費者が圧倒的に不利な立場にあることから，従来の規制では不十分であるとの指摘がかねてからなされており，**消費者契約法**（平成12法61号）や**金融商品の販売等に関する法律**（平成12法101号）等の立法により，さらなる規制が課せられることとなった。

また，企業取引の法領域である業者間約款についても，近時リースなどをめぐるトラブル等，商行為法の一般的な規定がかえって契約の相手方である業者に不当な負担を強いる結果となるケース等もみられることから，合理的な契約責任体制の強行法的確立，とくに個々の企業取引に関する免責約款の禁止または制限が必要であるといわれている。

(b) 行政的規制　　わが国の約款に対する諸規制のうち，もっとも多く利用されているのが，行政による規制である。各種事業法には，開示等の立法による規制の他，行政による規制を求めるものが多く，また，認可権限の有無に拘わらず監督官庁の介入があるのが通例である。

行政による**約款規制**には，法律に根拠のある認可権限による関与と一般的監督権限による行政指導を通じた関与がある。また，主務大臣の作成にかかる標

準約款の制度もみられる。とくに国民の日常生活に欠かせない業種では，国民の日常生活に対する配慮が行政の責務とされており，こうした業者には**契約締結義務**と**利用者平等取扱義務**を課しているが，この平等取扱義務を担保する法技術として約款が利用されている。電気・ガス・工業用水等の供給規定は，約款の設定およびその変更に主務大臣の認可を必要とするとともに，主務大臣が約款の変更認可の申請を命じ，それに従った変更認可の申請がないときは，約款の変更自体を命じうるとしている（電気19条・23条，ガス17条・18条，工水事17条・18条）。

また，より積極的に，証券取引所または商品取引所が定める受託契約準則・普通保険約款・地方公共団体以外の水道事業者の水道供給規定等は，主務大臣が事業免許の可否を決定する際にその適否を考慮するとともに，約款の変更に主務大臣の認可を必要とし，さらに主務大臣が約款の変更を命じうるとする（証取82条2項・83条1項1号・85条の2第1項・156条，商取13条2項・15条1項1号・20条の2第1項・124条，保険1条2項3号・10条1項・2項，水道7条1項・2項7号8号・14条3項・38条）。

この他にも倉庫寄託約款のように，約款の設定およびその変更を主務大臣に届け出ることを要求するとともに，主務大臣が約款の変更を命じうるとするもの（倉庫8条）や証券投資信託または貸付信託にかかる信託約款のように，約款の設定およびその変更に主務大臣の承認を必要とするもの（投信13条・14条，貸信4条・5条）がある。

(c) 司法による規制　不当な約款に対する司法規制は，約款内容の適否に関する当事者間の訴訟を通して行われる。約款による個々の契約毎に，約款の当該条件の強行法違反の有無，信義則・公序良俗違反の有無あるいは顕著な不合理性の存否について検討される。

もっとも司法的規制は，訴訟費用の問題や約款による仲裁条項の存在，企業の訴訟回避の姿勢等から，訴訟になる事例がきわめて少ないために多くを期待することはできない。そこで，企業と消費者との間の紛争を処理する地方自治体・国民生活センター・各種消費者団体等の設置する苦情処理機関が，司法的規制を補う準司法的手続機関として活躍している。

§3 交互計算

> **トピック**
> 取引当事者間で取引ごとにいちいち金銭の支払をしていたのでは何かと不都合である。金銭の授受は回数が少なければ少ないほど支払に要する手数・費用・リスクが軽減され楽である。しかも一定期間支払が猶予されるならば，本来支払いに充てるはずの資金を設備投資などに回すことができ，資金の有効活用を図りたい会社にとっては実に都合がよい。このような実益を有する制度が交互計算であり，一定の要件を備えることで利用することが可能となる。

1 交互計算の意義と機能

交互計算とは，商人間において，または商人と非商人との間で平常取引を行う場合，個々の債権債務ごとに決済するのではなく，一定期間内の取引によって生じる債権債務の総額について相殺し，その差引残額の支払を約する契約である（529条）。

(1) 交互計算の経済的機能

企業が取引相手と継続的に取引を行う場合，個々の取引ごとに支払をなさねばならないことになると，経済的負担などのさまざまな負担を強いられることになってしまう。そのため交互計算制度を活用することによってこれらを解消するのであり，この制度は技術的制度であるといえる。交互計算は，一定期間内の取引による支払を一時期に一括決済をして差額の支払のみを行うため，当事者双方の煩雑な貸借関係を簡単明瞭にし，取引ごとの支払に要する手数や費用の省略，および隔地者間取引の場合には危険を回避することができる。また，決済時まで金銭の支払が猶予され，かつ差額の支払ですむことから，多額の資金を支払に備えて固定化しておく必要がなく，資金の有効活用が可能となる。このように交互計算制度は，決済の簡易化機能・担保的機能（信用授与的機能）を有する制度である。もっとも，現在では，運送業者間，保険会社と代理店間などの限られた取引でのみ利用されているにすぎない。

(2) 交互計算の当事者

交互計算契約の当事者は，両当事者とも商人である必要はないが，少なくとも当事者の一方は商人でなくてはならない。したがって，非商人間において交互計算と同様の内容の契約が締結されたとしても，これはあくまで民事交互計算契約であり，商法上の交互計算規定が当然に適用されるわけではない。なお，交互計算契約は，商人が営業のために契約するものであり附属的商行為である（503条）。

交互計算契約の当事者間には，平常継続して取引をする関係が存在しなくてはならない。また，交互計算は，もともと一定期間内の取引によって生ずる債権債務の総額について差引計算を行い，その残額の支払を約するものであることから，当事者双方に債権債務が生ずることを予定している関係になくてはならない。したがって，たまたま結果的に当事者の一方にのみ債権あるいは債務だけが生じてしまった場合には交互計算であるといえるが，最初から一方にのみ債権あるいは債務だけが生ずることを予定している場合には商法上の交互計算ではない。

(3) 交互計算の対象となる債権債務

交互計算の対象は，一定の期間内の平常取引によって生ずる債権債務の総額であり，一括相殺をすることから金銭債権に限られる。なお，交互計算を行う一定の期間を**交互計算期間**といい，契約当事者間の特約によって定めることができるが，この特約がない場合には6カ月である（531条）。また，対象となる債権債務の範囲も当事者間の特約で定めることが可能である。たとえば，取扱営業所や取引の種類・品目などの範囲を当事者間の合意によって限定することができる。しかし，当事者間にこのような特約がない場合，一括相殺の性質上不適当なものを除いて，取引から通常生ずる債権債務のすべてが範囲に含まれることとなる。交互計算の対象から除外されるものとしては，金銭債権以外のもの，事務管理・不当利得・不法行為にもとづく債権や第三者から譲り受けた債権のように平常取引から生ずる債権でないもの，消費貸借の予約による債権などのように特約または性質上即時にまたは現実に履行することを要する債権，有価証券上の債権のように証券による特殊な権利行使を必要とする債権（手形買取代金のように有価証券を目的とする取引によって生ずる債権債務は交互計

算の対象に含まれる）などがある。

(4) 交互計算の法的性質

従来，交互計算の法的性質について，交互計算期間中の与信的作用あるいは決算期の総額一括相殺的作用に着目して盛んに議論が行われ，相互的消費貸借説・相互的信用開始説・猶予契約説・混合契約説・相殺契約説・相互的委任説などのさまざまな学説が主張されていた。しかし，これらの学説に対し，今日の通説は，交互計算契約の一面的性質のみをとらえているにすぎず，また民法上の既成の契約類型にあてはまるものではないと批判して，交互計算契約を商法上の独特な一種特別の契約であると解している。

2 交互計算契約の効力

交互計算の効力は，**消極的効力**と**積極的効力**の2つに分けることができる。消極的効力とは交互計算期間中の効力であり，積極的効力は交互計算期間経過後の効力である。

(1) 消極的効力

交互計算は，個々の債権債務ごとに決済せずに交互計算期間内の取引によって生じる債権債務の総額について一括相殺するものである。したがって，個々の債権債務は，交互計算に組み入れられることにより，独立性を喪失して不可分な全体に融合し，計算期末に一括相殺されるまで停止状態となる。これが**交互計算不可分の原則**である。これによって，交互計算期間中は，個々の債権を行使することができなくなり，支払の猶予がなされたのと同一の効果が生じ，消滅時効の進行は停止し，履行遅滞の問題を生じることはなく，個々の債権の譲渡・質入・交互計算外の他の債権債務との相殺などの処分をすることもできないことになる。また，一度組み入れられた債権債務は，相手方の同意がなければ任意に交互計算項目から除去することはできない。ただし，手形その他の商業証券が授受され，その対価から生じた債権債務を交互計算に組み入れた場合，証券の債務者がこの弁済をしないときには，例外として当事者はこれを一方的に交互計算項目から除去することができる（530条）。なお，個々の債権債務は，交互計算に組み入れられたとしても，更改の効力により消滅して別の債権債務になるものではなく，それぞれの発生原因にともなう性質を維持し続け

るため，確認の訴の提起，抗弁権や解除権などを行使することはできる。

このような交互計算不可分の原則が，交互計算契約の当事者以外の第三者に対抗することができるかについては争いがある。つまり，交互計算に組み入れられた個々の債権について，第三者への譲渡・質入および第三者からの差押が認められるかという点で見解は対立している。通説・判例（大判昭11・3・11民集15巻320頁）は，交互計算不可分の原則により，交互計算に組み入れられた個々の債権債務の独立性が喪失するため，これらの譲渡・質入は無効であり，差押も第三者の善意・悪意を問わず行うことができないものと解している。その理由として，交互計算は，特約による債権の譲渡制限とは異なり，債権債務の決済をするために商法が生んだ1つの制度であり，交互計算契約を締結するか否かは当事者の自由であるが，これを当事者間で採用した以上個々の債権は法の予定する枠にはめられて，その個別性は喪失するものと解すべきだからであるとする。また，債権者は債権者代位権（民423条）によって交互計算契約を解除することができることから，第三者の保護を欠いてはいないとしている。一方，これに対して少数説は，交互計算不可分の原則は当事者間においてのみ適用されるものであり，この原則に反した譲渡・質入などをしたとしても損害賠償の問題を生ずるだけであり，民法466条2項但書により善意の第三者には対抗できず，また個々の債権への差押も第三者の善意・悪意を問わずなしうると解している。そして，通説・判例への批判として，交互計算不可分の原則は制度的なものではなく当事者の意思表示にもとづく制限であること，当事者の一般財産の中に差押禁止のものを作ることは債権者を害するため不当であること，また，債権者代位権による交互計算契約の解除について，弁済期未到来の債権については裁判上の代位によらなければならないため債権者にとって不便であること（民423条2項），解除をしたとしても残額が少なければ十分な債権者保護にはならないことなどをあげている。

(2) 積極的効力

交互計算期間が満了すると，当事者は交互計算を閉鎖し，これに組み入れられた個々の債権債務の総額について一括相殺を行い，残額債権が確定することとなる。この確定によって，これらの個々の債権債務は消滅し，これとは別個の新しい残額債権に更改されることになる。

残額債権の成立・確定および交互計算に組み入れられた個々の債権債務の消滅は，交互計算期間の終了によって当然に生じるかについて争いがある。通説によると，残額債権の成立・確定は，債権債務の各項目を記載し残額を算出した計算書を承認することによってなされると解している。そして，計算書の承認は，双方的な債務承認を目的とする一種の契約であり，黙示であってもよく，個々の債権債務を消滅させ，これとは別の新たな残額債権を生じさせる更改的効力を有するとしている。なお，計算書の承認方法には別段の規定はなく，通常，当事者の一方が計算書を作成・交付し，相手方が承認することによって行われるが，この承認は黙示でもかまわないと解している。通説によると，相手方が計算書の承認を遅滞・拒否した場合には残額債権は成立しないことになり，これを成立させるためには債務不履行を理由として交互計算契約自体を解約するしかないことになる。これに対し，少数説として，交互計算期末に個々の債権債務は消滅し，これとは別の残額債権が当然に成立するものであり，計算書の承認は既に成立している残額債権を争うことのできないものとして確定する効力を有するにとどまるとする見解もある。

交互計算契約当事者が計算書を承認すると，各項目の債権債務について異議を述べることはできなくなる（532条本文）。したがって，個々の債権債務の発生原因となった契約関係に無効・取消・解除などの瑕疵がある場合だけでなく，計算に誤りがあったとしても残額債権について争うことはできない。532条但書は，錯誤または脱漏があった場合にはこの限りではないと規定しているが，残額債権自体の確定について争うことができることを示しているのではなく，交互計算外において不当利得返還請求を行えることを規定しているにすぎない。

残額債権は，交互計算に組み込まれた個々の債権債務とは別に新たに成立した債権であるため，個々の債権債務に担保が付随していたとしても，特約のない限り消滅し，残額債権に移転するものではない（民518条）。また，残額債権の消滅時効は，交互計算期末から新たに進行する（522条）。

残額債権の利息について，債権者は，交互計算閉鎖日以後の法定利息を請求することができる（533条1項）。これは，交互計算に組み入れられた債権債務に法定あるいは約定の利息が付いている場合でも同様に請求することができ，重利を認めている（同条2項）。

3 段階交互計算

　段階交互計算とは，個々の取引によって生じた債権債務が組み入れられるごとに継続的に決済され，その時々に個々の債権債務は消滅して残額債権が成立する（段階方式）ものである。一方，商法が予定しているのは，**古典的交互計算**であり，一定期間内の取引によって生じる債権債務の総額について一括相殺し，その残額の支払う方法（累積または総額交互計算方法）である（529条）。古典的交互計算は決済の簡易化機能とともに担保的機能を有しているが，これに対して段階交互計算は交互計算不可分の原則を否定して担保的機能を縮小し，決済の簡易化機能に重点を置くものである。たとえば，銀行が予め取引先から手形・小切手・その他の支払いに充てる資金を預かり（当座預金），これらを支払うごとに残高を確定し，当座預金に資金が無い場合であっても約定の限度額まで支払い（当座貸越），そのつど金額に応じた利息をとっており，期末ごとに一括相殺して残額を確定する累積方式をとっていない。このような段階交互計算が商法上の交互計算に含まれるか否か争いがある。商法上の交互計算の本質を定期的・一括決済に求めるならば段階交互計算はこれに含まれないことになる。この点について，交互計算の本旨は，相互に発生する債権を個別的に行使せず，これを連鎖の一環として集団的統一的決済方法により独立の残額債権を算出し，これを定期的に確認することであるとして，含まれるとする説が有力に主張されている。

4 交互計算契約の終了

　交互計算契約は，存続期間の満了その他契約の一般終了原因によって消滅するが，これ以外にも各当事者はいつでも交互計算契約の解除（解約告知）をすることができるものとしており（534条），また，当事者の一方が破産宣告を受けた場合（破66条）および当事者の一方に更生手続の開始があった場合（会更107条）には当然に終了する。交互計算は，当事者間の信用を基礎とするものであり，この関係が崩されるこれらの事由が生じた場合には消滅するものとしているのである。交互計算契約が終了すると，交互計算を閉鎖して残額の支払を請求することとなる。なお，交互計算契約の終了は，交互計算期間の満了とは異なる。交互計算期間の満了は，特約のない限り交互計算契約を終了させる

ものではなく，差引計算によって残額の債権債務を成立させ，この残額債権債務が次の交互計算期間に組み込まれ，最初の1項目となるにすぎない。

§4 商人間売買

> **トピック**
> 売買は企業取引の中でもっとも基本的なものであり、民法と商法にそれぞれ規定が置かれている。民法に規定があるのになにゆえ商法にも規定を置かねばならないのだろうか。これは、非商人間売買と同一の規定を適用したならば不都合が生じるためであり、商人間売買では民法と異なる規定が必要となるからである。商人間売買において売主が数量不足の商品を送ってきたような場合、民法と商法とではどのような違いが生じるのであろうか、また買主はどのように対処しなくてはならないのであろうか。

1 商人間売買の意義と特色

　売買は、企業取引にとってもっとも基本的かつ重要なものである。売買の規定につき、民法がこれを詳細に定めている（民555条〜585条）のに対し、商法では524条から528条のわずか5カ条を置いているにすぎない。これは、すでに民法に詳細な規定があることから、民法の適用を基本として商法に若干の特則があれば十分であり、改めて商法に細かな規定を置く必要がないことによる。また、実際の売買では、契約自由の原則にもとづき、当事者間の特約・商慣習・商慣習法・普通取引約款などによってなされるため、詳細な規定を設けて画一的な規制を図る必要性は乏しく、むしろ詳細な規定を設けることは売買取引の自由な発展を阻害する恐れがあるからである。

　売買に関する商法の規定は、いずれも商人間の双方的商行為たる売買に関するものであり、売主の供託権・自助売却権、確定期売買の解除、買主の検査義務・通知義務・保管義務・供託義務・競売義務を定めることによって、売買取引の迅速化と安全性の確保、および売主の保護を図っている。なお、これらの規定は、任意規定であることから当事者間の特約や商慣習などによって排除することができる。

　商人間売買において契約書が交わされる場合、まず基本契約書（書式例1）

が作成され，基本的な項目について約定がなされる。その後，個別の契約について，当事者間で注文書（書式例2）と注文請書（書式例3）が交わされ，商品の品名・数量・単価・納期などが定まる。

【書式1】　商品売買取引基本契約書（直売のケース）
【書式例1】

○○商品売買取引基本契約書

　○○○○株式会社（以下，甲という）と○○○○株式会社（以下，乙という）とは，○○○○（以下，本製品という）の売買取引に関する基本的事項について，次のとおり契約する。

第1条（基本原則）
　　甲および乙は，相互信頼と協調の精神に則り，本契約を誠実に履行する。

第2条（本契約の適用）
　　本契約は，本製品に関し甲乙間に締結されるすべての個々の取引契約（以下，個別契約という）に共通に適用されるものとする。ただし，甲および乙は，個別契約において，本契約に定める条項の一部の適用を排除し，または本契約と異なる事項を定めることができる。

第3条（個別契約の締結）
　　品名，数量，単価，納期，納入場所，引渡条件その他個々の取引に必要な事項は，個別契約をもって定める。
2　個別契約は，甲が乙に対し前項に定める事項を記載した所定の注文書を発行し，乙が甲に対して注文請書を交付することにより成立する。ただし，甲が認めたときは，乙は注文請書の交付を省略することができるものとする。

第4条（個別契約の変更）
　　甲は，必要に応じて乙と協議のうえ，前条により成立した個別契約の全部または一部を変更することができる。ただし，個別契約の変更により乙が損害を被った場合は，甲は乙の損害を補償する。

第5条（納　入）
　　乙は，個別契約で定める納期に，指定納入場所に本製品を納入する。
2　乙は，本製品を納期に納入できないおそれが生じたときは，遅滞なくその旨を甲に通知し，甲の指示に従う。
3　乙の責めに帰すべき事由による納期遅延によって甲に損害を与えたときは，乙はその賠償の責めに任ずる。

第6条（受入検査）

甲は，本製品受領後遅滞なく検査するとともに，合否の結果を証する書面を乙に交付する。
2　前項による検査の方法，合否の基準など検査に関する事項は，甲乙別途協議して定めるところによる。
3　甲は，本条第1項に定める検査を抜取検査とすることができる。ただし，この結果特に拡大した間接損害については乙を免責するものとする。

第7条（検査不合格時の措置）
乙は，前条の検査の結果不合格となった本製品について，甲の指定する期間内に本契約に定める納品手続に準じて代品を納入するか，または無償で修理するものとする。ただし，不良の程度，範囲に応じて甲乙別途協議して定める額を代金より減額して甲が特別採用する場合は，この限りでない。

第8条（不合格品および過納品の措置）
乙は，第6条の検査の結果，本製品について不合格品または過納品を生じた場合，甲から通知を受けた後遅滞なくこれを引き取るものとする。ただし，甲の特別採用または過納品買取りの場合はこの限りでない。
2　甲の指定した期限を過ぎてのち，不合格品または過納品を保管する間に，これらの全部または一部が滅失，毀損，変質したときは，その損害は，甲の責めに帰すべき事由によるものを除き，乙の負担とする。

第9条（所有権の移転）
本製品の所有権は，第6条の検査合格のとき，または第7条ただし書の特別採用をしたときに，乙から甲に移転する。

第10条（危険負担）
本製品の納入前に生じた本製品の滅失，毀損，変質その他一切の損害は，甲の責めに帰すべきものを除き乙の負担とし，本製品の納入後に生じたこれらの損害は，乙の責めに帰すべきものを除き甲の負担とする。

第11条（支　払）
甲は，納品代金を次の条件により乙に支払う。ただし，約束手形は支払のために振り出すものとする。
一　検収締切日：
二　支　払　日：
三　支　払　方　法：

第12条（品質保証）
乙は，第9条に定める所有権移転後，個別契約をもって定める期間中，本製品の品質に関し保証の責めを負う。
2　前項に定める保証期間中に，本製品について明らかに乙の責めに帰すると判断される品質不良を生じた場合，乙はその負担において速やかに修理または交換を行う。
3　乙は，前項に定めるほか，納品代金額を限度として甲の被った損害につき賠償の責めに任ずる。

第13条（技術協力）
　甲および乙は，相手方の要求に基づき本製品にかかる技術協力を行うものとし，その細目については甲乙別途協議して定める。

第14条（秘密保持）
　甲および乙は，本契約および個別契約により知りえた相手方の技術上ならびに業務上の秘密を，契約の有効期間中はもとより終了後といえども，相手方の事前の書面による同意なしに第三者に漏洩してはならない。

第15条（保証金）
　甲は，甲乙間に現在および将来にわたって発生する乙に対する債務の履行を担保するため，保証金を乙に提供する。ただし，甲は，保証金に代えて，別に定めるところにより乙の承認する有価証券または担保物件を乙に提供することができる。
2　甲が乙に提供する保証金は，金〇〇〇〇円とする。ただし，保証金の額は，甲乙間の取引状況により，原則として各期ごとに変更することができるものとする。
3　乙は，この保証金に年〇％の利息を支払うものとする。ただし，保証金を提供した月，返却した月および第11条に定める支払が延滞している月はこの限りでない。
4　甲が第18条に基づき期限の利益を喪失し，乙が保証金を本契約および個別契約より生ずる甲の乙に対する債務（以下，本債務という）の弁済に充当したときは，甲は，乙の要求に基づき本条第2項の額に満つるまで保証金を補充するものとする。

第16条（連帯保証人）
　連帯保証人は，本債務の履行について甲と連帯して保証の責めに任ずる。

第17条（相殺）
　乙が甲に対して債務を負担しているときは，甲の本債務の弁済期のいかんにかかわらず，本債務と乙が甲に対して負担する債務を対等額で相殺できるものとする。

第18条（期限の利益喪失）
　甲または乙に次の各号の一に該当する事由が生じたときは，甲または乙は，甲乙間の取引により生じた相手方に対する一切の債務について，当然に期限の利益を喪失するものとする。
　一　本契約または個別契約の条項に違反し，相当の期間を定めて催告しても違反事実が是正されないとき
　二　監督官庁より営業停止または営業免許もしくは営業登録の取消処分を受けたとき
　三　仮差押え，仮処分，強制執行，担保権の実行としての競売の申立て，または破産，和議，会社更生，会社整理の申立てがあったとき，もしくは清算に入ったとき
　四　支払停止，支払不能等の事由を生じたとき
　五　財産状態が著しく悪化し，またはそのおそれがあると認められる相当の事由があるとき

第19条（契約の解除）
　甲または乙に前条各号の一に該当する事由が生じたときは，相手方は本契約および個別契約の全部または一部を解除し，かつ，それによって生じた損害の賠償を請求す

第20条(解　約)
　甲または乙は，いつにても書面による◯カ月前の予告をもって，本契約を解約することができる。
第21条(個別契約の効力)
　本契約が解除，解約または期間満了により終了した場合においても，本契約に基づき締結された個別契約については，甲乙いずれからも別段の意思表示のないかぎり，本契約の定めるところによる。
第22条(有効期間)
　本契約の有効期間は，平成◯年◯月◯日より平成◯年◯月◯日までとする。ただし，期間満了の◯カ月前までに甲乙いずれからも何らの申出のない場合は，本契約と同一条件でさらに1カ年間継続されるものとし，以後同様とする。
第23条(協議解決)
　本契約に定めなき事項および疑義が生じた事項については，甲乙友好的に協議のうえ，処理解決する。

　本契約成立の証として本書3通を作成し，甲，甲の連帯保証人および乙記名捺印のうえ，各1通を保有する。
　平成◯年◯月◯日

(甲)
東京都◯◯区◯◯町◯丁目◯番◯号
　◯◯◯◯株式会社
　　代表取締役　◯　◯　◯　◯　㊞
(甲の連帯保証人)
東京都◯◯区◯◯町◯丁目◯番◯号
　　　　　　　　◯　◯　◯　◯　㊞
(乙)
東京都◯◯区◯◯町◯丁目◯番◯号
　◯◯◯◯株式会社
　　代表取締役　◯　◯　◯　◯　㊞

【書式例2】

　　　　　　　　　　　　　　　　　　　注文書No.＿＿＿＿＿

　　　　　　　　注　文　書

　　　　　　年　月　日
　　　　　下記のとおり注文いたします

　　　　　　　　　　　　　東京都〇〇区〇〇町〇丁目〇番〇号
　　　　　　　　　　　　　〇〇〇〇株式会社

　　　　　　　　　　　　　　　　　　　　　　御　中

引渡期日	
引渡場所	
引渡条件	
包装・詰合せ	
決済条件	
特記事項	

本注文書による申込みを貴方が承諾されることにより成立する売買契約（以下本契約という）は下記の特約条項の適用を受けるものといたします。

特約条項
① 天災地変，戦争，内乱暴動，その他の不可抗力，内外法令の制定・改廃，公権力による命令・処分，争議行為，輸送機関および保管中の事故，製造業者等の債務不履行，通関・入港の遅延，その他売主の責めに帰することのできない事由による契約の全部または一部の履行遅滞もしくは履行不能については売主は責任を負わない。この場合売主の履行遅滞部分については受領を拒絶できないものとし，また履行不能となった部分については本契約は消滅する。
② 本契約成立後の内外法令の制定・改廃による公租公課の創設・増額，運賃，保険料，保管料，その他の諸掛等の増額または戦争その他の非常事態による一切の増加費用は買主が負担する。
③ 商品の所有権は商品代金が完済されたときに売主から買主に移転する。
④ 買主において，本契約もしくは他の契約の全部または一部を履行しないとき，手形または小切手を不渡りとしたとき，差押え・仮差押え・競売・破産・和議・会社更生・会社整理等の申立てがあったとき，清算または内整理の手続にはいったとき，滞納処分を受けたとき，営業停止または営業免許・営業登録取消等の処分を受けたとき，その他信用状態が悪化しまたはそのおそれがあると売主において認めたときは買主は売主に対して負担するすべての債務（他の契約による債務を含む）につき当然に期限の利益を失い直ちに売主に対し債務全額を支払う。売主が買主に対して債務を負担しているときは他の契約の規定にかかわらずその負担する一切の債務の対当額につき売主は相殺できる。また買主は商品について動産売買の先取特権に基づく売主の差押えをあらかじめ承諾する。

⑤ 前項の場合売主は別に何等の通知・催告をなさず直ちに本契約はもとより他の一切の契約を解除しその損害金を請求できる。
⑥ 買主が支払を遅延した場合は100円につき日歩5銭の遅延損害金を売主に支払う。
⑦ 買主が商品を引き取らないときは，売主は催告，履行の提供，その他何等の手続を要せず，任意にこれを売却し（売却の相手・時期・方法・代価等は一切売主の任意とする），その売却代金をもって買主に対する一切の債権に充当できる。なお不足があるときは不足金を買主に請求できる。
⑧ 本契約に関する訴訟の管轄裁判所は，本書に記載の売主の住所地を管轄する地方裁判所または簡易裁判所とする。

項　目	品名および明細	数　量	単　価	金　額

【書式例3】

請書No.

注　文　請　書

年　月　日

下記のとおりお引き受けいたします

東京都○○区○○町○丁目○番○号
○○○○株式会社

御　中

引渡期日
引渡場所
引渡条件
包装・詰合せ
決済条件
特記事項

本注文請書に係わる売買契約（以下本契約という）は下記の特約条項の適用を受けるものといたします。

特約条項
① 天災地変，戦争，内乱暴動，その他の不可抗力，内外法令の制定・改廃，公権力による命令・処分，争議行為，輸送機関および保管中の事故，製造業者等の債務不履行，通関・入港の遅延，その他売主の責めに帰することのできない事由による契約の全部または一部の履行遅滞もしくは履行不能については売主は責任を負わない。この場合売主の履行遅滞部分については受領を拒絶できないものとし，また履行不能となった部分については本契約は消滅する。
② 本契約成立後の内外法令の制定・改廃による公租公課の創設・増額，運賃，保険料，保管料，その他の諸掛等の増額または戦争その他の非常事態による一切の増加費用は買主が負担する。
③ 商品の所有権は商品代金が完済されたときに売主から買主に移転する。
④ 買主において，本契約もしくは他の契約の全部または一部を履行しないとき，手形または小切手を不渡りとしたとき，差押え・仮差押え・競売・破産・和議・会社更生・会社整理等の申立てがあったとき，清算または内整理の手続にはいったとき，滞納処分を受けたとき，営業停止または営業免許・営業登録取消等の処分を受けたとき，その他信用状態が悪化しまたはそのおそれがあると売主において認めたときは買主は売主に対して負担するすべての債務（他の契約による債務を含む）につき当然に期限の利益を失い直ちに売主に対し債務全額を支払う。売主が買主に対して債務を負担しているときは他の契約の規定にかかわらずその負担する一切の債務の対当額につき売主は相殺できる。また買主は商品について動産売買の先取特権に基づく売主の差押えをあらかじめ承諾する。
⑤ 前項の場合売主は別に何等の通知・催告をなさず直ちに本契約はもとより他の一切の契約を解除しその損害金を請求できる。
⑥ 買主が支払を遅延した場合は100円につき日歩5銭の遅延損害金を売主に支払う。
⑦ 買主が商品を引き取らないときは，売主は催告，履行の提供，その他何等の手続を要せず，任意にこれを売却し（売却の相手・時期・方法・代価等は一切売主の任意とする），その売却代金をもって買主に対する一切の債権に充当できる。なお不足があるときは不足金を買主に請求できる。
⑧ 本契約に関する訴訟の管轄裁判所は，本書に記載の売主の住所地を管轄する地方裁判所または簡易裁判所とする。

項　目	品名および明細	数量	単価	金額

出典：神部正孝＝加藤興三郎＝堀龍兒編「営業活動の法律シリーズ④書式集」1頁以下（商事法務研究会，平2）より引用。

商人間売買には，売主と買主の営業所が異なる国に存在し，その間で行われる**国際売買**もある。このような国際売買では，契約の締結・目的物の引渡・紛争解決などにいかなる法が適用されるかという問題を有しており，この問題解決のために，国際売買に関する統一条約の成立，国連の機関や民間の取引団体による国際的な標準契約書式の作成，関係団体による貿易取引条件の契約内容や用語などを明確にするための統一規則の作成などのさまざまな努力が払われている。

わが国における国際売買は，海上売買の形で行われることが多く，取引条件として，船積港での商品価格・陸揚港までの保険料・運送賃が買主の支払う代金に含まれる **CIF売買**と船積港での商品価格・買主の指定した船舶に商品を船積みする費用が買主の支払う代金に含まれる **FOB売買**が多用されている。なお，CIFとFOBに関する重要な統一規則として，**インコタームズ**と称される「貿易取引条件の解釈に関する国際規則」，「米国貿易定義」，「ワルソー・オックスフォード規則」がある。インコタームズは，国際商業会議所がCIFやFOBなどの取引条件の統一のために1936年に制定（その後改正が重ねられている）したものであり，ヨーロッパで利用されている。なお，国際商業会議所は，パリで1920年創立の経済団体であり，インコタームズのみならず，荷為替信用状統一規則，取立統一規則などの制定も行っている。米国貿易定義は，全米商業会議所・全米輸入者連合会議・全米貿易会議がCIFとFOBの取引条件の統一のために1919年に制定し，1941年に改正を行ったものであり，米国において利用されている。ワルソー・オックスフォード規則は，国際法協会と国際商業会議所がCIFについて1928年制定のワルソー規則を1932年に改正したものである。これらの統一規則は，あくまでも任意規則であり，契約当事者の合意によって適用されるものである。

2　商人間売買の特則
(1)　売主の供託権および自助売却権
(a)　意義　商人間の売買において，買主がその目的物を受け取ることを拒み，またはこれを受け取ることができないときには，売主はその物を供託することができ（売主の供託権），また，相当の期間を定めて催告をした後にこれ

を競売することができる（売主の自助売却権）（524条1項）。

このように売主は，供託権および自助売却権を行使することによって自己の有する目的物の引渡義務を免れることができる。これは，商事売買では，商品が大量に反復継続して売買され，商品の価格の高騰や急落が激しく，民法の規定だけでは売主の利益を損なう恐れがあることから，供託権および自助売却権を行使することによって，法律関係を迅速に確定させ，売主を保護しようとするものである。

(b) **要件** 売主の供託権および自助売却権の共通の要件は，次のとおりである。

まず，商人間の双方にとって商行為たる売買であることを要する。したがって，売買の両当事者は商人であり，かつ双方的商行為でなくてはならない。なお，代理人を用いて売買をする場合，本人が商人であればよく，その代理人までが商人である必要はない。

次に，買主がその目的物を受け取ることを拒み，またはこれを受け取ることができないことを要する。民法では，このような受領拒絶および受領不能の場合，債務の本旨に従った履行の提供をなすことによって買主を遅滞とすることが必要である（民413条）。しかし，商法では，受領拒絶および受領不能の事実が存在すれば524条が適用されるのであり，この点で民法と異なる。

(c) **売主の供託権** 以上の要件をみたす場合，売主は，目的物を供託することによって給付義務を免れることとなる。商法の供託権と同様に民法にも供託権について規定が置かれているが（民494条），両者の差異は供託通知において見ることができる。商法では，売主が供託したときには，遅滞なく買主に対して通知を発しなくてはならないとしており，発信主義をとっているが（524条1項後段），民法では到達主義となっており，通知は買主に到達しなくてはならないとしている（民97条1項・495条3項）。なお，供託手続は，供託法にもとづいて行われる。

(d) **売主の自助売却権** 売主は，相当の期間を定めて催告をした後に目的物を競売することができ，損敗しやすい物は催告をせずに競売することができる（524条2項）。そして，売主が競売したときには，遅滞なく買主に対して通知を発しなくてはならない（524条1項後段）。この通知は，供託通知と同様に

発信主義であり，民法と異なる。また，売主が競売したときには，その代価を供託しなくてはならないが，その全部または一部を売買代金に充当することができる（524条3項）。

民法でも売主の自助売却権が認められており，弁済の目的物が供託に適さない場合，滅失・毀損のおそれがある場合，保存について過分の費用を必要とする場合に裁判所の許可を得てこれを競売に付し，その代価を供託することができると規定している（民497条）。民法の規定ではあくまでも供託が原則であり，例外的に自助売却権が認められているにすぎないが，商法では売主が供託権と自助売却権のどちらかを自由に選択することができるため，この点で民法とは異なる。また，商法では，競売代金を売買代金に充当することが認められているが，民法においては，競売代金の供託が認められているだけであり，売買代金にこれを充当することはできないと解されている。

(2) 確定期売買の解除

(a) 意義　確定期売買とは，売買の性質または当事者の意思表示により，一定の日時または一定の期間内に履行しなければ，契約した目的を達することができない売買をいう。この確定期売買において当事者の一方が履行せずに履行期を徒過した場合，相手方は直ちに履行を請求するのでなければ，契約は当然に解除されたものとみなされる（525条）。

民法の規定では，当事者の一方が履行せずに履行期を徒過した場合，相手方は催告をせずに直ちに契約の解除をすることができるとしており（民542条），契約解除の要件である催告を不要としているにすぎず，解除の意思表示は必要としている。このような民法の規定では，契約が解除になるか否かが買主の意思にかかっており，売主の地位は不安定なものとなるため妥当ではない。したがって，商法は，売買取引において簡易・迅速に法律関係を確定させ，売主を保護するために，民法の542条の定期行為一般の解除権の特則として，解除の意思表示を必要とせず，買主が直ちに履行を請求しなければ，契約は当然に解除されたものとみなしているのである。

(b) 要件　確定期売買の要件は，以下のとおりである。

第1に，商人間の双方にとって商行為たる売買であることを要する。売買の両当事者は商人であり，かつ双方的商行為でなくてはならない。525条は，商

法の売買に関する他の条文と異なり，この文言が明示されていないため，当事者の適用範囲について，商人間の商行為である売買のみに限定すべきであるとする学説と，これに限定せずに当事者が商人でなくてもよく，少なくとも当事者の一方にとって商行為である売買であればよいと解する学説が対立している。その理由として，前説は，525条の前後の規定がいずれも商人間の売買に関する規定であること，売主が本条の規定で保護されるべきは迅速な確定を要する商人の場合であり，また買主が本条の当然解除による不利益を負担するのも商人の場合でなくてはならないことをあげている。一方，後説は，前後の規定には商人間という文言があるのに対し，本条にだけこれがないこと，本条の主目的は売主保護であることを理由としている。

第2に，売買の性質または当事者の意思表示により，一定の日時または一定の期間内に履行しなければ，契約した目的を達することができないことを要する。いずれの場合に確定期売買に該当するかは，個別的・具体的に判断されなくてはならないものであり，商人間売買であることから，あるいは履行期が特定されていたことだけから直ちに確定期売買ということはできない。確定期売買とされた判例として，暑中見舞いとして配るうちわの売買（大判大9・11・15民録26輯1779頁），植付けの時期との関係から4月初旬までに履行しなければならない意思表示を含んでいたとする桑苗の売買（大判大15・11・15新聞2647号16頁）などがある。

第3の要件として，当事者の一方が履行せずに履行期を徒過したことを要する。この不履行は，債務者の責に帰すべき事由によると否とを問わず，履行期を経過したという客観的事実によって判断される。

第4として，相手方が直ちに履行の請求をしなかったことを要件とする。ここでいう直ちにとは，履行期と同時またはその直後であり，履行の請求があった場合には，当然解除の効果は生じない。なお，履行の請求は，債務者に到達しなくてはならない。

(c) 効果　以上の要件が備わっている場合，当然解除の効果が生じ，さらに，民法の一般原則に従い，原状回復義務および損害賠償責任が生ずることとなる。

(3) 買主の検査・通知義務

(a) 意義　商人間の売買において，買主がその目的物を受け取ったときには，遅滞なく検査し，瑕疵あるいは数量不足を発見したときは（売買の目的物に直ちに発見できない瑕疵があった場合，買主が6カ月以内に発見したときには），直ちに売主に対して通知を発しなくては，瑕疵あるいは数量不足を理由に契約の解除・代金減額・損害賠償の請求をすることができない（526条1項）。ただし，売主に悪意がないことを要する（526条2項）。

民法では，売買の目的物に瑕疵または数量不足がある場合，善意の買主は，この事実を知ったときから1年以内ならば，契約の解除・代金減額・損害賠償の請求をすることができるとしている（民563条～566条・570条）。しかし，これでは，売主を長期間不安定な地位に置くことになり，また売主の善後策の機会をも奪うことになることから，迅速な法律関係の確定が望まれる商人間の売買においては妥当なものとはいえない。したがって，商法では，買主に検査・通知義務を課すことによって売主を保護しているのである。

(b) 要件　要件は，以下のとおりである。

第1に，商人間の双方的商行為であることを要する。これは，売買の両当事者が商人であることから，目的物の検査に必要な知識を有することを考慮したためである。

第2に，買主が目的物を受け取ったことを要する。目的物を受け取ったとは，買主が目的物を現実に受け取り，検査することができる状態になくてはならない。したがって，貨物引換証や船荷証券の交付だけでは，ここでいう受取りにはならない。

第3の要件として，目的物に瑕疵あるいは数量不足があることを要する。瑕疵とは，民法570条の物の瑕疵であって，権利の瑕疵を含むものではない。権利の瑕疵は，調査が長期間に渡るため，本条の迅速な検査・通知義務には適さないからである。また，目的物の瑕疵とは，通常または契約で定められた性質・価値・形状・効用などを有していないことである。なお，数量超過および売買契約の目的物と全く異なる物が給付された場合には，買主は通知義務を負わないと解されている。

第4として，売主に悪意がないことを要する。悪意とは，売主が目的物の引渡時に目的物に瑕疵あるいは数量不足があることを知っていた場合である。売

主が悪意であった場合には，これを保護する必要がないため，本条は適用されず，買主は通知をしなくても民法の原則によって契約の解除・代金減額・損害賠償の請求をすることができる。

(c) **検査義務**　検査は通知の前提となる事実行為であり，買主は，目的物を受け取ったとき，遅滞なくこれを検査しなくてはならない。その程度・方法・遅滞の有無は，目的物の性質・数量・受領の場所などによって異なるが，正常な取引慣行を基準に判断され，買主の病気や不在などの主観的事情は考慮されない。

(d) **通知義務**　目的物を受け取った後遅滞なく検査し，目的物の瑕疵または数量不足を発見した場合，買主は直ちに売主に対して通知を発しなくてはならない。一方，目的物に直ちに発見することのできない瑕疵または数量不足があった場合には，発見が目的物の受領後6カ月以内ならば，直ちに通知をすれば期間後の通知であってもよい。また，通知の内容は，売主が善後策をとる機会を考慮しなくてはならないため，単に目的物に瑕疵あるいは数量不足があることだけを通知したのでは不十分であり，瑕疵の種類・大体の範囲・数量不足の程度を通知しなければならないが，細目まで示す必要はない。なお，通知義務違反の効果は，買主の契約の解除・代金減額・損害賠償の請求ができなくなるだけであって，この義務違反によって売主からの損害賠償の問題を生じさせるものではない。

(e) **526条の適用範囲**　526条が特定物・不特定物を問わず適用されることは，判例・学説の認めるところである（最判昭35・12・2民集14巻13号2893頁）。その理由として，商事売買の目的物の多くは不特定物であり，特定物の売買に限定して不特定物を除外すると，本条の存在意義が失われてしまうからである。

(4) **買主の保管・供託・競売義務**

(a) **意義**　商人間売買において，目的物の瑕疵あるいは数量不足を理由に買主が契約を解除した場合，売主の費用をもって目的物の保管または供託をしなくてはならず，その目的物について滅失または毀損の恐れがある場合には，裁判所の許可を得て競売し，その代価を保管または供託しなくてはならない（527条1項）。また，売主より買主に引き渡した物品が注文した物品と異なる場合，あるいは注文よりも数量を超過している場合においても，注文と異なる

物品あるいは注文の数量の超過部分について，買主は保管・供託・競売をしなくてはならない（528条）。

民法によると，売買の目的物の瑕疵あるいは数量不足によって買主が契約を解除した場合，各当事者は原状回復義務により，買主は受け取った目的物を売主に返還する義務を負うだけである（民545条）。このような民法の規定では，売主は，返送費用と運送費を負担するだけでなく，運送中の危険を負担し，目的物の所在地で転売が可能な場合であっても返送によってこの機会を失うことにもなる。そのため，商法は，買主にこのような特別な義務を負担させることによって，売主の保護を図っているのである。

(b) 要件　　これらの義務の発生要件は，次のとおりである。

第1の要件として，商人間の双方的商行為でなくてはならない。これは，527条1項が526条を前提としており，かつ528条が527条を準用することを明示しているためである。

第2に，買主が，目的物の瑕疵あるいは数量不足を理由に契約を解除したこと，あるいは受け取った物品が注文した物品と異なるか，注文した数量を超過していることを要件とする。この点については条文上明らかであるが，立法趣旨からこれ以外の理由による場合（約定解除権の行使，権利の瑕疵による解除，確定期売買における遅れた履行による解除）にも，これを類推適用すべきであると解されている。

第3の要件として，売主と買主の営業所，あるいは営業所がないときには住所が同市町村内にないことを要する。これは，売主の営業所または住所が目的物の所在地にない場合，契約が解除されても売主が直ちに適切な処置を講ずることが難しいためである。したがって，このことから通説は，売主と買主の営業所が同市町村内であっても，売主が買主の指定した他地に目的物を送付した場合（送付売買）には，買主はこれらの義務を負担することになり，また，売主と買主の営業所が同市町村内になくても，目的物の引渡が売主の営業所でなされるような場合には，買主はこれらの義務を負担しないと解している。

第4として，売主に悪意がないことを要件とする。これは，527条1項が526条を前提としているためである。

(c) 義務の内容　　以上のような要件を備える場合には，買主は売主の費用

をもって目的物を保管あるいは供託しなくてはならない（527条1項本文）。保管と供託のどちらの方法を選択するかは買主の自由である。また，買主は，目的物について滅失・毀損の恐れがある場合には，裁判所の許可を得て競売し，その代価を保管または供託しなくてはならない（527条1項但書）。そして，競売した場合には，買い主は遅滞なく売主に対して通知を発しなくてはならない（527条2項）。

なお，買主が保管・供託・競売義務に違反をした場合には，売主に対して損害賠償責任を負うことになる。

3 消費者取引

(1) 総　説

商事売買であっても，商人と非商人間の売買である消費者売買については，商法になんら規定は置かれていない。昭和30年代以降消費者被害が顕在化し，国民の消費生活の安定と向上の確保を目的とする消費者保護基本法が昭和43年に制定され，その後消費者保護の趣旨を含んだ各種法律が制定された。一般に消費者法または消費者保護法なる呼称が使用されているが，これは別個独立した法律が存在しているのではなく，消費者保護を目的とする，消費者契約法，割賦販売法，訪問販売等に関する法律，製造物責任法などのさまざまな法律によって構成される複合法領域の総称である。

(2) 消費者契約法

平成13年4月1日から施行される消費者契約法の目的は，消費者と事業者間の情報の質・量ならびに交渉力の格差から消費者の利益擁護を図り，国民生活の安定向上と国民経済の健全な発展に寄与することである（消費者契約法1条）。そして，この消費者と事業者間の格差を埋めるために，事業者は，契約内容が消費者にとって明確かつ平易なものになるよう配慮するとともに，必要な情報を提供するよう努め，一方，消費者は，事業者から提供された情報を活用し，契約内容について理解するよう努めるものとすると努力規定を置いている（同法3条）。本法律の適用範囲は，消費者と事業者間で締結されるすべての契約を含むものであるが，労働契約には適用されない（同法2条3項・12条）。

事業者が勧誘する際，以下のような場合には，消費者は申込みまたは承諾の

意思表示を取り消すことができると規定している（同法4条1項〜3項）。①重要事項の不実の告知により消費者が誤認した場合，②将来における変動が不確実な事項について断定的判断の提供により消費者が誤認した場合，③事業者が重要事項などについて消費者の利益となる旨を告げ，かつ重要事項について消費者の不利益となる事実を故意に告げなかったことにより消費者が誤認した場合，④消費者が事業者に対して住居などから退去すべき意思表示をしたにもかかわらず，退去しなかった場合，⑤事業者の勧誘場所から退去したい旨の意思表示を消費者がしたにもかかわらず，退去させてくれなかった場合。ここでいう重要事項とは，物品・権利・役務・その他の当該消費者契約の目的となるものの質・用途などの契約対象の内容と対価などの取引条件である（同法4条4項）。なお，この取消権の行使期間は，追認することができる時から6カ月，または契約締結から5年である（同法7条1項）。追認することができる時とは，①②③の場合は誤認に気づいた時であり，④の場合は事業者が退去した時，⑤の場合は消費者が退去できた時である。

さらに，消費者契約法は，事業者の定めた契約条項につき，①事業者の損害賠償責任を免除する条項の無効（同法8条），②消費者が支払う損害賠償の額を予定する条項などの無効（同法9条），③消費者の利益を一方的に害する条項の無効（同法10条）を規定している。①の事業者の債務不履行および履行の際の不法行為による損害賠償責任の免除条項については，全部を免除する条項の場合には無効であり，一部免除の条項の場合には事業者などに故意または重過失があるときに無効となる。また，有償契約における目的物の隠れた瑕疵にもとづく損害賠償責任の免除条項については，全部免除の場合は無効となるが，事業者などが代替物の提供または修補する責任などを負うとされている場合には適用されない。②の消費者契約の解除に伴う損害賠償額を予定し，または違約金を定める条項については，これらの合計額が平均的損害額を超える部分について無効となる。また，遅延損害金の額を予定し，または違約金を定める条項については，その合計額が規定の計算にもとづき年14.6％を超える部分について無効となる。③は，信義則に反して消費者の利益を一方的に害するものを無効としている。

(3) 特殊販売

特殊販売とは，店頭での消費者との対面販売以外の販売方法であり，これには訪問販売・通信販売・電話勧誘販売・連鎖販売取引・特定継続的役務提供がある。これらの販売方法は，各種情報伝達技術の進歩や販売方法の多様化，利便性の向上などから普及したものである。しかし，これらは，詐欺的な勧誘，消費者の知識や経験の不足につけこんだ契約締結，商品販売より組織の拡大に重点を置くマルチ商法などの諸問題を生じさせている。そして，これら特殊販売全体を規制しているのが訪問販売等に関する法律である。

　訪問販売とは，営業所など以外の場所で売買契約の申込を受け，契約を締結して行う指定商品・指定権利の販売，もしくは指定役務の提供である（訪販2条1項）。同法は，販売業者の氏名などの明示（同法3条），書面の交付義務（同法4条・5条），不実の告知や人を威迫して困惑させる行為の禁止（同法5条の2），**クーリング・オフ制度**（同法6条），契約解除にともなう損害賠償などの額の制限（同法7条）などを規定している。クーリング・オフとは，申込時または契約時に交付された書面によって，クーリング・オフに関する事項が告げられた日から8日間（大津簡判昭57・3・23NBL271号19頁），一切の不利益を受けることなく申込の撤回・契約解除ができる制度である。ただし，8日間を経過したとき，いわゆる消耗品である政令別表4の7品目を使用してしまったとき，現金取引であって対価の総額が3000円（訪販施行令6条）に満たないとき，交渉が相当の期間にわたる乗用自動車（訪販施行令4条）のときにはクーリング・オフはできない（訪販6条1項）。通知は，一般的に後日の紛争を避けるために内容証明郵便によって行われる。

　通信販売とは，販売業者または役務提供事業者が，郵便などの方法によって申込を受けて行う指定商品・指定権利の販売，または指定役務の提供であって，電話勧誘販売に該当しないものである（同法2条2項）。同法では，広告規制（同法8条），誇大広告などの禁止（同法8条の2），承諾などの通知（同法9条）などを規定している。

　電話勧誘販売とは，販売業者または役務提供事業者が，電話勧誘行為により，顧客から郵便などの方法によって申込を受け，または契約を締結して行う指定商品・指定権利の販売，または指定役務の提供である（同法2条3項）。同法は，販売業者の氏名などの明示（同法9条の4），再勧誘の禁止（同法9条の5），書

面の交付（同法9条の6・7），承諾などの通知（同法9条の8），不実の告知や人を威迫して困惑させる行為の禁止（同法9条の9），クーリング・オフ制度（同法9条の12）などを規定している。なお，クーリング・オフ制度については，訪問販売と同じである。

連鎖販売取引（マルチ商法）とは，商品（権利を含む）の再販売・受託販売・販売のあっせん・同種役務の提供・同種役務の提供のあっせんにより，特定利益が収受しうることをもって誘引し，その者と特定負担をすることを条件とする取引である（同法11条）。これは組織の拡大に重点を置く取引である。同法は，禁止行為（同法12条），広告規制（同法13条），書面の交付（同法14条），20日間のクーリング・オフ制度（同法17条）を定めている。

特定継続的役務提供とは，役務提供事業者がそれぞれの特定継続的役務ごとに政令で定める期間を超える期間にわたり提供することを約し，相手方がこれに応じて制令で定める金額を超える金銭を支払うことを約す契約を締結して行う特定継続的役務提供であり，また，販売業者が特定継続的役務提供（政令で定める期間を超える期間にわたり提供するものに限る）を受ける権利を政令で定める金額を超える金銭を受け取って販売する契約を締結して行う特定継続的役務提供を受ける権利の販売である（同法17条の2）。ここでいう役務とは，政令の定める別表5に掲げている役務である（訪販施行令12条）。なお，政令で定める特定継続的役務ごとの期間と金額は以下のとおりである。

政令で定める特定継続的役務ごとの期間と金額（訪販施行令11条）

特定継続的役務	期　　　間	金　　　額
いわゆるエステティックサロン	1月を超えるもの	5万円を超えるもの
いわゆる語学教室	2月を超えるもの	5万円を超えるもの
いわゆる家庭教師	2月を超えるもの	5万円を超えるもの
いわゆる学習塾	2月を超えるもの	5万円を超えるもの

同法は，特定継続的役務提供について，書面の交付（訪販17条の3），誇大広告の禁止（同法17条の4），不実の告知と人を威迫して困惑させる行為の禁止（同法17条の5），クーリング・オフ制度（同法17条の9）などについて規定している。クーリング・オフ期間は，訪問販売や電話勧誘販売と同じく起算日から

8日間である。また，関連商品のクーリング・オフは別表6の商品であるが，別表6の1のイとロは使用または一部を消費したときには対象外となる（訪販施行令14条）。なお，起算日から8日が経過した場合は，将来に向かって特定継続的役務提供契約の解除を行うことができ，中途解約時の損害賠償などの額の上限などが定められている（同法17条の10）。

(4) 信用販売

信用販売とは，消費者が商品・権利の購入または役務の提供を受けるにあたり，信用供与を受け，代金の支払を猶予される取引である。1回の代金が少額となるため購入しやすいという利点から，複雑な契約内容であるにもかかわらず安易に契約を締結する消費者が多く，また販売業者が消費者にとって不利な条件を付けるなど，消費者の保護が必要となっている。このような信用販売を規制しているのが**割賦販売法**であり，同法には割賦販売・ローン提携販売・割賦購入あっせん・前払式特定取引が規定されている。

割賦販売とは，購入者から商品もしくは権利・役務の代金を2カ月以上の期間にわたり，かつ3回以上に分割して受領することを条件として（個品方式，総合方式），または，証票などを利用者に交付して，あらかじめ定められた時期ごとに，その証票などと引き換えに，またはその提示を受けて代金の合計額を基礎として，あらかじめ定められた方法により算定して得た金額を利用者から受領することを条件として（リボルビング方式），政令で指定された商品・権利を販売し，または役務を提供することである（割賦2条1項）。同法では，販売条件の表示（同法3条1項～3項），書面の交付（同法4条・同条の2），契約の解除などの制限（同法5条），損害賠償などの額の制限（同法6条），クーリング・オフ制度（同法4条の3）などを規定している。クーリング・オフは，営業所等以外の場所において，割賦販売の方法により指定商品・指定権利・指定役務につき，書面の交付日より8日以内ならば，一切の不利益を受けることなく申込の撤回・契約の解除をすることができるというものである。ただし，交渉が相当の期間に渡って行われる政令別表3の商品（割賦施行令1条の2第1号），起算日から8日間を経過したとき，申込者が代金全額の支払を済ませたとき，いわゆる消耗品である政令別表4の商品（割賦施行令1条の2第2号）を使用してしまったときにはクーリング・オフはできない。

ローン提携販売とは，購入者が指定商品・指定権利・指定役務の代金に充てるために，2カ月以上の期間にわたり，かつ3回以上に分割して返還することを条件に，提携金融機関から金銭を借り入れ，ローン提携販売業者が購入者の債務を保証して指定商品などを販売することであり，個品方式・総合方式・リボルビング方式がある（割賦2条2項）。同法では，販売条件の表示（同法29条の2），書面の交付（同法29条の3・の4），クーリング・オフ制度（同法29条の4・4条の3を準用）などを規定している。また，割賦購入あっせんと同様に抗弁の接続も規定している（同法29条の4）。

割賦購入あっせんとは，購入者が販売業者から購入した場合，あっせん業者（信販会社など）は販売業者に対して代金相当額を一括して支払い，購入者はあっせん業者に対し2カ月以上の期間にわたり，かつ3回以上に分割して支払うことである（同法2条3項）。これには，個品方式・総合方式・リボルビング方式がある。同法において，取引条件の表示（同法30条），書面の交付（同法30条の2），クーリング・オフ制度（同法30条の6・4条の3を準用）を規定している。また，指定商品の販売に関し，購入者は販売業者との間で生じている事由をもってあっせん業者に対する支払を拒むことができるという抗弁の接続を規定している（同法30条の4）。

前払式特定取引とは，商品の売買の取次，指定役務の提供または取次において，商品の引渡しまたは指定役務の提供に先立って，購入者などから対価の全部または一部を2カ月以上の期間にわたり，かつ3回以上に分割して受領するものである（同法2条5項）。前払式特定取引においては，8条・12条・15条から29条までの規定をを準用している（同法35条の3の3）。

資料1　訪問販売等に関する法律施行令に定める指定商品・権利・役務など（抜粋）

別表1・指定商品
　人が摂取する動物・植物の加工品（医薬品を除く），犬猫・熱帯魚その他の観賞用動物，観賞用植物，貴金属，作業工具・電動工具，家庭用ミシン，時計，消化器・消化剤，家庭用電気機械器具，電話器，化粧品，衣服，新聞・雑誌・書籍など

別表2・指定権利
　保養施設・スポーツ施設の利用権，語学の教授を受ける権利

別表3・指定役務
　庭の改良，家庭用ミシン・電話機・電子計算機などの貸与，保養施設・スポーツ施設を利用させること，住居・エアコンなどの清掃，エステ，めがね・かつらの調整・衣服の仕立て，太陽光発電装置・電話・浴槽などの取付・設置，結婚仲介，映画を鑑賞させること，住宅入居申込手続の代行，技芸・知識の教授など

別表4・訪販法6(1)②, 9ノ12(1)②の政令で定める指定商品
　人が摂取する動物・植物の加工品（医薬品を除く），防虫・殺虫剤，化粧品・石鹸（医薬品を除く），洗剤，履物など

別表5・特定継続的役務

特定継続的役務	提供の期間	契約解除により通常生ずる損害	契約締結・履行に通常要する費用
エステ，ダイエット	1ヶ月	2万円または契約残額の10％のいずれか低い額	2万円
語学教室（英会話教室など）	2ヶ月	5万円または契約残額の20％のいずれか低い額	1万5千円
家庭教師	2ヶ月	5万円または1月分の料金いずれか低い額	2万円
学習塾	2ヶ月	2万円または1月分の料金のいずれか低い額	1万1千円

別表6・政令で定める関連商品
1　イ）人が摂取する動物・植物の加工品（衣料品を除く），ロ）化粧品・石鹸（衣料品を除く）・浴用剤，ハ）下着，ニ）電気刺激または電磁波・超音波による美肌・美顔器具・装置
2　イ）書籍，ロ）音・映像・プログラムを記録したビデオ・CD等

資料2　割賦販売法施行令に定める指定商品・権利・役務など（抜粋）

別表1　指定商品
　人が摂取する動物・植物の加工品（医薬品を除く），真珠・宝石，衣服，身の回り品・履物，家具類，台所用品・卓上具，書籍，事務用品・事務機器，印章，ミシン，時計，カメラ，医療用機器，家庭用電気機器，テレビ，自動車・バイク・自転車，化粧品，楽器など

別表1の2・指定権利
　エステ・ダイエットのサービスを受ける権利，語学の教授を受ける権利（英会話学校・教室など），学校入試の準備または学校教育の補習のための学力教授を受ける権利

別表1の3・指定役務
　エステ・ダイエット，語学の教授，学校入試の準備・学校教育の補習のための学力教授

別表2・割販法2(5)の政令で定める役務
　婚礼用の施設提供，衣服貸与その他の便益提供，葬式用の祭壇貸与その他の便益提供

別表3・割販法4ノ3(1)前段の政令で定める指定商品
　自動車・運搬車

別表4・割販法4ノ3(1)③の政令で定める指定商品
　人が摂取する動物・植物の加工品（医薬品を除く），履物，化粧品など

§5 匿名組合とその現代的機能

> **トピック**
> 何か素晴らしく魅力的な事業計画や投資プランができると，まずはその計画を実行するための資金がある程度必要になる。自己資金だけでは限界があるし，失敗した場合のリスクも自分で負わなければならない。広く事業資金を集める方法はいくつかあるが，最近商法上の匿名組合というシステムが利用されることが多くなっている。匿名の組合とはあまり聞き馴れない名称だが，普通の民法上の組合や会社法人組織と一体どのような違いがあるのだろうか。利用する実益はどこにあるのか。

1 匿名組合の意義と現代的機能

```
                 事業活動（資産運用）
        営業者 ──────── 第三者（債権・債務関係者）
     匿名組合
     出資↑  │利益の分配か
        │  ↓損失の分担
     匿名組合員（出資者）
```

　匿名組合とは，資金を有する者が経営能力を持つ営業者のために事業資本を出し，その営業活動から生じる利益の分配を受けることを約束するものである（535条）。ここで出資者ないし投資家を**匿名組合員**，事業運営を担当する者を**営業者**と呼ぶ。匿名組合は営業者の単独事業であり，出資者である組合員は対外的には表に現れず，匿名となる。すなわち，匿名組合ではこの二者が匿名組合契約の当事者であり，匿名組合員相互間には何らの法律関係も生じず，出資財産は営業者自身に帰属することになる（536条1項）。
　そこで，出資者が対外的に名前を出したくないとか，何らかの理由で名前を出せない場合や，営業者ができるだけ干渉を受けず，対外的に自分自身の単独企業として自由に営業活動をしたい場合には，普通の組合や会社組織ではなく，この匿名組合というシステムを利用するメリットがあるため，最近よく使われ

ているのである。

　匿名組合契約の法的性質は民法上の組合を商法的に加工した商法上の特別な契約である。しかし，民法上の組合においては，組合は組合員の共同事業であり，組合財産は組合員の共有財産になるが（民668条），匿名組合は営業者個人の営業であり，匿名組合員の出資も営業者の財産に帰属する（536条1項）ことが大きな相違である。民法上の組合か商法上の匿名組合かは名称でなく，**実質的に判断**されるが，実際には判断が難しいことも多い。

　たとえば，民法上の組合形態の1つとして認められている**内的組合**は匿名組合と類似しており，その区別が判例上問題となった。内的組合とは対内的には共同事業体であるが，対外的取引は特定の組合員の名義で行われるもので，民法上の非典型組合の1つである。その事件の概要は，X・Yの他3名がYを営業名義人とした組合で米穀取引所の仲買事業を営んでいたが，Yは本件組合は民法上の組合であるとしてXにも対外的取引による責任を求めたのに対して，Xは商法上の匿名組合であるから対外的責任はYのみが負うと主張したものである。大判大6・5・23（民録23輯917頁）は内的組合という観念を認め，匿名組合とは異なるとしたうえで，Yは組合の対外的活動を単独で行う権限が付与されていたとして対外的責任はYのみが負うと判示した。

　　　　商法上の匿名組合⇔民法上の組合　　：共有財産性
　　　　　匿名性　　⇔商法上の合資会社：2種類の社員から構成

【匿名組合の最近の使われ方】

　匿名組合という方式は多くの投資家から資金を調達するため，最近さまざまな方面でよく活用されている。まず，①商品ファンドといって多数の投資家が専門家（投資顧問業者）を通じて貴金属や農作物といった商品先物等の商品に投資し，利益配当を得ようとする場合に匿名組合が使われる（商品版の投資信託）。また，②事業計画のアイディアはあっても資金不足に悩むベンチャー企業の新しい資金調達手段としても匿名組合組織の投資ファンドが脚光を浴びている。さらに，③金融機関の不良債権処理を目的とした債権流動化（証券化）のために，匿名組合が利用されている。この場合は，金融機関が有する大口のリース債権を，営業者が小口に分散して投資家（資金を提供して匿名組合員になる）に売却することで早期に債権回収を図ろうとする。この方法はレバレッジド・リースなどと呼ばれ，

ビルやマンション等の不動産投資を小口化する手段としても用いられている。

　これらの投資事業は**経済の活性化**に役立つため，事業を促進させるため各種特別立法が制定され，出資法等との抵触を避けている。他方，これらの方式は投資家から見ると，新しい商品・事業への投資ということになり，成功すれば利益が還元されることになる。しかし，こういった投資にはリスク（危険）がないわけではなく，正しい情報の開示・十分な説明と自己責任原則の徹底が重要になる。そこで投資対象が上場株券や社債といった有価証券の場合は証券取引法，商品先物取引の場合には商品取引所法による情報開示（ディスクロージャー）規制・勧誘規制等を受けるほか，各種の特別法が制定されている。

【合資会社との異同】
(1)　合資会社と匿名組合の**共通点・類似点**

　匿名組合は実質的には合資会社に近い共同企業体である。社団法人たる合資会社の社員は「業務執行を担当する無限責任社員と資本提供者である有限責任社員」の二種類からなる。匿名組合員も合資会社の有限責任社員も共同事業に出資はするが，直接営業活動をしない点が似ている。そのため，合資会社の有限責任社員の規定の一部が匿名組合員にも準用されている（542条）。歴史的沿革から見ても，匿名組合と合資会社は共にイタリア中世の海上貿易で使われたコンメンダ（commenda）契約に起源を有する。15世紀頃から資本家が名前を出す合資会社と資本家が名前を出さない匿名組合に分かれていったのである。

(2)　合資会社と匿名組合の**相違点**

　匿名組合契約の当事者は前述したように匿名組合員と営業者の二者である。営業者が多数の出資者と匿名組合契約を締結しても，営業者と各出資者との間に別個独立の複数の匿名組合契約が存在するにすぎず，出資者間には何らの法律関係も生じない。この点で会社という事業形態とは全く異なる。さらに，匿名組合員と合資会社の有限責任社員には以下のような種々の違いがある。すなわち，①氏名の公示の有無（匿名組合員はその匿名性から公示されない），②対外的直接責任負担の有無（匿名組合員は間接責任のみ），③事業の意思決定への関与可能性の有無（匿名組合員は関与できない），④事業解散後の財産分配順位（匿名組合員は一般債権者と同順位），⑤持分の観念の有無（匿名組合には持分の観念はなく営業者の財産に帰属）等の点で異なる特徴が見られるところに重要なポイントがある。

2 匿名組合員の地位

匿名組合員の地位は**対内的地位**と**対外的地位**の2つに大きく分かれる。

(1) 対内的地位（営業者との関係）

(a) 義務　　(i) 出資義務　　匿名組合員は営業者に対して契約どおりに出資する義務を負う（535条）。資本参加を目的とすることから、出資の**目的物**は金銭その他の財産に限定され、労務や信用の出資は認められていない（542条・150条）。出資の履行時期、方法等は特約がなければ、営業者はいつでもその履行を請求できる（民412条3項）。

(ii) 損失負担義務と間接有限責任　　匿名組合員は特約がない限り、出資の限度内で損失を分担する義務を負う（538条および541条）。**分担割合**は特約がなければ、利益分配と同一の割合であると推定される（民674条2項）（間接有限責任については後述）。ただし、損失分担の結果出資分がマイナスになっていたとしても特約のない限り、匿名組合員に追加出資義務はない。

(b) 権利　　(i) 利益分配請求権　　匿名組合員は営業者の営業から発生する利益の分配を請求できる（535条）。利益とは各営業年度の営業により発生した財産の増加額であり、財産の評価益は本来含まれないが、契約によって評価益の一部を匿名組合員に分配することは可能である。利益分配の割合は通常契約によるが、特約がない場合、民法の組合の規定を類推して（民674条1項）、各当事者の**出資割合**に応じて分配される。

(ii) 出資返還請求権――契約終了の効果――　　匿名組合員は匿名組合契約が終了したとき、営業者に対し出資した価額の返還を請求できる（541条）。ただし、特約がない限り、出資が損失により減少している場合、残額の返還を受けるにとどまる。返還されるのは出資の目的物ではなく、目的物を金銭的に評価した価額であるが、目的物を返還する特約も可能である。この請求権は債権であり、匿名組合員は営業者の一般債権者と同順位で弁済を受けることができる。

(iii) 業務監督権　　匿名組合員には業務執行権や代表権はないが（542条⇨156条）、その立場を保護する必要があるため合資会社の有限責任社員の業務監督権に関する規定が準用されている（542条⇨153条）。したがって、匿名組合員は営業年度終了時に営業者の貸借対照表の閲覧を求め、かつ営業者の業務およ

び財産の状況を検査できる。また，重大な疑いがあれば，裁判所の許可を得ていつでも営業者の業務および財産の状況を検査できる。

なお，明文の規定はないが，多数説は営業者に**競業避止義務**を認める。営業者は合資会社の無限責任社員と同様の立場にあるためである。

(2) 対外的地位（第三者（営業者の債権者等）との関係）

(a) 間接有限責任　匿名組合員は営業者の営業に資本参加するにとどまるため，第三者（営業者の債権者等）とは直接的な関係に立たず，第三者に対して原則として責任を負わない（536条2項）。匿名組合員は営業者に出資義務を負う一方で，対外的には直接責任を追及されることはない。これを**間接有限責任原則**と呼ぶ。

(b) 表見的な責任　匿名組合員は以上のように間接有限責任が原則であるが，営業者の商号に自己の氏名を使用するか，自己の商号を営業者の商号として使用することを許諾したとき，その使用以後に生じた債務については営業者と連帯して責任を負う（537条）。名板貸（23条）と同趣旨の**禁反言則**により，外観を信頼した第三者を保護するものであるが，相手方の誤認が要件とされていない点で責任を負う範囲が広くなっている。

3　匿名組合の終了

匿名組合契約の終了については契約の一般的終了原因（合意解除，期間満了等）のほか，商法は当事者の意思による解除と当事者の意思によらない終了原因を規定している。

(1) 予告による解除（解約告知）

組合契約で存続期間を定めなかったときや，ある当事者の終身間組合契約が存続すべきことを定めたとき，各当事者は営業年度の終わりにおいて「6カ月前に予告」することで契約を解除できる（539条1項）。

(2) 「解除事由」による解除

存続期間の定めを問わず，「やむことをえざる事由（いわゆる解除事由）」があるときは各当事者はいつでも契約を解除することができる（同条2項）。そのような解除事由に当たるのは当事者が重要な義務（出資義務・利益分配義務等）を履行しない場合や営業者が長期入院して営業遂行不能になる場合等である。

具体例としては，複数のパチンコ店を経営するYが営業利益の3分の1として通常毎月20万円，少なくとも10万円以上の利益を分配できるというので，XとYが毎月相当の分配金を受ける旨の匿名組合契約を結んだケースで，Yが十数カ月にわたり利益の分配をせず，かつその意思を有していないとしてXが解約の意思表示をしたのは，「やむをえない事由」に当たるとした裁判例がある（大阪地判昭33・3・13下民集9巻3号390頁）。

(3) 当事者の意思によらない終了原因

　匿名組合の目的たる事業の成功・成功の不能（540条1号），営業者の死亡・禁治産（同条2号），または破産，営業者・匿名組合員の破産（同条3号）は当然の終了原因となる。1号はその判定が困難であるとして不要であるとの立法論もある。2号の存在理由は匿名組合が営業者の経営能力・信用を前提とするためである。3号は破産債権者との関係で債権債務を決済する必要があるためである。

第2章　商行為法各論

§1　仲立人（仲立営業）

> **トピック**
> 土地，旅行，結婚等といった「人と人（企業）の仲介（仲立）をするビジネス」は非常に大切である。プロである専門家が介在することで上手くいくことも多い。とはいっても，仲介をする仲立人（仲介屋）の立場は微妙であり，苦労やトラブルも絶えない。そこで商法による規制が必要になるのだが，その規制にもいろいろな「工夫や気配り」がなされているので，各条文の内容とともにその存在理由をぜひとも学んで欲しい。

1　仲立人の意義と態様
(1)　商事仲立人の意義とその具体例

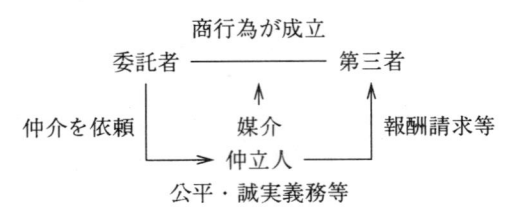

```
                    商行為が成立
        委託者 ─────────────── 第三者
             ┐         ↑         ┌
     仲介を依頼│        媒介       │報酬請求等
             └──→ 仲立人 ──────┘
                  公平・誠実義務等
```

　他人間の商行為を**媒介**すること（いわゆる仲立営業）を業とする者を商事仲立人（なかだちにん）という（543条）。媒介とは当事者の間で，法律行為を成立させることに力を尽くす「事実行為」であり，自らが法律上の意思表示をするわけではない。

　仲立契約には**双方的仲立契約**と**一方的仲立契約**がある。双方的仲立契約とは仲立人が契約の成立につき力を尽くす義務を負い，契約が成立すれば委託者は

報酬を支払う義務を負うものであり（すなわち，仲立人と委託者の双方が義務を負う），わが国ではこのような契約が多い。双方的仲立契約は媒介という行為をすることの委託であるから，**準委任契約**である（民656条）。これに対して，仲立人は契約の成立に尽力する義務を負わないが，その尽力によって契約が成立したとき委託者が報酬を支払うものを一方的仲立契約という。

(2) 民事仲立人の意義とその具体例

当事者のいずれにとっても**商行為**でない行為の媒介（婚姻の仲介，非商人間の宅地・建物の売買・賃貸借の仲介等）を行う者を民事仲立人と呼ぶ。これら結婚仲介業者や宅地建物取引業者等は商法上の仲立人ではないが，営業的商行為である媒介を引き受けること（502条11号・4条1項）を業とする以上商人であり，商法の適用を受ける。さらに，媒介行為を中心に規制する仲立営業に関する規定が類推適用されるケースもある。まず民事仲立人の代表格である宅地建物取引業者と旅行業者についてその規制を概観する。

(a) 民事仲立人と宅地建物取引業者　不動産仲介業者である宅地建物取引業者（いわゆる宅建業者）は商法の規定のほか，特別法である**宅地建物取引法**による厳しい規制を受けている。宅地・建物の売買等は公衆の生活と密接に関わり，適正な業務運営と取引の公正さが確保されなければならないためである（報酬請求権との関係は後述）。宅地建物取引業を開業するには，国土交通大臣または都道府県知事の免許を受け（免許制），営業保証金を供託し，宅地建物取引主任者試験に合格した者を事務所に置かなければならない。そして，広告，契約成立前後における書面作成・交付・保存義務，説明義務，守秘義務および報酬に関する包括的な規制がなされている。

(b) 民事仲立人と旅行業者　旅行業者もまた商法の規定とは別に，旅行の安全確保を図るため制定された**旅行業法**にもとづく規制を受ける。そこでとくに問題となっているのは主催旅行（いわゆるパック旅行）契約の実施中に発生した運送事故である。主催旅行において旅行業者は自ら旅行サービスを提供するわけではなく，運送業者やホテル業者等の旅行サービス提供業者を手配するにすぎない。そこで旅行サービス提供中に事故が発生した場合，旅行者はサービス業者に加えて手配した旅行業者に損害賠償を請求できるかが問題となる。この点，海外旅行の事例で裁判所（東京地判平元・6・20判時1341号20頁）が主

催旅行契約上の付随義務として旅行業者の安全確保（配慮）義務を認め，注目されている。

2 仲立人の義務

(1) 仲立人の基本的義務

(a) 奔走義務・公平誠実義務　　仲立人は委託者に対して受託者として善良な管理者の注意をもって媒介を行い，取引の成立につき力を尽くすべき（奔走）義務がある（民656条・644条）。

また，仲立人は当事者の間に立って商行為の成立につき力を尽くす者であるから，公平かつ誠実に媒介行為の相手方である他方の当事者の利益を図らなければならない。

(b) 氏名等黙秘義務・介入義務　　仲立人は当事者がその氏名・商号を相手方に示さないように命じたときは，当事者に交付する結約書および仲立人日記帳の謄本にその氏名等を記載してはならない（548条）。ただし，原本には記載する。当事者は相手方に自己の氏名等を知られない方が有利な場合があるし，相手方としても当事者を知る必要性がない場合が少なくないためである。

仲立人が当事者の一方の氏名等をその相手方に示さなかったときは，相手方の請求があれば仲立人自ら履行の責任を負う。これを「介入義務」と呼ぶ（549条）。相手方の信頼を保護するためである。介入義務を履行しても仲立人自らが取引の当事者になるわけではなく，自発的に履行しても相手方に反対給付を請求できないが（問屋の介入権との違い），仲立人は介入義務を履行すれば黙秘を命じた当事者に対して求償できる。

(2) 紛争防止のための付随的義務

後日に当事者間で紛争が発生するのを防止するため，仲立人には以下のような種々の付随的な義務が規定されている点に商法による規制上の特質がある。

(a) 見本品保管義務　　仲立人はその媒介する行為について**見本**を受け取ったときは，その行為が完了するまでは，その見本を保管しなければならない（545条）。これは紛争が生じた場合の証拠を保全することを目的としている。ゆえに，「行為が完了するまで」とは，買主が完全な給付があったことを承認したり，瑕疵担保責任を追及できる期間が過ぎてしまうといった目的物等につ

いて紛争が起きないことが確実になることを指す。

(b) **結約書（契約書）交付義務**　仲立人は当事者間に契約が成立したときは，遅滞なく**結約書**（契約書）を作成し，これを各当事者に交付しなければならない（546条1項）。これは契約が成立した事実およびその内容を明確にして当事者間の紛争を防止するため，証拠を保存することを目的としている。なお，当事者が直ちに履行しなくてよい行為の場合（たとえば，期限付や条件付の行為などの場合）には，各当事者に結約書に署名させた後，その結約書を相手方に交付しなければならない（同条2項）。また，当事者の一方が結約書の受領やその署名を拒否するような場合，仲立人は遅滞なく相手方にその旨を通知しなければならない（同条3項）。このような場合は，当事者に契約の成立・内容等に関して何らかの異議があるためである。

(c) **帳簿（仲立人日記帳）作成・謄本交付義務**　仲立人は帳簿（仲立人日記帳）を備え，契約の各当事者の氏名，年月日その他結約書に記載すべき事項をこれに記載して，保存しなければならない（547条1項）。仲立人に証拠を保存させるためである。なお，この日記帳の保存は商業帳簿に準じ（36条），当事者はいつでも日記帳の謄本の交付を請求できる（547条2項）。

3　仲立人の報酬請求権

仲立人は商人であるから特約がなくとも，媒介行為について相当の報酬として「**仲立料**」を請求できる（512条）。ただし，費用（交通費や通信費等）については報酬に含まれるものと考えられ，仲立人は委託者に費用の償還を請求できない。

仲立人が報酬を請求するための要件は，仲立人の媒介により当事者間に契約が有効に成立し，結約書の作成・交付が終わったことである（550条1項）。したがって，仲立人がどれだけ尽力しても契約が成立しなければ報酬を請求できない。この点で実務上最も多く問題となっているのは，かなりの程度仲立人の媒介による交渉が行われた後，仲立人への報酬の支払を回避するため当事者が「故意に仲立人を**排除**して」（仲立契約を解除後）直接当事者間で契約を成立させてしまうような事例である。判例（最判昭45・10・22民集24巻11号1599頁）は土地売買契約の仲介がなされた事例で，そのようなときには停止条件の成就を

妨げたものとして「民法130条にもとづいて」結約書の作成・交付がなくても報酬を請求できるとした。

　仲立人の報酬は当事者「双方が平分して」(半額ずつ)負担することになる(550条2項)。この規定は当事者間の内部的な分担割合を定める趣旨ではなく、仲立人に依頼しなかった契約当事者に対しても仲立人が報酬を請求できる旨を定めている。その理由は仲立人は委託者でない相手方にも公平に利益を図るべきとされ、**媒介の利益**が委託者でない相手方にも及んでいるためである。

　ところで、この規定が民事仲立人に適用あるいは類推適用されるかどうか、については争いがある。この点、判例(最判昭44・6・26民集23巻7号1264頁)は宅地建物取引業者が兵庫県から県営住宅団地造成用地を確保するため土地の売買契約の委託を受けた事案で、「相手方当事者のためにする意思」をもって媒介を行っていた場合、すなわち、事務管理が成立している場合には512条により報酬請求権が認められる余地があるとした(ただし、結論としては550条の類推適用も否定し、宅建業者敗訴)。しかし、そのような基準は曖昧であるとの批判も強い。

4　仲立人の給付受領権限

　別段の意思表示や慣習がない限り、仲立人はその媒介行為につき「当事者のために」支払その他の給付を受領する権限がない(544条)。ただし、自己の氏名等を黙秘するように命じた当事者は、仲立人に給付受領権限を与えたものと解される。

§2　問屋・準問屋

> **トピック**
>
> 　ビジネスを仲介するさまざまな業種のなかでも，流通の専門業者や証券会社のような「**取次**」業者のことを**問屋**（といや）と呼んでいる。衣料メーカー等の製品の製造業者にとって，そのような流通の専門家を通した方が迅速かつ安いコストで製品を販売できることが多い。それらの業者に対する規制にはどのような特徴があるのだろうか。最近「証券会社の経営破綻」がよくニュースになっているが，商法の問屋規制ではどのような議論があるのだろうか。

1　問屋の経済的機能とその具体例

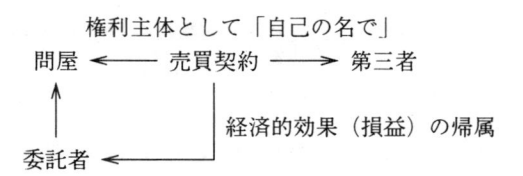

```
              権利主体として「自己の名で」
  問屋 ←─── 売買契約 ───→ 第三者
   ↑           経済的効果（損益）の帰属
  委託者 ←────────
```

　問屋とは自己の名をもって他人のために**物品**の販売または買入（売買）を業とする者をいう（551条）。「自己の名をもって」とは自分が直接法律行為の当事者になり，その行為から生じる権利義務の**主体**になることをいう。「他人（委託者）のために」とは，他人の計算においてすることであり，行為の経済的**効果**（損益）が他人に帰属することをいう。

　問屋は仲立人と同じく商人の補助機関といった立場にある。問屋は取次業者の1つで，委託者による物品の販売または買入の依頼を引き受けることによって手数料の取得を業務とする商人である（委託者は商人でなくてもよい）。この物品には通常の動産のみならず，有価証券も含まれるが（最判昭32・5・30民集11巻5号854頁），不動産は含まれないと解されている。なお，俗に卸売商のことを問屋（とんや）と呼ぶが，卸売商は取次業者でなく，自己の名で自己の計算で取引を行う自己商であるから，ここにいう商法上の問屋ではない。

問屋営業の経済的機能・存在意義としては、商人側からすると問屋を利用することで、①支店設置にかかる費用の節約や使用人・代理商による権限濫用の危険を免れることができ（とくに遠隔地では）、②問屋の専門家としての信用・知識・経験等を利用でき、③問屋から金融（資金的な融通）を受けることもでき、④自己を相手方に知られなくて済む。また問屋の相手方からしても、⑤委託者の信用・代理権の有無等といった調査をしなくても、安全・迅速に取引できるといったメリットが期待できる。

問屋の典型例は従来、証券会社（そのブローカー業務）や商品取引員といった取引所市場と投資家の注文取次業者であるとされてきている。

【取次と代理の異同】

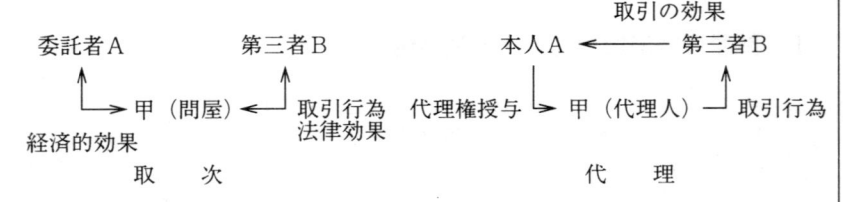

```
                                              取引の効果
  委託者A        第三者B           本人A ←──── 第三者B
       ↘       ↗                   ↑
        → 甲（問屋）─┘ 取引行為    代理権授与└→ 甲（代理人）─┘ 取引行為
                      法律効果
  経済的効果
            取　　次                            代　　理
```

取次とは、前述のように「自己の名で他人のために」法律行為をすると、その経済的効果が委託者に帰属することをいう。これに対して、代理とは代理人が本人から与えられた代理権にもとづいて「本人の名で」法律行為をすると、その法律的効果が本人に帰属することをいう。したがって、両者は法律上は全く別のものである。しかし、経済的実質ないし内部関係だけ見ると、代理と問屋の取次は類似する。そのため問屋は「**間接代理**」と呼ばれることがあり、委任の規定が適用され、代理の規定が準用されている（552条2項）。

なお、仲立（なかだち）の場合は、法律行為の成立する当事者間の間で「単に媒介」することをいう。

【証券会社と問屋】

証券会社は問屋の典型例とされることが多い。しかし、証券会社については以下個別に見ていくように証券取引法による規制が中心であり、証取法は多くの商法規定の適用を排除している。また、証券業務にしてもまずは証取法にもとづく厳しい登録要件を満たさなければ開業できず（証取法28条）（平成10年の証取法

改正で免許制から登録制へ移行），その後も自己資本規制比率による財務要件や帳簿記録要件等といった包括的な規制が課されている。そのように厳しい規制がされるのは証券会社が通常の事業会社とは異なり，社会公益性を有するためである。

商法の商行為法の問屋の分野を学習する際には「商法の原則と証取法の例外」を押さえることが重要ポイントになるが，実務上証券会社にとっては証取法の規制が中心となっており，原則と例外は逆転している。そこで，証券会社を商法上の問屋と位置づけることは有害無益であるというかなり説得力を有する指摘がある（市場法論）。また，証券会社は国民経済的重要性を持つ証券市場（マーケット）を担う高い公益性を有する点で私法上の存在として位置づけてよいのか，証券会社の取次（ブローカー）業務はその業務のうちの一部にすぎず，証券会社全体を問屋として商法の適用を論じてよいのか，といった強い疑問もある（商品取引員も同様）。

なお，証取法の主目的は従来投資家保護にあるとされてきたが，近時は証券（流通）市場における公正な価格機能の確保にあるとする市場法論が，学説上もきわめて有力になってきている。証取法の規制内容は①証券市場（流通市場・発行市場）の仕組み規制と②証券市場を担う証券会社規制のみならず，③有価証券報告書・大量株式保有報告書の提出義務といった企業内容の情報開示（ディスクロージャー）規制，④インサイダー（内部者）取引の禁止・相場操縦規制・企業買収（M＆A）に関する株式公開買付（TOB）規制といった不正行為規制，⑤市場監視機関（証券取引等監視委員会・証券取引所・証券業協会）の整備，⑥証券会社が経営破綻した場合の市場機能の確保（投資者保護基金制度），といった証券市場の成立条件を整備するためのきわめて多様な規制を含むものである。

2　問屋と委託者間の関係（内部関係）

(1)　問屋契約の締結と勧誘行為の規制

問屋のなかでも，とくに証券会社が顧客に株式・社債等の購入を勧誘する際には，証取法による厳しい規制がある。なかでも注意すべき点は5つある。第1に，顧客に対する誠実・公正義務である（証取法33条，商取法では136条の17）。第2に，適合性ルールであり，証券会社ないしその従業員は知識・経験・財産状況から見て，証券取引から生じるリスクに適合せず，自己責任を負担できな

いような顧客を勧誘してはならない（証取法43条，商取法では136条の25）。第3に，説明義務であり，証券会社が顧客を勧誘する際にはその投資リスクを十分に説明し，認識させなければならない。第4に，断定的判断の提供の禁止であり，証券会社は「必ず・絶対儲かる」等の断定的判断による勧誘をしてはならない（証取法42条，商取法では94条）。そして第5に，後述する利益を保証した勧誘・事後的な損失補塡の禁止である（証取法42条の2）。

(2) 問屋の委託者に対する義務・責任

(a) 善管注意義務　問屋と委託者との関係は委任であるため，問屋は受任者として「善良な管理者の注意」により委託者のために事務を処理する義務を負う（552条2項，民644条）。

(b) 指値（さしね）遵守義務　物品の価格は売買をする際の最も重要な要素である。そこで，委託者が物品の販売や買入について指値（何円で売るとか，買うといった特定の価格についての指示）をしたとき，問屋はそれに従わなければならない。しかし，問屋が自らその差額を負担すれば委託者に不利益とならず，その目的を達せられるため，その売買は効力を生じ，委託者はその結果の引受を拒否できない（554条）。

【指値注文・計らい注文・成行注文】

委託者による価格の指定方法は以下の3つに分かれる。①指値注文とは，上述したように委託者が「特定の価格を指定」するものである。指値注文は買う場合は時価よりも低く，売る場合は時価よりも高く価格を設定するのが普通である。思った値段で売買できる反面，売買が成立しにくいという欠点がある。②計（はか）らい注文とは，委託者が指値を基準に「多少の幅を持たせた価格帯（値幅）」での売買を指定するものであり，幅がある分だけ①の指値注文より売買が成立しやすい。③成行（なりゆき）注文とは，特定の価格を「指定せず」，市場価格（委託時か一定時期の）に従って売買を委託するものである。①や②のような注文方法よりも委託が成立する可能性が高い反面，委託者が予想しないような不利な価格で売買されるおそれもある。

【指値遵守義務に違反した場合の差額塡補と損失補塡】

委託者から指値注文があれば，善管注意義務にもとづいて問屋はその指値を遵

守しなければならない。しかし，このような指値遵守義務に違反したことにより委託者に損害を負わせた場合，554条は問屋の指値違反責任を免除するものではなく，問屋はこれを賠償しなければならない。ただし，指値遵守義務に違反する場合，委託者から問屋に差額負担を求める権利はなく，問屋が差額を負担しないとき委託者としてはその売買が委託したものでないとするほかはない。

なお，証券会社が投資家の株価下落による損失を，自己の負担によって補塡することは禁止されている（証取法42条の2）。損失補塡の禁止規定は平成元年前後に発覚した証券会社による「金融スキャンダルないし証券不祥事」を契機として新設され，違反した証券会社ないしその従業員には刑事罰や行政処分が課せられ，利益も没収されるほか，補塡を要求した顧客も厳しく罰せられる。証券会社による損失補塡が禁止された立法理由としては，①証券市場における価格形成機能の阻害すること，②投資家の不平等・不信感を招くこと等が挙げられている。しかし，より本質的な理由としては損失補塡が証券会社が証券市場で決められた価格を遵守して顧客と取引せず，市場機能を阻害することに求められるべきであり，証券会社の損失補塡は証取法改正以前から存在する損失保証禁止・包括的詐欺禁止規定に違反する可能性が高い。

【逆指値とその許否】

逆指値注文（逆注）とは有価証券の市場価格が上昇し，自己の指値（指定価格）以上になれば直ちに買付ないし購入し，また相場が下落し，自己の指値以下になれば直ちに売付ないし売却するよう委託することである。逆指値注文は市場の人気に乗る手法であるが，公正な相場形成を妨げるおそれがあるとして政令による制限が予定されている（証取法162条1項2号）。

(c) **通知義務**　問屋は売買を行ったときは，「そのつど」売買契約の履行行為が結了する以前でも，委託者の請求をまたないで，通知（売買の内容・時期・相手方等）をしなければならない（557条・47条）。これは民法の委任状況の報告に関する規定（民645条）を強化したものであり，商取引の迅速性によるものである。なお，証券会社・商品取引員には取引成立時に遅滞なく取引報告書を顧客に作成・交付する義務がある（証取法41条，商取法95条）。

(d) **履行担保責任**　問屋は委託者のために行った販売や買入について，相手方が問屋に対して負担している債務を履行しないときは，別に意思表示や慣

習がない限り，委託者に対して**自ら履行を担保**すべき責任を負う（553条）。委託者は相手方と直接の法律関係になく，相手から救済を受けにくい委託者を保護し，問屋制度の信頼維持を図っている。保証債務に似た「法定の**特別担保責任**」であるが，立法論的にはかかる重い責任を問屋に課すのは疑問とする見解もある。

(3) 問屋の権利

(a) 報酬・費用償還請求権　問屋は商人であるから，委託者のために行った販売や買入について，相当の報酬を請求でき（512条），必要な費用の前払も請求できる（民649条）。また，必要な費用の立替をしたときは，その立替金とその利息の償還を請求できる（513条2項・514条）。

(b) 留置権　問屋は委託者のための物品の販売や買入から生じた債務が弁済期にあるときは，別段の意思表示のない限り，その弁済を受けるまで委託者のために占有する物や有価証券を留置できる（557条・51条）。この規定は企業の信用取引の円滑安全を図り，さらに，問屋と委託者との委任関係が継続的であることから問屋を保護することを目的としている。

(c) 供託・競売権　①買入の委託者が問屋の買い入れた物品の受取を拒んだり（受領**拒絶**），②受け取ることができないとき（受領**不能**），問屋はその物品を供託するか，相当の期間を定めて催告をした後に競売できる（556条・524条）。買入委託の場合，問屋は「商事売買の売主」に似た立場に置かれることから問屋を保護することを目的としている（商事売買の項を参照）。

(d) 介入権　問屋は取引所の**相場**のある物品の販売や買入の委託を受けたときは，自ら買主や売主になるという介入権が認められている（555条）。その理由は，問屋が自ら委託者の相手方となると委託者の利益が害されるおそれがあるが，客観的な相場がある物品が，その相場で販売や買い入れされるならば売買が公正に行われたという保証があり，委託者の利益は害されることがないからである。介入権は**形成権**であり，問屋が委託者に介入を通知することにより行使され，通知到達で効果が生じる。介入価格は介入意思を表示したときの相場による（555条1項後段）。介入権行使で問屋と委託者の間には売買契約が成立するから，問屋は委託者に売主または買主としての権利義務を有し，報酬や費用償還の請求もできる（555条2項）。

【問屋の介入権と呑み（ノミ）行為規制】
　証券会社・商品取引員が取引所における買付や売付を委託された場合，自らその相手となることは禁止されており（ノミ行為の禁止），問屋が介入権を行使することは許されない（証取法129条，商取法93条）。その理由は第1に，委託者である投資家の利益を害するおそれがあることである。証券会社等はディーラー（自己売買）業務を兼ねていることも多いため，自己が安く取得した証券を顧客に高く売りつけるという犯罪が多く見られる。そして第2に，投資家の注文が市場価格に反映しないため，市場の公正な価格形成機能が阻害されるからである。

(4)　問屋による販売・買入委託の実行と法律関係
　問屋を巡る関係は問屋・相手方（第三者）・委託者相互に問題となる。
(a)　問屋と相手方（第三者）との関係　　問屋は委託者のためとはいえ，「自己の名で」売買を行うため，自ら相手方に対し通常の売主または買主として権利義務を負う（552条1項）。
(b)　委託者と問屋の相手方との関係　　委託者と問屋の相手方との間には直接の法律関係は生じない。これは相手方が委託者を知るか，または問屋が相手方に委託者の存在を告げたとしても同様である。
(c)　問屋と委託者との関係　　問屋と委託者との法律関係は**委任**であるから，委任および代理に関する規定を準用すると規定している（552条2項）。これは委任の規定を適用し，代理の規定を準用するという趣旨とされる（最判昭31・10・12民集10巻10号1260頁）。

【商法552条2項で「代理規定が準用」されている理由と代理規定を巡る主要な問題】
　問屋と委託者の「内部関係」には代理に関する規定が特に準用される。その理由は問屋と委託者との関係では物品の売買が委託者の計算でなされるという経済的実質から，特別の権利移転手続なく，売買の効果は委託者に帰属すると考えられるためである。その実質から前述したように問屋は間接代理とも呼ばれている。そこで，問屋と委託者の内部関係には「民法99条の準用」が認められ，問屋の取

得した権利は移転行為がなくても委託者に移転する（外部関係はそうではない）。

　他方，問屋がさらに「別の問屋に**再委託**」した場合に代理に関する規定である民法107条2項（復代理人も本人に直接義務を負うとする）が準用され，初めの委託者が再委託された問屋に直接権利を主張できるかどうかについては争いがある。問題となった事案は，青果物販売業者Xが問屋A（青果食品市場）に西瓜の販売を委託したが，誤配によりたまたま別の問屋Y（卸売市場）に再委託され，そのまま販売されたとき，XがYに直接代金の支払を求めたが，YはすでにAに代金を払ったと主張したものである。判例（前掲最判昭31・10・12）は民法107条2項の準用を否定し，Xの主張を退けている。直接請求を認めると再委託者と問屋間，問屋と委託者間の信頼関係が阻害されるためである。ただし，多数説によれば問屋の再委託自体は可能とされており，民法104条・105条の準用は認められている。

　また，問屋が委託者に無断で取引をした場合の効力も問題になっている。判例（最判昭49・10・15金法744巻30頁）は商品取引所の取引員Aの外務員Yが委託者Xに無断で取引をしたためXが得られるはずの利益を請求した事案で，取引自体は有効であると述べる一方で，委託者Xは問屋契約の債務不履行により取引員A（無資力と認定済）に対して損害賠償を請求できるのみならず，外務員Yへも不法行為により賠償請求できるとして，委託者の救済を図っている。しかし，「取引有効説は市場の不正な価格形成を招く」とする無効説も有力である。

3　問屋の破産と委託者の保護

　問屋を巡る関係は前述したように「法形式的関係と経済実質的関係に乖離」するため，ときに矛盾ないしひずみが生じる。その最大のケースが問屋が破産した場合であり，委託者をどのように保護するのかが問題となる。

(1)　販売委託の場合

　問屋が委託者から販売を委託され，物品の引渡を受けたとしても所有権自体は委託者が留保し，問屋はその物品の処分権を持つにすぎないから，問屋が破産した場合でも委託者は所有権にもとづいて物品を取り戻すことができる（破87条）。これを**取戻権**と呼ぶ。販売後，相手方が代金を支払っていないときにはその代金債権についても委託者に代償的取戻権（破91条）が認められる。

(2)　買入委託の場合

逆に問屋が**買入**を委託された場合，問屋はその目的物について第三者と売買契約を締結し，その所有権や債権を取得する。そのとき問屋と委託者との間には上述したように代理に関する規定が準用されるため，目的物は委託者に帰属すべきであるが，この規定は委託者と問屋の債権者との間に生ずるのではなく，委託者に債権や所有物の取戻権は認められないとするのが従来の通説となっていた。すなわち，法律形式的には問屋が委託の実行として買い入れた目的物は買主である問屋の所有に帰するが，その買入は委託者の計算で行ったものであるから，経済実質的には委託者に移転されるべきものである。そこで，委託の実行として問屋が買い入れた目的物（買入物品）を委託者に移転する前に問屋が破産した場合，委託者が取戻権を有するかどうかについては，大きな論点となっている。

伝統的な通説は法律形式を重視して，すでに述べたように「**取戻権否定説**」に立ち，買入物品は問屋の破産財団に属し，第三者異議の訴え（民執38条）も起こせないとする。これに対して，近時の多数説はむしろ「**取戻権肯定説**」を採っている。最高裁判例も証券会社が破産した事例で肯定説を採用して注目された（最判昭43・7・11民集22巻7号1462頁）。しかし，判例の論拠は明確でなかったため，次のようなさまざまな学説が展開されている。すなわち，肯定説としては，①552条2項の問屋には問屋自身のみならず問屋の債権者も含まれると解して，問屋の債権者に対しても特別の移転行為がなくても委託者の権利であるとする説（**内部関係拡張説**），②取戻権は問屋の破産の場合，実質的な利益状態にもとづいて認められるから，委託者は実質上自己に属する権利について取戻権を行使できるとする説（**実質説**），③問屋の債権者は問屋の人格の延長または問屋と一体をなすものと認める説（**人格延長説**），④取次と信託の類似性から問屋が委託者の計算で取得した権利は相手方との関係と同様に問屋の債権者との関係でも問屋に帰属するが，委託者への譲渡前には当該実行行為に起因しない問屋に対する一般債権の責任財産を構成しないとする説（**信託説**）などがある。

しかし，これらの説に対しては伝統的通説から強い**再批判**があり（文言解釈上の困難性，問屋を利用する制度的危険であるとして過度に委託者は保護すべきでない等），立法的解決が必要とされている。一方，このように問屋法理の原則

を維持する以上，委託者の救済は常に可能とはいえない。そこで最近では，そもそも問屋法理以外の一般法理により委託者の権利を認めるべきとする主張も有力である。その1つは前述した証券会社を商法上の問屋と位置づけず，問屋法理の束縛から解放し，投資家のものは投資家のものであるのは当然とする市場法論である。

【問屋の破産と委託者の取戻権】

```
┌ 伝統的通説      →否定説（消極説）
├ 近時の多数説・判例→肯定説（積極説）   ┌ ①内部関係拡張説
│                  問屋法理の解決    ├ ②実質説
│                  を目指す         ├ ③人格延長説
│                                 └ ④信託説
└ 近時の有力説 ─── 問屋法理以外の一般法理により，肯定する説（市場法論）
```

なお，買入を委託されて問屋法理の原則により（552条1項），いったん問屋が物品の所有権を取得するとしても，委託者が救済されるケースもある。まず第1に，破産前に問屋から委託者への「所有権移転の合意と対抗要件の具備」があれば，委託者はこれを取り戻すことができる。この対抗要件としての引渡は現実の引渡（民182条1項）のみならず，「占有改定（民183条）」でもよい。そのため，問屋が買入物品の所有権を取得する以前に，将来買い入れるべき物品についてあらかじめ所有権移転の合意と占有改定の意思表示をすること（いわゆる先行的占有改定）も可能である。また第2に，問屋が買入物品の所有権を取得した後の「所有権の移転，占有改定」は問屋の債務の履行行為であるから（552条2項，民646条），問屋は**自己契約**により買入物品の所有権を委託者に移転することもできる（民108条但書）。

【証券会社・商品取引員の顧客資産の分別保管（管理）義務】

問屋の典型例とされる証券会社・商品取引員には，それぞれ証券会社等自身の資産と顧客から預託されている資産（有価証券・現金等）の「**分別保管（管理）義務**」が課されている（平成10年改正証取法47条，商品取引所法92条の2）。これは証券会社等が経営破綻した場合でも，顧客資産が一般債権者の手に移るのを避け，取戻権の前提となる顧客所有権の特定性を明確にするものである。とくに証券会社の預託金銭（顧客分別金と呼ぶ）については厳しく，外部の信託会社等

に信託する義務がある。しかし，それでも実際には分別保管義務違反の事例が多く見られ，証券会社等が経営破綻すると顧客資産は「不正に流用される危険」が非常に高い。そこで，証券会社等に対する証券取引等監視委員会・自主規制機関（証券業協会・証券取引所）による厳しい監督，自己資本規制比率の遵守等が重要になるとともに，平成10年改正証取法はそのような場合一定額の補償を実施する**投資者保護基金**（証券版預金保険機構）を創設し，証券市場における価格形成機能の確保を図っている（証取法79条の20以下）。証券市場の国民経済的役割がきわめて重要であるためである。

```
             ┌→ 経営破綻のリスク
証券会社 ┬─ 証券会社自身の資産      →自己資本規制比率の遵守
         └─ 顧客から預かっている資産
                 └─ 分別義務 ┬─ 有価証券→明確に分離←不正流用のとき投資者保
                             │                    護基金が補償
                             └─ 分別金  →外部の信託会社へ分離して保護
```

4　準問屋

　自己の名をもって他人のために「販売または買入」以外の行為を行とする者を準問屋という。準問屋には問屋に関する規定が準用される（558条）。準問屋の例としては，ホテル宿泊を取次ぐ旅行業者，新聞社の発行する新聞，雑誌，テレビの広告の取次を依頼者のために自己の名で引き受ける業者等がある。物品以外の販売または買入の取次についても明文の規定はないが，問屋の規定が準用される。なお，物品運送の取扱人については，別の章を参照（559条以下）。

§3 運送取引

> **トピック**
>
> わが国の経済は、海外から輸入した原材料を加工して、その加工品を船舶等で輸出することによって発展してきた。また今日では、毎年数百万人もの人々が日本と海外との間を航空機等を利用して短時間で往来している。このようにモノやヒトを運ぶのが運送であり、運送の発達がなければ、今日の私達の生活は成り立ちえない。

1 運送取引の意義と態様

(1) 運送取引の意義と機能

運送とは、物または人をある場所より他の場所へ移動させることをいい、この物または人の場所的移動を目的とする営業を運送営業という。運送に関する行為は営業として行われるときは商行為であり（502条4号）、運送人は業として運送を引き受けるものであるから商人となる（4条1項）。

運送業は、倉庫業とともに物流の基本をなす営業であり、両者は共通の経済的機能を有している。すなわち、運送業は商品の価格の低い場所から高い場所へ空間的に移動することにより動的に商品の価値を高めるのに対し、倉庫業は価格の低い時から高い時まで時間的に商品を待機させることにより静的に商品の価値を高めるものである。商品がメーカーから消費者の手に届くまでに、運送業者や倉庫業者が商品を運送・保管するのが通例であり、両者は実際上も密接な関係にあるから、運送業と倉庫業を兼ねる業者も少なくない。また、運送中または保管中の商品が有価証券（運送証券や倉庫証券など）と結合して流通し、金融の途を開いて商品流通の簡易化を図るなど共通するところが多い。

(2) 運送取引の態様

運送は、その対象により**物品運送**と**旅客運送**に分かれ、またその行われる地域により**陸上運送・海上運送・航空運送**に分かれる。商法は、陸上運送（湖

川・港湾における運送を含む。569条）を「第3編　商行為　第8章　運送営業」に，海上運送を「第4編　海商　第3章　運送」にそれぞれ規定している。陸上運送のうち，鉄道または軌道（原則として道路に敷設する施設）によるものは，鉄道営業法・鉄道運輸規程・軌道法・軌道運輸規程の適用を受け，商法の適用される余地は少ない。海上運送の分野では，別に国際海上物品運送法があり，船舶による物品運送で船積港または陸揚港が本邦外にあるものについては同法が適用される（国際海運1条）。国内航空運送に関しては特別の私法法規が存在しないが，国際航空運送は，1955年ヘーグ改正ワルソー条約（1955年にヘーグで改正された1929年ワルソー条約）およびそれに依拠する運送約款による規制に委ねられている。

　運送取引に関する商法の規定は，明治32年の制定当時のままであるため，めざましい発展を続ける現代の運送取引には時代遅れの内容となっている。たとえば，前述のように，近時ますます重要性を高めている航空運送に関する私法規制は，ワルソー条約を除き，商法には存在しないし，またコンテナ輸送の発展により飛躍的にその重要性を増した陸・海・空の**複合運送**についても特別の私法規制が存在しない。したがって，このような立法上の不備をいかに克服するかということが，運送取引規制の今後の重要課題とされている。

　以下では，2において陸上運送に関する商法の規制について説明し，3では海上運送に関する商法および国際海上物品運送法の規制を説明することにする。

【運送取引の態様と適用法規】

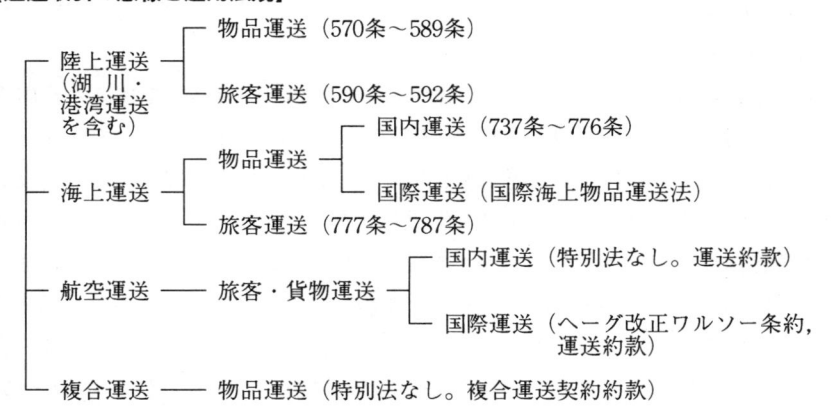

- 陸上運送（湖川・港湾運送を含む）
  - 物品運送（570条〜589条）
  - 旅客運送（590条〜592条）
- 海上運送
  - 物品運送
    - 国内運送（737条〜776条）
    - 国際運送（国際海上物品運送法）
  - 旅客運送（777条〜787条）
- 航空運送 ── 旅客・貨物運送
  - 国内運送（特別法なし。運送約款）
  - 国際運送（ヘーグ改正ワルソー条約，運送約款）
- 複合運送 ── 物品運送（特別法なし。複合運送契約約款）

【複合運送契約の意義と複合運送人の責任】
　複合運送契約とは，単一の運送人（複合運送人）が異なる運送手段（トラック・鉄道・船舶・航空機など）を組み合わせて出発地から目的地までの全運送区間を自己の責任において引き受ける物品運送の契約をいう。従来，荷送人は運送手段ごとにおのおのの運送人とそれぞれ別個に運送契約を締結しなければならなかったが，複合運送契約では，単一の複合運送人とだけ単一の契約を締結すれば，出発地から目的地までの一貫した運送が可能となることから，現代における最も重要な運送形態であるとされる。
　もっとも，現行の運送取引規制は，原則として運送手段ごとに別々の内容となっており，異なる運送手段を組み合わせた複合運送契約そのものを直接に規律する私法法規は存在しない。したがって，複合運送契約については，商法等の運送法規定および民法の関係規定が準用ないし類推適用されるほか，原則として複合運送契約上の合意によって決定される。実際に利用されている複合運送契約約款では，複合運送人の責任は過失が推定された過失責任原則としたうえで，免責事由・責任制限については，当該運送品の損害が発生した運送区間に適用されるべき運送法規制に従う旨を定めるものが多い（いわゆるネットワーク責任）。これに対し，1980年国連国際複合運送条約は，原則として全運送区間において単一の統一的な責任規制を採用するが（いわゆるユニフォーム責任），未だ発効していない。

2　陸上運送

(1)　物品運送契約

　物品運送契約とは，運送人がその保管のもとに物品の運送をなすことを引き受ける契約をいう。物品運送契約の当事者は，物品の運送を委託する「**荷送人**」と，これを引き受ける「**運送人**」である。到達地において運送品の引渡を受けるものを「**荷受人**」というが，荷受人は運送契約の当事者ではない。物品運送契約は，物品の運送という仕事の完成を目的とする請負契約（民632条）の一種に属するが，商法で運送に関する詳細な規定を置いているので，民法の請負の規定を適用する余地はほとんどない。また，その法的性質は有償・諾成・不要式の契約であるが，実際上は運送契約に際して荷送人が運送状を作成

するのが通例であるし，運送人が貨物引換証を発行することもあるが，これらは運送契約の成立要件ではない。

【物品運送契約の関係者】

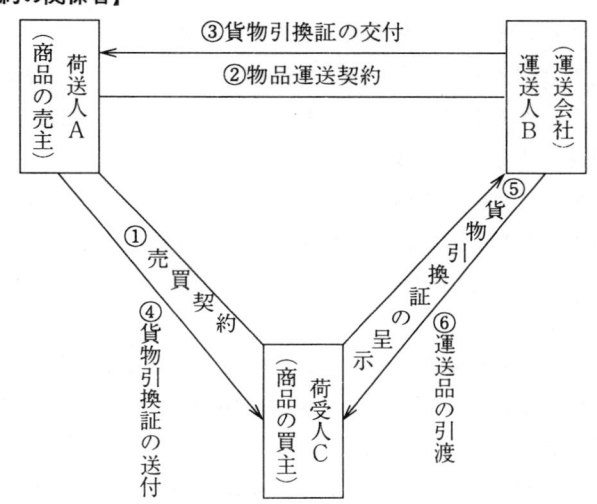

荷送人A（商品の売主）
運送人B（運送会社）
荷受人C（商品の買主）

① 売買契約
② 物品運送契約
③ 貨物引換証の交付
④ 貨物引換証の送付
⑤ 貨物引換証の呈示
⑥ 運送品の引渡

(2) 運送人の権利

(a) **運送状交付請求権**　運送人は，荷送人に対して，**運送状**を交付することを請求できる（570条）。運送状は実務では**送り状**とも呼ばれている。運送状は，運送人に対し運送品の種類・到達地等の契約内容を知らせ，また荷受人に荷送品と到着品の同一性を確認させるために，荷送人が作成する証拠証券である。運送人は不完全な運送状の記載に従って運送品を扱った結果，運送品を毀損・滅失しても，運送状を根拠に損害賠償責任を負わない旨を主張できるし，さらに，それによって自ら被った損害の賠償を荷送人に請求できる。

(b) **運送賃および費用請求権**　運送人は，特約がなくとも，運送という仕事を完成したときは，その報酬として相当の運送賃を請求できる（512条）。もっとも，運送品の全部または一部が「不可抗力」により滅失した場所には，運送人は運送賃を請求することができず，すでに運送賃を受け取っているときはこれを返還しなければならない（576条1項）。ここにいう「不可抗力」とは，運送人および荷送人の運送契約の当事者のいずれの責にも帰すことのできない事情（民536条参照）をいうものと一般に解されている。これに対し，運送品が

その性質上の理由や瑕疵または荷送人の過失によって滅失した場合には、運送賃の全額を請求することができる（576条2項）。

また、運送人が荷送人に対し、費用（保険料・保管料・梱包費など）を立て替えたときは、当然にその費用を償還することができる。

(c) 運送賃等の留置権・先取特権　運送人は、運送賃・立替金・前貸金について、その支払があるまで運送品に対して留置権を有し（589条・562条）、運輸の先取特権を有する（民318条）。

(d) 運送品の供託権・競売権　荷受人を確知することができない場合、ならびに、数量不足や物品の相違等の理由により運送品の引渡に関して争いがある場合には、運送人は、運送品を供託しまたは競売することができる（585条・586条）。

(e) 運送人の債権の消滅時効　運送人の荷送人または荷受人に対する債権は、1年の短期時効により消滅する（589条・567条）。

(3) 運送人の義務

(a) 貨物引換証交付義務　運送人は、荷送人の請求に応じて**貨物引換証**を交付しなければならない（571条1項）。貨物引換証券が発行されたときは、貨物引換証の所持人が運送品の引渡請求権を有するので、運送人は貨物引換証の所持人に対して運送品を引き渡さなければならない（584条）。これに対し、貨物引換証が発行されない場合には、運送品が目的地に到着した後は荷受人が運送契約によって生じた荷送人の権利を取得するので（583条1項）、運送人は荷受人の請求に応じて運送品を引き渡さなければならない。貨物引換証については後述する。

(b) 荷送人等の指図に従う義務　荷送人または貨物引換証の所持人は、運送人に対して、運送の中止、運送品の返還、その他の処分を請求することができる（582条1項前段）。このような指図をなす権利を指図権または運送品処分権という。これは、市場の景況や買主の信用状態の変化等に対処するために、荷送人等の利益を考慮して認められたものである。運送人は、かかる指図に従う義務を負っているが、運送人がその指図に従い運送品を処分したときは、既になした運送の割合に応じた割合運送賃、立替金およびその処分に要した費用の弁済を請求することができる（582条1項後段）。

(4) 運送人の損害賠償責任

(a) **責任原因**　運送人は，運送契約の本旨に従って，運送品を滅失・毀損することなく，指定された期日に荷受人に届ける債務を負う。運送人がこれに違反するときは，債務不履行にもとづく損害賠償責任（民415条）を負うことになるが，商法は運送人の損害賠償責任につき特則を定めている。すなわち，運送人は，自己または履行補助者（運送取扱人，使用人等）が，運送品の受取・引渡・保管および運送に関して注意を怠らなかったことを証明するのでなければ，運送品の滅失・毀損または延着につき損害賠償の責任を免れることができない（577条）。この特則によると，①運送人は自己の故意・過失についてのみならず，履行補助者の故意・過失についても責任を負い，また，②運送人が責任を免れるためには，自己および履行補助者の無過失を立証しなければならず，立証責任の転換がはかられている。上記の2点は，民法415条の解釈でも認められているが，文言上は明記されていない。これに対し，商法577条は，運送品の滅失・毀損につき不可抗力以外は責任を負うとしていたローマ法上のレセプツム責任に由来することから，上記2点を明文化したものとされている。

なお，運送品の滅失とは，物理的滅失のほか，紛失，盗難，無権利者への譲渡などの引渡不能の場合を含み，延着とは，特約または慣習により定められた時期より遅延して到着することをいう。

【債務不履行責任と不法行為責任との関係】

運送人が自己または使用人の故意・過失により運送品に損害を与え，その損害を被った者が運送契約の相手方（荷送人）である場合には，577条の定める運送契約上の債務不履行にもとづく損害賠償請求権のほかに，不法行為にもとづく損害賠償請求権も発生する余地がある。この問題については，同一の事実が債務不履行責任と不法行為責任のそれぞれの要件をみたすときは，相手方はいずれの責任をも追及できるとする考え方（**請求権競合説**）と，債務不履行責任が成立する場合には不法行為責任は排斥されるとする考え方（**法条競合説**ないし**非競合説**）とが対立している。通説・判例は請求権の競合を認めている（最判昭38・11・5民集17巻11号1510頁）。

(b) **損害賠償額**　(i) 滅失・毀損の場合　　580条は，一般の債務不履行

責任の場合（民416条）とは異なり，運送人の賠償額の範囲を一定限度に定型化している。その立法趣旨は，大量の運送品を取り扱う運送人を保護し，かつ，賠償額の範囲の画一化により紛争を防止することにある。

運送品の全部滅失の場合には，運送品が荷受人に引き渡されるべきであった日における到達地の価格により（580条1項），一部滅失または毀損の場合には，実際に運送品が荷受人に引き渡された日における到達地の価格により（同条2項），一部滅失または毀損と延着が重なったときは，荷受人に引き渡されるべきであった日における到達地の価格により（580条2項但書・580条1項）定められる。ただし，運送品の滅失・毀損によって荷受人または荷送人が支払うことを免れた運送賃その他の費用は，運送人の賠償額から控除される（同条3項）。実際の損害額が580条の定める額を超える場合でも，運送人の責任はこの法定額に制限されるが，その均衡として，実損害が法定額を下回る場合でも，運送人は法定額の賠償責任を負うものと解されている。

運送人に悪意または重過失がある場合には，運送人保護の趣旨を貫く必要がないから，580条による賠償額の制限は適用されない。したがって，運送人は，一般原則に従って実際に生じた一切の損害を賠償しなければならない（581条）。運送人の履行補助者に悪意・重過失がある場合も同様である。運送人またはその履行補助者の悪意・重過失については，賠償請求者の側に立証責任がある。ここにいう重過失とは「ほとんど故意に近似する注意欠如の状態」をさすものと解するのが通説である。

(ii) 延着の場合　運送品が一部滅失または毀損をすることなく，単に延着したにすぎない場合については，商法に規定がない。580条2項但書は，運送品の一部滅失・毀損と延着とが重なった場合に関する同項本文を受けた規定である。したがって，運送人は民法の一般原則に従って一切の損害を賠償しなければならない。

(c) 高価品に関する特則　上記(a)および(b)で述べたことは，運送人の損害賠償責任に関する原則である。これに対し，運送品が貨幣・有価証券その他の高価品である場合には，荷送人が運送を委託するにあたり運送品の種類および価額を明告しなかったときは，運送人は普通の運送品としての損害賠償責任も負わない（578条）。高価品は普通の運送品に比べて毀損の危険が大きく，損害

額も巨額にのぼるにもかかわらず，高価品であることの明告がないと，運送人はその危険に見合った割増運送賃を請求することもできないし，それ相当の特別の注意を払うこともできないのに，結果的に高額の損害賠償を運送人に課するのは不公平だからである。ここで**高価品**とは，容積または重量の割に著しく高価な物品をいうが（最判昭45・4・21判時593号87頁），その判断は困難な場合も少なくないため，実際には運送約款などで高価品の範囲を具体的に定めている。

運送品の価額が明告された場合でも，それが直ちに賠償額となるのではなく，実損害が明告された価額よりも低い場合は，運送人は実際の価格と損害を立証して，実損害の賠償をすれば足りる。これに対し，荷主は明告された価額に拘束され，たとえ実損害が明告された価額より高くても，明告された価額以上の賠償を請求することはできない。というのも，価額を明告する趣旨は，運送人に賠償の最高限度額を予知させることにあるからである。

明告はなかったが運送人が高価品であることを知っていた場合の賠償責任については，見解が分かれている。すなわち，①運送人の免責を否定する説，②普通の運送品としての注意を怠った場合に限り，運送人は高価品としての損害賠償責任を負うとする説，③運送人が高価品であることをたまたま知っていたとしても578条により免責されるとする説などである。

なお，578条が高価品の滅失・毀損の場合のほか延着の損害についても適用されるか否かについては争いがあるが，通説は否定的に解している。

(d) 損害賠償責任の消滅　(i) 責任の特別消滅事由　運送人の責任は，荷受人が留保をなさずに運送品を受け取り，かつ，運送賃その他の費用を支払ったときには消滅する（588条1項本文）。ただし，運送品に直ちに発見することのできない毀損や一部滅失があった場合には，荷受人が運送品の引渡の日から2週間以内に運送人に対してその通知を発したときは，運送人の責任を追及する権利を留保することができる（同条1項但書）。また，運送人に悪意があった場合には，その責任は消滅しない（同条2項）。運送取扱人の責任の時効に関する566条3項（589条により運送人に準用）および588条2項にいう「悪意」の解釈については見解が分かれている。多数説は，運送人が運送品に故意に損害を生ぜしめ，あるいは毀損または一部滅失を故意に隠蔽した場合をいうものと解するのに対し，判例は運送人が運送品に毀損・一部滅失のあること

を知って引き渡した場合をさすものと判示している（最判昭41・12・20民集20巻10号2106頁）。

(ii) **短期消滅時効** 運送人の責任は，運送人に悪意ある場合を除き，荷受人が運送品を受け取った日（全部滅失のときは受け取るべきであった日）から1年間を経過したときは時効により消滅する（589条・566条）。もっとも，運送人が悪意のときでも，その責任は商行為によって生じた債務であるから，5年の商事時効期間の経過によって消滅する（522条）。

(e) **免責約款** 運送人の損害賠償責任を定める577条は任意規定と解されているので，運送約款や貨物引換証に各種の条項を設けて，その責任を軽減または免除することも一定の範囲で認められる。このような責任の減免に関する条項を**免責約款**といい，具体的には，特定損害除外約款，賠償額制限約款，保険利益享受約款，過失約款，および不知約款などがある。海上運送や航空運送については免責約款の効力を制限する規定が設けられているが（739条，国際海運15条，ワルソー条約32条），陸上運送の場合にはこのような規定は存在しない。ただし，不当に顧客（荷主）の利益を制限すると認められる免責約款は，公序良俗や信義則などの原則に照らして無効となり，あるいはその適用範囲を制限されると解されている。

(5) **荷受人の地位**

荷受人は運送契約の当事者ではないが，運送の進行に従って運送人に対し一定の権利を取得し義務を負うことになる。

(a) **荷受人の権利** 運送品が到達地に到達する以前は，荷受人の運送人に対する権利は存在しない。したがって，この段階において運送品処分権を行使できるのは荷送人であり，運送品の全部滅失の場合の賠償請求権者も荷送人である。

次に，運送品が到達地に到達したときは，荷受人は運送契約による荷送人の権利と同一内容の権利を取得し（583条1項），運送人に対して運送品の引渡を求め，またはその他の指図をすることができる（582条1項）。もっとも，この段階では，荷送人の権利は消滅せず（582条2項参照），かつ，荷送人の権利が荷受人の権利に優先すると解されている。運送品が到達地に到達したのち荷受人がその引渡を請求したときは，荷送人の権利は消滅すると規定されている

（582条2項）。しかし，この段階でも荷送人の権利は消滅せず，荷受人の権利が荷送人の権利に優先すると解されている。というのは，運送品の引渡に関して争いがある場合，運送人は荷送人の指図を受けなければならないからである（586条1項・585条2項）。

なお，貨物引換証が発行された場合には，上記の権利はその証券所持人にのみ帰属する。

(b) **荷受人の地位の法律構成**　運送契約の当事者ではない荷受人が上記の権利を取得することについては，運送人と荷送人との間で荷受人を受益者とする**第三者のためにする契約**（民537条）が締結された結果であると一般に解されている。ただし，運送契約の特性により，荷受人の受益の意思表示を要せず，権利の取得のみならず義務をも負担する点で，通常の第三者のためにする契約とは異なる。

(c) **荷受人の義務**　荷受人が運送品を受け取ったときは，運送人に対して運送賃その他の費用の支払義務を負担する（583条2項）。荷受人がこの義務を負う場合でも，荷送人はその義務を免れない。両者の義務は不真正連帯債務となる。荷受人に対する運送人の債権も1年の時効によって消滅する（589条・567条）。

(6) **相　次　運　送**

(a) **相次運送の種類**　商取引の行われる地理的範囲が拡大してくると，数人の運送人が協力する関係が発達してくる。同一の運送品につき数人の運送人が相次いで運送する場合をひろく**相次運送**といい，これには次の4つの場合がある。①数人の運送人がそれぞれ独立して特定区間の運送を順次引き受ける場合であり，**部分運送**と呼ばれる。②1人の運送人が全区間の運送を引き受け，その全部または一部について他の運送人を下請として運送を実行させる方式であり，これを**下請運送**という。③数人の運送人が全区間の運送を引き受け，その内部において各自の担当区間を定める場合であり，これを**同一運送**という。④　これは，数人の運送人が順次に各特定区間の運送を行うが，各運送人は1通の通し運送状によって運送を各自引き継いでいく場合であり，**連帯運送**（**共同運送**）という。

以上の4つの場合について，荷送人が運送品を東京から大阪まで運送させる

場合を例にして考えてみよう。①は，荷送人が東京から名古屋までの区間は運送人Aと運送契約を締結し，名古屋から大阪までの区間は運送人Bと運送契約を結ぶ場合である。②は，荷送人が運送人Aとの間で東京から大阪までの全区間についての運送契約を締結し，Aが東京から名古屋までは自ら運送し，名古屋から大阪まではBを下請として運送を実行させるような場合である。③は，荷送人が運送人AおよびBと東京から大阪までの全区間について1つの運送契約を締結する方式である。④は，運送人Aが，荷送人との間で全区間の運送契約を締結し，東京から名古屋までの運送を自ら実行し，運送人Bが荷送人のためにする意思をもって，Aから運送を引き継いで名古屋から大阪までの運送を実行するような場合である。④の連帯運送は②の下請運送に似ているが，下請運送における運送人Bは，運送人Aのためにする意思をもって名古屋から大阪までの運送をしている点で異なる。

(b) **相次運送の法律関係** 上記の4つの場合のうち，579条にいう「数人相次テ運送ヲ為ス場合」とは，④の連帯運送をさすものと解するのが通説である（ただし，判例の立場は必ずしも明確でない。大判明45・2・8民録18輯93頁参照）。したがって，通説によると，連帯運送の場合は，各運送人は運送品の滅失・毀損・延着につき連帯して損害賠償の責任を負うものとされている（579条）。運送品に損害が発生しても，荷送人や荷受人は，どの運送人の過失によってその損害が発生したのかを立証するのが困難だからである。

また，前述の4つのいずれの場合（広義の相次運送）においても，運送人が次の運送人に運送品を引き渡してしまうと，運送賃等の権利行使のために留置権や先取特権を自ら行使することはできなくなってしまう。そこで，商法は，数人相次いで運送をなす場合には，後の運送人は前の運送人に代わってその権利を行使する義務を負うものとし，後の運送人が前の運送人に対して運送賃・立替金その他の費用を弁済したときは，後の運送人は当然に前の運送人の権利を取得するものとする（589条・563条）。

(7) **貨物引換証**

(a) **意義** **貨物引換証**は，運送人が運送品の受領を証し，かつ，これを目的地において正当な証券の所持人に引き渡すことを約する有価証券である。運送人は，荷送人の請求により，貨物引換証を発行しなければならない（571条

1項)。貨物引換証は，運送証券の1つであり，海上運送における船荷証券の制度を陸上運送の場合に応用したものであるが，船荷証券とは異なり，国土の狭いわが国ではあまり利用されていない。ただし，貨物引換証に関する商法の規定の多くが船荷証券に準用されるから（776条，国際海運10条），貨物引換証に関する商法の規定は重要である。

【運送証券の意義・種類】

運送証券とは，運送品の引渡請求権を表章する有価証券の総称であり，物品運送の種類に対応して次のものがある。すなわち，陸上運送においては貨物引換証であり，海上運送においては船荷証券であり，複合運送においては複合運送証券である。複合運送証券については規定がないので，その内容・効力等については問題がある。これに対し，国際航空運送においては，もっぱら航空運送状が利用されているが，航空運送状は，有価証券ではなく，単なる証拠証券である。とりわけ，貨物引換証と船荷証券とは，債権的有価証券性，非設権証券性ないし有因証券性，要式証券性，文言証券性，受戻証券性，処分証券性，引渡証券性などを有する点で共通する。

貨物引換証

（貨物引換証の書式）

> **【受戻証券性と保証渡】**
> 　貨物引換証が発行された場合には，証券と引き換えでなければ，何人も運送品の引渡を運送人に請求することができない（584条）。これを貨物引換証の受戻証券性という。運送人が証券と引き換えでなく誰かに運送品を引き渡してしまい，後で正当な証券所持人より請求があったときは，運送品を渡すことができず，運送品の滅失として損害賠償の責任を負わなければならない（577条）。したがって，なんらかの理由で証券と引き換えでなく運送品を引き渡すときは，運送人は，担保として運送品の受取人から**保証状**をとるのが通例である。こうした商慣習を**保証渡**というが，保証状においては，保証渡を受ける者と銀行とが運送人の将来の損害賠償責任を担保することなどが約束される。

　(b) 方式および譲渡　貨物引換証は要式証券であって，法定の事項を記載し，運送人がこれに署名することを要するが（571条2項），手形や小切手のような厳格な要式証券ではない。貨物引換証は，法律上当然の指図証券とされ，記名式のときでも裏書によって譲渡することができる。ただし，貨物引換証に裏書を禁止する旨の記載をした場合には裏書譲渡はできない（574条）。貨物引換証の裏書についても，手形の裏書と同様に権利移転的効力や資格授与的効力があるが（519条，手14条1項，小19条），担保的効力は認められない。

　貨物引換証は選択無記名式で発行することが可能であるから（519条，小5条2項），無記名式のものも認められると解される。選択無記名式または無記名式で発行されたときは，貨物引換証の交付ないしは引渡によって譲渡される。

　(c) 債権的効力　**貨物引換証の債権的効力**とは，貨物引換証が運送人（証券発行者）と証券所持人との間の債権の関係を定める効力をいう。すなわち，貨物引換証が作成されたときは，運送に関する事項は，運送人と証券所持人との間では貨物引換証の定めるところによるものと規定されている（**文言証券性**。572条）。これは，運送人と証券所持人との間の債権的法律関係については，運送契約自体ではなく，証券の記載文言がその内容を決定することを意味する。商法が貨物引換証の記載に文言証券性を認めたのは，証券の流通性をはかるためである。

【証券発行者の損害賠償責任】

　貨物引換証は文言証券であるが，他方では，運送契約にもとづく運送品の受取を原因として発行される要因証券でもあるため，この両者の関係をどのように解するかについては見解が分かれている。この点は，運送品の受取がないのに証券が発行された場合（空券），ならびに受け取った運送品の種類や数量が貨物引換証の記載と相違する場合（品違い）における証券発行者の損害賠償責任の法的構成をめぐって議論されている。基本的には次の3つの見解が対立している。

　① 不法行為責任説（要因説）　この見解は要因性を重視するものである。証券に表章された債権は運送契約にもとづき運送品の受取があったことにより発生するから，空券の場合は債権発生の原因を欠くため証券は無効となり，また品違いの場合には運送人は実際に受け取った運送品を引き渡せば足りることになるため，いずれの場合も，証券の記載を信頼した所持人の救済は，証券発行者に対する不法行為責任によると解する。

　② 債務不履行責任説（証券権利説）　これは文言性を重視する見解である。証券上に原因の記載のある限り，空券や品違いの場合も証券は記載された文言による効力を有し，その記載によって定まる債権が実現できないときには，運送人は債務不履行責任を負うとする。

　③ 二元責任説（折衷説）　この見解は，空券の場合と品違いの場合とをそれぞれ別個の責任により二元的に構成するものであるが，さらに2つの立場に分かれる。

　第1説は，空券の場合は要因性と抵触して証券は無効であり，不法行為責任が問題となるが，品違いの場合は運送品の受取があったため証券は有効であり（要因性は満たされる），債務不履行責任になると解する。

　第2説は，証券流通保護の見地から要因性は文言性に親しむ範囲内で制約されるとし，品違いの場合の運送品の表示は文言性に親しむ事項であるから証券の記載が標準となり，その証券上の債務の履行ができない場合は，運送人は債務不履行責任を負うが，受取認証文句は文言性に親しまない事項であるから証券的効力は認められず，空券は無効であるが，その場合の証券所持人の救済を不法行為責任に委ねるのは適当でなく，契約締結上の過失の理論によるべきであると解する。

(d)　物権的効力　**貨物引換証の物権的効力**とは，貨物引換証の引渡が証券

に記載された運送品の引渡と同じ効力を有することをいう。すなわち，貨物引換証により運送品を受け取ることのできる者に貨物引換証を引き渡したときは，その引渡は運送品の上に行使する権利（所有権・質権など）の取得について，運送品自体の引渡と同一の効力が認められる（**引渡証券性**。575条）。その効果として，運送品の譲渡は，運送品自体の引渡を受けたのと同様に，証券の引渡により対抗要件を具備することになり（民178条），質権設定の合意とともに貨物引換証の引渡を受けた者は，運送品自体の引渡を受けたのと同様に，証券の引渡により運送品上に動産質権を取得できることになる（民344条）。

【貨物引換証の物権的効力の法律構成】

貨物引換証の引渡が運送品の引渡と同一の効力を有するということは，民法の定める占有移転の原則との関係においてどのように説明されるべきかについては，相対説と絶対説が対立している。

① 相対説　この見解は，運送品の直接占有は運送人が有しているが，証券所持人は運送品返還請求権をもつことにより間接占有権を有しており，この間接占有が証券の引渡により移転するとする。相対説は，さらに厳正相対説と代表説とに分かれる。厳正相対説は，証券による間接占有の移転も厳格に間接占有の移転手続（民184条）を要するとするが，それでは575条は空文となるから，現在，この考え方を正面から支持する学説はない。これに対し，代表説は，証券の所持は運送品の間接占有を代表し，民法の上記手続を必要とせずに，証券の引渡が運送品の間接占有を移転する効力を有すると解する。この代表説が従来の通説である。

② 絶対説　この立場は，証券の引渡は民法の定める占有移転の方法（民182条-184条）とは別に認められた商法独自の占有移転の方法であり，運送人が運送品を占有するかどうかを問わず，証券の引渡が運送品の占有を移転する効力を有すると解する。

いずれの説によっても，貨物引換証が運送品の受け取りなくして発行された場合や，運送品が滅失または第三者に善意取得された場合には，いわゆる物権的効力が生ずる余地はない。結局，各説の差異は，運送人が一時運送品の占有を失った間にも，証券の引渡に物権的効力を認めうるかという点に帰着する。相対説は，運送人の直接占有を前提とするから，物権的効力が生じないのに対し，絶対説では運送人の占有いかんにかかわらず証券の引渡が運送品の占有を移転する

効力を有するから，物権的効力が生ずることになる。なお，貨物引換証の物権的効力を否認し，一般に物権的効力とされているものは，証券本来の債権的効力と売買，質入などに関する民法の一般原則から導き出される効果にすぎないと解する学説も主張されている（物権的効力否定説）。

(8) 旅客運送契約
(a) 旅客運送契約の意義・成立　　**旅客運送契約**とは，旅客の運送を目的とする契約であり，運送の対象である旅客自身と運送人との間で締結されるのが通例である。運送の対象が旅客であるため，運送品の受取・保管・引渡に伴う複雑な法律関係は生じないが，その他の点は物品運送について述べたことが妥当する。旅客運送契約も，請負契約（民632条以下）の一種であり，諾成・不要式の契約であるが，乗車券が発行されるのが普通であり，乗車券購入の時に運送契約が成立すると解される。

　鉄道や自動車（バス・タクシー）による旅客運送については，特別法令（鉄道営業法・道路運送法など）および運送約款が定められており，商法の規定の適用される余地は少ない。

(b) 乗車券の法的性質　　**乗車券**の法的性質は，その種類に応じて異なる。通常の無記名の乗車券は運送債権を表章する有価証券であり，入鋏前は自由に譲渡できると解される。また，定期乗車券などの記名式乗車券は，運送賃の前払を証明する証拠証券にすぎないとする説が有力であるが，定期乗車券も有価証券であり，ただ譲渡性が認められないだけであるとする説もある。さらに，無記名の回数乗車券については，古い判例は，運送賃の前支払を証明し，運送賃に代用される一種の票券にすぎないとするが（大判大6・2・3民録23輯35頁），包括的な運送契約上の債権を表章する有価証券であると解する学説もある。

(c) 旅客運送人の責任　　旅客の運送人は，自己またはその使用者が運送に関して注意を怠らなかったことを証明しなければ，旅客が運送のために被った損害を賠償する責任を負うものとされ（590条1項），物品運送の運送人の損害賠償責任（577条）と同様の構造となっている。旅客の損害とは，生命身体上の損害のみならず衣服の損害や延着損害を含み，また財産的損害のほか精神的

損害をも含む。この損害賠償請求権は，旅客が死亡したときは，その相続人が相続することになる。

他方，この損害賠償額を定める際には，裁判所が被害者およびその家族の情況（所得・所有財産や家族構成など）を斟酌すべきものとされている（590条2項）点で，物品運送の場合とは異なる。これは，運送人の特別損害に対する予見の有無を問わず，特別損害をも賠償することを要求する趣旨であり，民法416条2項の例外をなす規定である。

(d) **手荷物の損害についての責任** 旅客の運送人は，旅客より引渡を受けた手荷物（**託送手荷物**）については，とくに運送賃を請求しない場合でも，物品運送人と同一の責任（577条の損害賠償責任など）を負う（591条1項）。また，この託送手荷物が目的地に到達してから1週間以内に旅客がその引渡を請求しないときは，商事売買に関する524条が準用され，運送人はその託送手荷物を供託・競売することができる（591条2項）。

これに対して，運送人が旅客から引渡を受けなかった手荷物（**持込手荷物ないし携帯手荷物**）の滅失・毀損については，577条の場合とは異なり，旅客の側で運送人またはその使用人の過失を証明しない限り，運送人は損害賠償責任を負わない（592条）。

3 海上運送（海商法）

(1) 海商法の意義と海上運送の特異性

海商法とは，形式的には，商法第4編「海商」（684条－851条）をさすが，実質的意義においては，海上企業に関する法規の総体をいう。実質的意義の海商法は，海上企業の組織に関する規定のほか，海上企業の活動に関する規定，海上損害に関する規定（共同海損・船舶の衝突・海難救助・海上保険）などから成る。以下では，海上企業の組織について簡単にふれたのち，海上企業活動の中でもっとも重要な海上運送（物品運送・旅客運送）について説明する。海上企業は海上において船舶により営まれるため，海上運送を中心とする海上企業の活動は陸上の一般企業の活動に対して顕著な特異性を示すものである（危険性，広大性ないしは国際性など）。したがって，商法は，海上運送に関して，陸上運送の諸規定を準用しつつも（766条・776条・786条1項等），それとは異なる

特殊な定めを設けている。

(2) 海上企業の物的・人的組織

海上企業は物的組織と人的組織から構成され，この2つの組織をもってはじめて海上企業の経営が可能となる。物的組織の中心をなすのは**船舶**であって，船舶とは，商行為をなす目的をもって航海の用に供するものをいうと定義されている（684条1項）。

これに対し，人的組織は，海上企業の主体とその補助者から成る。**海上企業の主体**とは，自己の名をもって海上企業を経営する者をさし，船舶所有者（船主），船舶共有者，船舶賃借人，傭船者がこれに属する。**海上企業の補助者**は，海上企業の主体との間の雇用契約にもとづく指揮監督の関係が存在する従属的補助者と，海上企業の主体と指揮監督の関係がなく独立して補助労務を提供する独立的補助者とに区分され，船舶に乗り組む船長・海員は前者に属し，船舶代理人，船舶仲立人，運送取扱人等は後者に属する。

【船主責任制限の制度】

本来，海上企業の主体である船主は，他の企業者と同様に，海上企業経営から生ずる取引上の債務および船長その他の船員の不法行為にもとづく損害賠償債務について人的無限の責任を負うべきである。しかし，海上企業は多額の資本を投下した船舶の運航という危険性の大きい企業であることから，かかる企業を保護奨励する必要があること，また船主が航海中の船員の行為を指揮監督するのは困難であり無限責任を負わせるのは酷であること等の理由から，中世の頃より，各国とも船主の有限責任を認めてきた。

世界各国が採用した船主責任制限の方法は多様であったため，船主責任制限の制度を国際的に統一する努力が行われてきたが，1957年成立の船主責任制限条約は金額責任主義を採用し，広く各国の国内法に採り入れられることになった。1975年に，わが国は，この条約を批准・国内法化するために「船舶所有者等の責任の制限に関する法律」（船主責任制限法）を制定した。その後，1957年条約の内容をより現代的なものとする1976年海事債権責任制限条約が新たに成立したため，1982年に，わが国は，この条約を批准するために船主責任制限法の必要な改正を行った。船主責任制限法には，責任制限の要件・効果を定める実体法的規定とその手続を定める手続法的規定が存する。

(3) 海上物品運送

(a) 海上物品運送契約の意義と適用法規　**海上物品運送契約**とは，海上において船舶により物品の運送をなすことを引き受ける契約をいう。海上物品運送契約の当事者は，海上運送を委託する荷送人と，これを引き受ける海上運送人である。海上運送人となりうるのは，前述した船主をはじめとする海上企業の主体である。

船積港および陸揚港のいずれもが本邦内にある**内航船**による海上物品運送については，商法の海上物品運送に関する規定（737条－776条）が適用される。ただ，商法第4編の規定は，明治32年の制定いらい実質的な改正を受けていないので，19世紀以降飛躍的な発展をとげた海上運送の実際とは隔絶がきわめて大きい。

これに対し，船積港または陸揚港が本邦外にある**外航船**による物品運送については，国際海上物品運送法が適用される。同法は，**1924年船荷証券統一条約（ヘーグ・ルール）**を国内法化したものであるが，1992年（平成4）年に**1968年改正議定書（ヴィスビー・ルール）**を採り入れるための改正が行われている（ヴィスビー・ルールにより改正されたヘーグ・ルールを**ヘーグ・ヴィスビー・ルール**という）。その適用範囲については，次の点に注意を要する。すなわち，運送品の受取の時から引渡の時までの期間について適用されること

【海上物品運送契約の関係者】

```
  荷送人A ──③船荷証券（B/L）の交付──→ 海上運送人B
 （商品の売主）──②海上物品運送契約──→ （海運会社等）
        \                              /
         \①売買契約            ⑤B/Lの呈示
          \                          /
         ④B/Lの送付          ⑥運送品の引渡
            \                      /
             → 荷受人C（商品の買主） ←
```

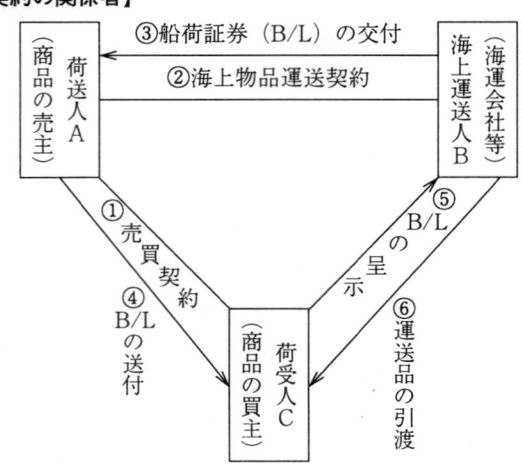

（国際海運3条1項・15条3項参照），船荷証券が発行されない場合にも適用されること（同13条5項参照），傭船契約にも適用されるが，傭船契約には運送人の免責特約禁止の規定（同15条1項）は適用されないこと（同16条参照），運送品には生動物および甲板積み貨物も含まれるが，運送人の免責特約禁止の規定はこれらの運送品にかかる運送には適用されないこと（同18条1項），ならびに郵便物の運送には適用されないこと（同21条）などである。

(b) 海上物品運送契約の種類　(i) 傭船契約　**傭船契約**（Charter Party）とは，船主が船舶の全部または一部を貸し切り，これに船積みした物品を運送することを約し，相手方たる傭船者が報酬として傭船料を支払うことを約する契約をいう。海運の実務において，傭船契約は，航海傭船契約，定期傭船契約，裸傭船契約の3種類に分類される。**裸傭船契約**は船舶賃貸借に相当するものであるが，**航海傭船契約**は一定の航海ごとに船舶の全部または一部を運送契約の目的とするもので，純然たる運送契約の一種と解される。

これに対し，**定期傭船契約**（Time Charter）とは，一定期間を定めて船舶所有者が船舶の全部を船員付で相手方である定期傭船者に貸し切る契約をいうが，狭義には，ボールタイム書式（Baltime Charter）やニューヨーク・プロデュース書式（New York Produce Exchange Form）等の国際書式にみられるように，定期傭船契約に特殊の典型約款（船舶賃貸借約款，船舶利用約款，不満約款，純傭船約款など）を含む契約をさすものである。

【定期傭船契約の法的性質：定期傭船契約者と第三者との関係】
　定期傭船契約の法的性質については，とりわけ船舶賃借人の地位を定めた704条が定期傭船者にも適用ないし類推適用されるかどうかが議論されてきた。従来の判例は，大審院の判決（大判昭3・6・28民集7巻8号519頁）以来，定期傭船契約は船舶賃貸借と船員の労務供給契約の混合契約であると解して，定期傭船者について704条の適用・類推適用を肯定してきた。判例の立場によると，運送契約にもとづく一切の責任はもちろん，船舶衝突等の第三者に対する不法行為責任についても，企業主体の地位にある定期傭船者のみがその賠償責任を負担し，船舶所有者は第三者に対し直接責任を負わないとされた。これに対し，学説上はさまざまな見解が主張されたが，近時の有力学説は，定期傭船契約の法的性質論による問題解決のアプローチを批判し，とくに問題とされる船舶衝突の責任や船

荷証券上の責任等については，個々の定期傭船契約ないし船荷証券契約における具体的な条項を詳細に検討すべきであるとする新たなアプローチを提示している。最近，同様のアプローチを示す最高裁の判例が現れてきた（最判平4・4・28判時1421号122頁，最判平10・3・27判時1636号18頁）。

(ii) 箇品運送契約　これは，海上運送人が個々の運送品の運送を引き受け，荷送人が運送賃を支払うことを約する契約である。(i)の傭船契約においては，船腹すなわち船舶内のスペースの利用が運送契約の目的とされるため，船舶の個性が重視され，船内に積み込まれる運送品の個性は重視されないのに対して，**箇品運送契約**では，個々の運送品そのもの（種類・数量など）が重視され，船舶の個性は重要ではない。箇品運送契約は，大型の定期船において利用され，海上運送契約における最も近代的な運送契約の形態である。しかし，商法は，全部傭船契約を中心に規定し，箇品運送契約については，わずかに数カ条の規定（749条・752条4項）を置くにとどまり，そのほかは傭船契約に関する規定を準用する（750条・763条）。なお，外航船による箇品運送契約には国際海上物品運送法が適用される。

(iii) 再運送契約　傭船者は，船主から提供された船復の全部または一部に自己の運送品を積み込むことなく，その船復を利用して，さらに第三者との間に運送契約（傭船契約または箇品運送契約）を締結することができる。傭船者が締結するこの第2の運送契約を**再運送契約**といい，傭船者が船主と締結した第1の運送契約を主たる運送契約という。傭船者は，主たる運送契約において別段の定めがない限り，船主の承認を受けることなく自由に再運送契約を締結することができる。

(iv) 通し運送契約　**通し運送契約**とは，1つの運送契約に数人の運送人が関与する場合である。陸上運送におけるのと同様に，その形態には，下請運送，同一運送，連帯運送などがある。前述のように，579条の定める陸上の相次運送は連帯運送をさすものと解するのが通説であるが，この規定は海上の相次運送についても準用されている（766条，国際海運20条2項）。さらに，579条または766条が湖川・港湾を含む陸上運送と海上運送とが引き続いて行われる**海陸相次運送**にも類推適用されるかに関して，判例はこれを否定するが（大判明

44・9・28民録17輯535頁），学説は一般に肯定説をとっている。
　(c) 海上運送人の権利　(i) 運送賃請求権　海上運送人は，運送契約にもとづき引き受けた物品運送の報酬として運送賃を請求する権利を有する (512条)。運送賃の支払義務者は運送契約の相手方である傭船者または荷送人であるが，運送品の受取後は荷受人もまた義務者となる (753条1項，国際海運20条1項)。運送契約は請負契約の一種であるから，その報酬としての運送賃は仕事の完了したとき，つまり向払い (到達地払い) を原則とし (民633条)，運送品が目的地に到達しないときは運送賃請求権を生じない (766条・576条1項)。ただし，当事者間に反対の特約があればそれに従うことになり，実際上も，運送賃前払いおよび受け取った運送賃はいかなる事由があっても返還しないとする特約が広く行われている。
　(ii) 碇泊料請求権　碇泊料とは，海上運送人が運送品の船積・陸揚期間の経過後もそれが完了するまで傭船者のために船舶を碇泊する期間に対して支払われる報酬をいう。海上運送人は，傭船者が碇泊期間内に船積または陸揚をしない場合には，特約がない場合でも碇泊料を請求できる (741条2項・752条2項)。
　(iii) 運送賃等の留置権・先取特権　海上運送人は，運送品の引渡前には運送品の上に留置権 (民295条)，先取特権 (民318条) を有する。すなわち，船長は，荷送人および荷受人が負担する運送賃，附随の費用，立替金，碇泊料等の支払いと引換えでなければ運送品を引き渡すことを要しない (753条2項，国際海運20条1項)。船舶所有者は，運送賃その他の費用の支払いを受けるため，裁判所の許可を得て運送品を競売することができる (757条1項，国際海運20条1項)。
　(iv) 運送品の供託権　荷受人が運送品の受取を怠っているときは，船長はこれを供託することができ，この場合には遅滞なく荷受人に対しその通知を発することを要する。また，荷受人を確知することができず，または荷受人が運送品の受取を拒絶したときは，船長は運送品を供託することを要し，この場合には遅滞なく傭船者または荷送人に対しその通知を発しなければならない (754条，国際海運20条1項)。
　(d) 海上運送人の義務　(i) 船舶の堪航能力担保義務　海上運送人は，

傭船者または荷送人に対して，船舶が発航当時安全に航海をなすに耐えることを担保し，これに耐えないときはそれによって生じた損害を賠償する義務を負うが，この義務を**堪航能力担保義務**という。738条によれば，船舶所有者は，傭船者または荷送人に対して，発航の当時，船舶が安全に航海を行うために堪えることを担保するものとされる。また国際海上物品運送法5条によると，運送人は，自己またはその使用する者が，発航の当時，船舶を航海に堪える状態におくこと，船員を乗り組ませ，船舶を艤装し，および需品を補給すること，船倉・冷蔵室その他運送品を積み込む場所を運送品の受入・運送および保存に適する状態におくことの3つの事項につき注意を怠ったことにより生じた運送品の滅失・損傷または延着について，損害賠償責任を負うものとされている。このように，国際海上物品海運法5条がその義務違反を運送人の過失責任と構成しているのは明らかである。それに対して，738条の定める堪航能力担保義務の性質については，従来の通説および判例は，海上運送の安全を期するという公益上の理由などを根拠に無過失責任と解していたが（最判昭49・3・15民集28巻2号222頁），近時は，国際海上物品運送法の場合と同様に過失責任と解すべきであるとする学説が多い。

(ii) 受取・船積・積付，船荷証券の発行・交付　海上運送人は，船積港に船舶を回航し碇泊させた後，契約に従って引き渡された運送品を受け取り，これを船舶に積み込み適切に積み付ける義務を負う（国際海運3条1項）。運送人・船長等は，荷送人の請求により，運送品の船積後遅滞なく船荷証券を発行・交付する義務を負う（同6条）。船荷証券の詳細については後述する。

(iii) 発航・運送品の保管　海上運送人は，運送品の船積・積付が完了した後ただちに船舶を発航させる義務を負う。運送人は，運送品の受取の時から引渡の時まで，善良な管理者の注意をもってこれを保管し運送しなければならない（766条・577条，国際海運3条1項参照）。

(iv) 荷送人等の指図に従う義務　海上運送人は，荷送人または船荷証券の所持人が運送の中止，運送品の返還その他の処分を命じた場合は，その指図に従わなければならない（582条，国際海運20条2項）。

(v) 陸揚・引渡　海上運送人は，陸揚港に船舶を入港させ碇泊させた後，運送品を陸揚し，これを荷受人または船荷証券所持人に引き渡す義務を負い

(国際海運3条)，この引渡によって運送人の運送契約上の債務は終了する。

(e) **海上運送人の責任**　海上運送人の責任は，商法の適用される内航船による運送の場合と，国際海上物品運送法の適用のある外航船による運送の場合とで基本的な相違がある。商法上の運送人の責任については，陸上運送人の責任に関する規定の多く（566条・577条〜581条・588条）が準用されている（766条）。これに対し，国際海上物品運送法は，一方では航海上の過失および船舶における火災によって運送品に生じた損害について運送人の責任を免除するが（国際海運3条2項），他方では運送人の法定の義務および責任の免除・軽減を目的とする免責約款を無効とすることによって運送人の責任を強行法的に確立している（同15条1項）。なお，**航海上の過失（海技過失）**とは，運送品の損害が船長・海員・水先人その他運送人の使用する者の航行もしくは船舶の取扱に関する行為によって生じたものであることをいう。

(i) **責任原因**　766条は，内航船による海上運送人の責任について，陸上運送人の債務不履行にもとづく損害賠償責任の規定を準用する（577条）。したがって，運送人は，自己もしくは運送取扱人またはその使用する者が運送品の受取，引渡，保管および運送に関して注意を怠らなかったことを証明しなければ，運送品の滅失，損傷または延着につき損害賠償責任を免れることができない。

これとほぼ同様に，国際海上物品運送法においても，運送人は，自己またはその使用する者が，運送品の受取，船積，積付，運送，保管，荷揚および引渡につき注意を怠ったことにより生じた運送品の滅失，損傷または延着について損害賠償の責任を負い，運送人はその注意が尽くされたことを証明しなければ責任を免れないとされる（国際海運3条1項・4条1項）。運送人が履行補助者の故意・過失にもとづく損害につき賠償責任を負うこと，ならびに運送人が自己またはその使用人の無過失を立証しない限り損害賠償責任を免れないこと，などの点で基本的には商法の規定と共通する。

【国際海上物品運送法による請求権競合問題への対応】
　陸上運送人の場合と同様に，海上運送人についても，運送契約にもとづく債務不履行責任のみならず不法行為責任が成立するかが問題となり，通説および判例

> は請求権の競合を肯定する。最判44・10・17は、両請求権が競合して成立するとしたうえ、運送人の責任の消滅を定める旧国際海上物品運送法14条は、商法における運送人の責任に関する規定と同様に、運送人の運送契約にもとづく債務不履行責任に関するものであって、運送人または荷役業者に対する不法行為による損害賠償請求については適用がないと判示した（判時575号71頁）。しかし、そのように解すると、運送品の荷主が運送人に対して債務不履行責任ではなく、不法行為責任を追及することによって、運送人の責任の減免規定の適用が容易に排除され、一定の配慮から責任の減免を認めた法の趣旨が没却されてしまう。また、荷主が運送人の従業員や履行補助者に対して不法行為責任を追及した場合、これらの補助者が運送人の責任減免事由を援用できるかも問題である。
>
> 　以上の点については、1968年制定のヴィスビー・ルールを採り入れた平成4年の国際海上物品運送法の改正によって、立法的解決が図られた。すなわち、運送人は、不法行為による損害賠償請求に対しても、債務不履行に関する抗弁事由・責任制限事由を主張できる旨が明文化され（国際海運20条の2第1項）、両請求権の間における不均衡が是正された。また、運送品に関する運送人の使用する者の不法行為責任についても、運送人の責任と同様の減免が認められることになった（同条2項・3項）。ここで運送人の使用する者とは、運送人と雇用契約関係ないしは指揮監督関係にある被用者的補助者であって、独立的補助者（荷役業者など）は含まれない。

　(ii)　損害賠償額の定型化・責任限度　　内航船による海上運送についても、陸上運送における賠償額の定型化（580条）および高価品の特則（578条）の規定が準用されているので（766条）、陸上運送において述べたことが妥当する。したがって、運送品の滅失・毀損または延着による損害賠償の額は、運送人に悪意または重過失のある場合を除き、一定の時における陸揚港の価格（580条は到達地の価格とする）を基準として算定される。

　これに対し、国際海上物品運送法は、賠償額の定型化や責任の限度額などに関する特則を定めている（ただし、578条は準用される。国際海運20条2項）。まず、同法12条の2は、運送品に関する損害賠償の額は、荷揚げされるべき地および時における運送品の市場価格によって定めるものとして賠償額の定型化をはかっている。次に、13条1項は、運送品に関する運送人の責任は、1包また

は1単位につき1計算単位の666.67倍の金額，あるいは滅失・損傷または延着に係る運送品の総重量について1キログラムにつき1計算単位の2倍を乗じて得た金額のいずれか多い金額を限度とすると定め，運送人の責任の限度について規定する。この場合，1計算単位とは，国際通貨基金協定3条1項に規定する**特別引出権**（SDR, special drawing rights）による1特別引出権に相当する金額をいい（国際海運2条4項），その邦貨への換算は運送人が損害を賠償する日において公表されている最終のものによる（同13条2項）。さらに，第二次大戦後に急速に発展したコンテナー輸送との関連で，13条3項は，運送品がコンテナー，パレットその他これらに類する輸送用具を用いて運送される場合には，第1項の規定の適用については，その運送品の包もしくは個品の数または容積もしくは重量が船荷証券に記載されているときを除き，コンテナー等の数を包または単位の数とみなすと規定する。

なお，運送人は，運送品に関する損害が，自己の故意により，または損害の発生のおそれがあることを認識しながらした自己の無謀な行為によって生じたものであるときは，以上の責任制限を援用することができず，一切の損害を賠償する責任を負うものとされている（同13条の2）。

(iii) 免責約款の制限・法定免責　19世紀後半より，海上運送人が船荷証券中に多種多様な免責約款を挿入して自己の責任を減免する傾向が顕著となった。そのため，わが商法も免責約款の制限に関する規定をおき，船舶所有者は，特約をしたときでも，自己の過失，船員その他の使用人の悪意・重過失または堪航能力担保義務違反によって生じた損害を賠償する責任を免れることはできないと規定する（739条）。ただ，この規定によると，堪航能力に関する場合を除き，運送品に関する損害が運送人の使用する者の過失（悪意または重過失の場合は除く）によって生じた場合は，特約をもって損害賠償責任を免れうることになる。

一方，国際海上物品運送法のもとでは，運送人の損害賠償責任を定める規定および船荷証券等に関する規定（国際海運3条～5条・8条・9条・12条～14条）に反する特約で，荷送人，荷受人または船荷証券所持人に不利益なものはすべて無効とされ，免責約款が厳格に禁止されている（15条1項）。ただし，免責約款の禁止は，運送品の船積前または荷揚後の事実により生じた損害（国際海

運15条3項），傭船契約の当事者間（同16条），特殊な運送および生動物・甲板積の運送（同17条・18条）には適用されない。

　上述のように，国際海上物品運送法は，一方では運送人の免責約款を全面的に禁止し，他方では運送品の損害が船員等の航海上の過失あるいは船舶における火災などの一定の事由によって生じた場合には，運送人は法律上当然に免責されるものと定め，運送人の責任の加重・軽減のバランスをはかるとともに，荷主との間の利害関係の妥当な解決をはかっている。法定免責事由としては，航海上の過失や船舶における火災（同3条2項）のほかに，海上その他可航水域に特有の危険，天災，戦争・暴動または内乱などが列挙されている（同4条2項）。

　(iv)　損害賠償責任の消滅　　内航船による海上運送の場合には，陸上運送における責任の特別消滅事由（588条）および短期消滅時効（566条）の規定が準用される（766条）。

　これに対し，外航船による運送については，国際海上物品運送法がより詳細な規定を置いている。すなわち，荷受人または船荷証券所持人は，運送品の一部滅失または損傷があったときは，受取の際に運送人に対しその滅失・損傷の概況につき書面による通知を発しなければならず，これを怠ったときは，運送品は滅失および損傷がなく引き渡されたものと推定される（国際海運12条1項・2項）。運送品に関する運送人の責任は，運送品が引き渡された日（全部滅失の場合には，引き渡されるべき日）から1年以内に裁判上の請求がされないときは消滅する（同14条1項）。

　(f)　海上運送契約の終了事由　　海上運送契約は，運送人が陸揚港において荷受人に運送品を引き渡したときに完了するほか，当事者によって契約が解除された場合および法定の事由が発生した場合にも終了する。商法は，傭船者・荷送人による任意解除（745条・747条・748条・750条），法定原因による解除（761条〜763条），および法定原因による当然終了（760条）について具体的に規定する。いずれの場合においても，運送賃その他の費用の負担関係が問題となるが，商法は，この点に関する詳細な規定を置いている（745条3項・748条3項・761条2項・763条1項）。なお，以上の商法の規定はすべて外航船による運送についても準用されている（国際海運20条1項）。

(g) 船荷証券　(i) 船荷証券の意義・性質　**船荷証券**（Bill of Lading, B/L）とは，海上運送人が運送品を受け取りまたは船積みした旨を証明し，かつ，指定港において証券の正当な所持人に対して運送品を引き渡すことを約した証券である。その意味で，船荷証券は運送品の引渡請求権を表章した有価証券である。船荷証券についても，貨物引換証と同様に，非設権証券性，要式証券性，要因証券性，文言証券性，法律上当然の指図証券性，処分証券性，ならびに受戻証券性などの性質が認められている。

767条以下は，船荷証券に関する規定を設けているが，とくに重要な船荷証券の効力については貨物引換証に関する規定を準用するだけである（776条）。これは，商法典編纂の順序という便宜的理由によるものであって，船荷証券は，沿革的には貨物引換証よりも早くから出現し，また現代の**シフ売買**や**荷為替取引**においても貨物引換証とは比較できないほどの重要性を有する。なお，国際海上物品運送法も，船荷証券の作成・交付，荷送人の通告，船荷証券の不実記載の効力などについて規定する（国際海運6条～9条）ほか，貨物引換証および船荷証券に関する商法の規定を準用している（同10条）。

船荷証券には，受取船荷証券と船積船荷証券がある。**受取船荷証券**は，運送品を船積のために受け取った旨の記載（received for shipment）がある証券であり，**船積船荷証券**は，本船に船積した旨の記載（shipped on board）がある証券をいう。従来，767条との関係で受取船荷証券の効力が議論されたが，国際海運法6条はこれを明文をもって有効と認めている。

【シフ売買】
シフ売買とは，シー・アイ・エフ約款（シフ約款ともいう。c. i. f. clause）にもとづく海上運送を利用した物品の売買である。シフ約款は，商品の船積費用（cost）・保険料（insurance）・運送賃（freight）を売買代金に含むことから，この略称が用いられる。シフ売買においては，売主は，自己の費用で運送契約の締結，船積およびその商品について買主のための保険契約の締結を行い，船積書類（船荷証券・保険証券・送り状）を買主に提供する義務を負うが，他方，買主は，正当な船積書類の提供がある限り，商品の船積の時から危険を負担し，船積書類と引き換えに代金を支払わなければならない。これに対し，売主が契約で定めた船積地で買主の指定する船舶に商品を船積することによって売主としての義務を

免れる旨（free on board）を規定する約款を，エフ・オー・ビー約款（f. o. b. clause. 本船渡約款）という。

(ii) 船荷証券の発行　商法の規定によると，船長は，傭船者または荷送人の請求により，運送品の船積後遅滞なく船荷証券を作成し発行することを要する（767条）。また，船舶所有者は，船長以外の者に船長に代わって船荷証券の交付を委任することができるものとされている（768条）。したがって，商法は，船長が船荷証券を作成し交付することを原則としている。しかし，理論上，船荷証券は運送契約上の債権を表章するものであるから，その発行権者は運送債務の主体である運送人であって，運送人は，その代理人である船長その他の者をして船荷証券を発行させることができると解される。この点について，国際海上物品運送法は，いわゆる運送人船荷証券である旨を明確にしている（国際海運6条1項）。海運の実務上も，海上運送人の陸上の営業所または代理店が船荷証券を作成交付するのが一般的である。

船荷証券は，貨物引換証とは異なり，同一の運送品について数通の発行が認められている（767条，国際海運6条）。これは，船荷証券を送付する途中での紛失に備えるため，あるいは1通を売主たる荷送人の支店または代理店に送付して，買主たる荷受人の信用の悪化に備え，運送品の処分権（582条，国際海運20条1項）を行使するためである。船荷証券が数通発行されたときは，その数を各証券に記載することを要するが（769条9号，国際海運7条1項11号），各通の証券は船荷証券として独立した効力を有する。

(iii) 船荷証券の記載事項　船荷証券の記載事項は，769条および国際海上物品運送法7条によって法定されている。それによれば，船荷証券の記載事項は，船舶の名称および国籍，運送品の種類・重量もしくは容積およびその荷造の種類・個数ならびに記号，傭船者または荷送人の氏名または商号，荷受人の氏名または商号，船積港，陸揚港，運送賃等が掲げられている。法律が船荷証券に一定の記載事項を要求する趣旨は，証券の取得者がその記載によって運送契約の内容と運送品の同一性を知ることができ，これにより証券の流通性確保をはかることにある。したがって，このような趣旨が満たされていれば，法が規定しているすべての事項を記載していなくとも（その意味で厳格な要式証券で

§3 運送取引　217

船荷証券

① Code Name "SHUBIL-1994(A)"
② Issued Dec. '50 and amended Jan. '58, Aug. '72, July '74, May '93 & Sept. '94
③ Shipper

(Forwarding Agents)
⑩
B/L No.

④ Consignee

⑪ **BILL OF LADING**
Published by The Japan Shipping Exchange, Inc.

SHIPPED on board the Vessel, the Goods, or the total number of Containers or other packages or units enumerated below in apparent external good order and condition except as otherwise noted for transportation from the Port of Loading to the Port of Discharge subject to the terms hereof.
One of the original Bills of Lading must be surrendered duly endorsed in exchange for the Goods or Delivery Order unless otherwise provided herein.
In accepting this Bill of Lading the Merchant expressly accepts and agrees to all its stipulations, exceptions and conditions whether written, stamped or printed, as fully as if signed by the Merchant.
IN WITNESS whereof the number of original Bills of Lading stated below have been signed, one of which being accomplished, the other(s) to be void.
(Terms of this Bill of Lading continued on the back hereof)

⑤ Notify Party

⑥ Local Vessel ＊　　⑦ From
⑧ Ocean Vessel　Voy. No.　⑨ Port of Loading
⑩ Port of Discharge　⑪ For transhipment to (if on-carriage) ＊　⑫ Final destination (for the Merchant's reference only) ＊

| Marks / Numbers ⑬ | No. of P'kgs or Units ⑭ | Kind of Packages or Units; Description of Goods ⑮ | Gross Weight ⑯ | Measurement ⑰ |

PARTICULARS FURNISHED BY SHIPPER ⑱

⑳ TOTAL NUMBER OF PACKAGES OR UNITS (IN WORDS)

㉒ Declared value USD ＿＿＿ subject to Clause 22(1) overleaf. If no value declared, liability limit applies as per Clause 22(2) or 28 as applicable.

| ㉓ FREIGHT & CHARGES | ㉔ Revenue Tons | ㉕ Rate | Per | ㉖ Prepaid | ㉗ Collect |

㉘
ICS B/L

㉙ Ex. Rate　㉚ Prepaid at　㉛ Payable at　㉜ Place & Date of issue
㉝ ￥ Total Prepaid in Yen　㉜ Number of Original B(s)/L　㉞ FOR THE MASTER

㉟ ＊ See Clause 20

㊲ JSA Standard Form(B)

（資料）　海事法研究会誌，1996．12．（No135）

はない），船荷証券の効力を否定すべきではないと解されている。

【荷為替取引】

　海外貿易のような隔地者間売買において，売主が，買主あてに送付中の商品につき発行された船荷証券（または貨物引換証）を担保にして銀行等から金融を受け（割引荷為替），またはその船荷証券を銀行等に交付して売買代金の取立を委任して（取立荷為替），これらによって売買代金の弁済を受ける取引のことを，荷為替取引という。

　たとえば，東京の売主Aがロンドンの買主Bに売った商品代金の支払を受けるために，①買主Bを支払人として，自己を受取人とする自己受為替手形（手3条1項）を振出して，②C銀行（東京本店）にこの為替手形を割り引いてもらう。他方，売主Aは，③海上運送人Dに対し運送を委託すると，④Dから船荷証券の交付を受けるが，この船荷証券をBに直接送付しないで，⑤C銀行（東京本店）に手形を割り引いてもらう際に，この手形とともに船荷証券および保険書類等をC銀行（東京本店）に交付し，⑥C銀行（東京本店）はそれらをC銀行（ロンドン支店）に送付し，⑦C銀行（ロンドン支店）が手形をBに呈示し，⑧Bから手形金の支払を受けるのと引き換えに，⑨船荷証券等をBに交付する。⑩Bは船荷証券と引き換えに⑪ロンドンまで運送されてきた商品を受け取ることになる。

(iv)　**船荷証券の債権的効力**　　海上運送人と船荷証券所持人との間の債権関係を定める効力を，**船荷証券の債権的効力**という。商法は，貨物引換証に関する規定（572条）を準用し，運送に関する事項は，運送人と証券所持人との間においては，船荷証券の定めるところによると規定している（776条）。これは，船荷証券の流通性を確保するために，船荷証券の記載に文言証券性を認めたものであるが，船荷証券の要因証券性との関係をどのように理解すべきかについては，貨物引換証におけるのと同様の学説の対立がある。

　船荷証券の不実記載の問題に関しては，1924年船荷証券統一条約を国内法化した旧国際海上物品運送法9条によれば，船荷証券の記載をするについて運送人に過失がなければ，運送人は，その記載が事実と異なることをもって善意の船荷証券所持人にも対抗できるとされていた。換言すると，運送人は，不実記載につき過失があれば善意の所持人には対抗できず，他方，悪意の所持人には

【荷為替取引の仕組】

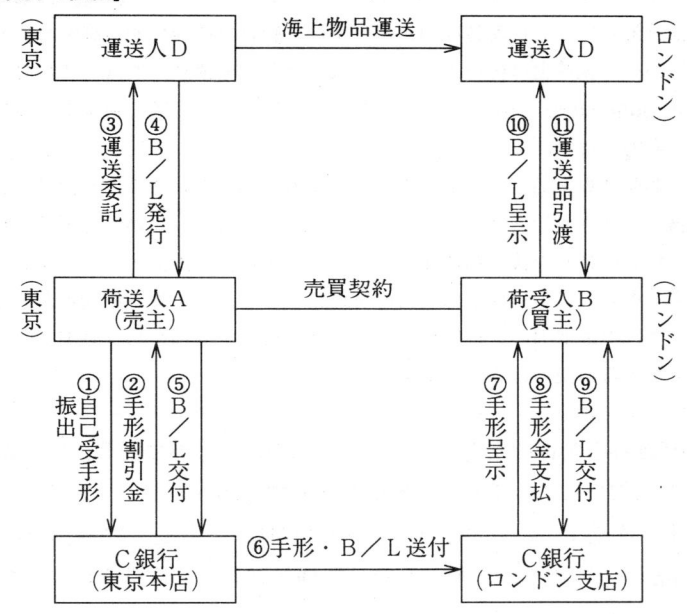

```
(東京)  運送人D ──海上物品運送──→ 運送人D  (ロンドン)
          ↑ ↓                          ↑ ↓
        ③ ④                          ⑩ ⑪
        運 B                          B 運
        送 ／                         ／ 送
        委 L                          L 品
        託 発                         呈 引
           行                         示 渡
        
(東京)  荷送人A ───売買契約───→ 荷受人B  (ロンドン)
        (売主)                    (買主)
        ↑ ↑ ↓                    ↑ ↑ ↓
        ① ② ⑤                    ⑦ ⑧ ⑨
        自 手 B                    手 手 B
        己 形 ／                   形 形 ／
        受 割 L                    呈 金 L
        手 引 交                   示 支 交
        形 金 付                      払 付
        振
        出
        
        C銀行  ──⑥手形・B/L送付──→  C銀行
       (東京本店)                   (ロンドン支店)
```

常に対抗できることになる。

　これに対し，ヴィスビー・ルールを採り入れた平成4年改正後の同法9条では，運送人は，その過失の有無を問わず，不実記載の事実を善意の証券所持人には対抗できないものと規定された。従来は運送人の責任は過失責任と構成されていたが，これを無過失責任に改め運送人の責任を強化することにより，善意の第三者保護ひいては船荷証券の流通が一層はかられることになった。したがって，たとえば，実際には運送品を10個しか受け取っていないのに，船荷証券に15個と記載した場合には，運送人は，善意の証券所持人に対して，その記載に従って15個の引渡義務を負うが，現実には10個しか引き渡すことができないので，5個分は履行不能にもとづく損害賠償責任を負うことになる。

【無留保船荷証券と補償状の効力】

　外部から認められる運送品の状態が良好であるとの記載がなされている船荷証券を**無故障（無留保）船荷証券**（clean B/L）といい，これに対し，この点につ

いて何らかの特記（たとえばcase brokenの摘要）が記載された船荷証券を**故障付船荷証券**という。荷為替取引においては，銀行は故障付船荷証券を割り引かないことから，実務上は荷送人から運送人に対して**補償状（letter of indemnity, letter of guarantee）**が交付され，これと引き換えに無故障船荷証券を発行する慣行が世界的に行われている。

無故障船荷証券を発行した運送人は，荷送人から補償状の交付を受けたことをもって善意の証券所持人に対する責任を免れることはできないが，証券所持人に対する責任を履行した後，補償状にもとづいて荷送人に求償することが許されるかが問題となる。この補償状の効力の有無について，かつては無効説が多かったが，近時は，海運取引の合理的解決のために交付された補償状は原則として有効であると解する学説のほうが有力である。

(v) 船荷証券の物権的効力　船荷証券の引渡が証券に記載された運送品の引渡と同じ効力を有することを，**船荷証券の物権的効力**という。商法は，船荷証券の物権的効力についても，貨物引換証に関する規定（575条）を準用している（776条）。したがって，船荷証券の物権的効力の法律構成についても，貨物引換証において検討したのと同様の見解の対立がある。

(4) 海上旅客運送

(a) 海上旅客運送契約の意義・成立　**海上旅客運送契約**は，海上において船舶により旅客の運送を引き受ける契約であり，その法的性質は，物品運送契約と同様に請負契約に属する。商法は777条以下に海上旅客運送契約に関する若干の特殊な規定をおいているが，陸上旅客運送人の責任規定および海上物品運送人の責任規定などを準用している（786条）。

海上旅客運送契約は，旅客の申込により海上運送人が承諾することによって成立するが，契約の締結は，普通契約約款により，いわゆる附合契約の方法で行われる。旅客運送契約は当事者の合意のみによって成立する諾成契約であるが，旅客運送人は，契約を確保するために，運送賃を前払いさせたうえ，乗船切符を発行するのが通例である。乗船切符には，記名式，無記名式または指図式のものがあるが，記名式の乗船切符は他人に譲渡できない証拠証券である（777条）。これに対し，無記名式または指図式の乗船切符は，船舶の発行前に限り譲渡することができ，その性質は運送契約上の権利を表章する有価証券で

あると解される。

(b) 旅客運送人の権利　旅客運送人は，運賃請求権を有し，旅客が乗船時期までに船舶に乗船しなかった場合には，船長は発航または航海を継続することができ，この場合でも運送人は運送賃の全額を請求することができる（780条）。なお，違法手荷物，旅客死亡の場合の手荷物について，船長の陸揚・放棄・処分権が定められている（786条2項・740条・785条）。

(c) 旅客運送人の義務と責任　旅客運送人は，堪航能力担保義務を負う（786条・738条）ほか，旅客の乗船後遅滞なく発航し　かつ，目的地に直行する義務を負う。航海中の旅客の食料は，旅客運送人が原則として負担し（778条），旅客が契約により船内に携行しうる手荷物については，特約がない限り別に運送賃を請求できない（779条）。

海上旅客運送人の責任については，陸上運送人の責任に関する規定が準用されている。すなわち，旅客運送人は，自己またはその使用人が運送に関して注意を怠らなかったことを証明しなければ，旅客が受けた損害を賠償する責任を免れない。損害賠償額の算定にあたっては，裁判所は，被害者およびその家族の情況を斟酌しなければならない（786条1項・590条）。また，旅客運送人は，託送手荷物については，とくに運送賃を請求しないときでも物品運送人と同一の責任を負うが，持込手荷物については，運送人またはその使用人に過失ある場合を除き賠償責任を負わない（786条1項・591条1項・592条）。

(d) 海上旅客運送契約の終了　海上旅客運送契約は，契約の一般終了原因によるほか，とくに商法の定める次の原因によって終了する。それは，旅客の任意解除（781条），法定原因による解除（782条），ならびに法定の事由による当然の終了（船舶の沈没・修繕不能・捕獲など。784条）である。

§4 運送取扱取引

1 運送取扱人の意義

　運送取扱とは，物品運送の取次を行うことを意味し，自己の名をもって物品運送の取次を行うことを業とする者を運送取扱人という（559条1項）。また，取次とは，自己の名をもって他人の計算において法律行為をすることを引き受ける行為であり，商法は，これを営業的商行為としている（502条11号）。したがって，**運送取扱人**は，自己の名をもって委託者の計算において運送人と物品運送契約を締結することを営業とする者であって，商人である。物品運送契約の取次であれば，陸海空のいずれの運送の取次であるかを問わないし，さらには複合運送の取次でもよい。

　運送取扱人は，沿革的には問屋から分化したものであるといわれ，取次の対象が物品運送契約（運送取扱人）か物品の売買契約（問屋）かという違いはあるにせよ，取次商である点では問屋と共通する。そのため，商法は，運送取扱業の特殊性にもとづく若干の規定を置くほか，問屋業の規定を一般的に準用している（559条2項）。

　実際界において，運送取扱人は，フレート・フォワダー（Freight Forwader）とか通運事業者とか呼ばれているが，これらの事業者は単に物品運送の取次のみならず物品運送の代理・媒介，さらには運送品の積込・荷揚・配達等の業務をも行うのが通常である。商法は，これらの事業者の営業活動のほんの一部である運送取扱について規定するだけであり，従来より立法論としては問題とされてきた。昭和10年に法制審議会が決定した商法改正要綱212は，運送取扱人を物品運送の取次，代理または媒介をなすを業とする者として定め，必要な規定をおくことを提案していたが，未だ実現されていない。

【運送取扱契約と物品運送契約】

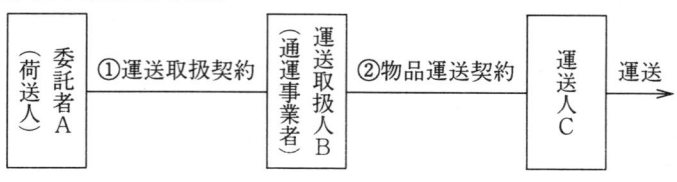

委託者A（荷送人） →①運送取扱契約→ 運送取扱人B（通運事業者） →②物品運送契約→ 運送人C →運送→

2 運送取扱人の権利

(1) 報酬・費用等の請求権

運送取扱人は,運送品を運送人に引き渡した時は直ちに,委託者に対して報酬を請求することができる(561条1項)。ただし,運送取扱契約において運送賃の額が定められたときは,特約で定めておかないと報酬を請求できない(同条2項)。この場合には,運送取扱人の報酬を含めて運送賃が決定されているからである。運送取扱契約は委任契約であるから,運送取扱のために必要な費用を支出したときは,それを償還するよう委託者に対して請求できる(559条2項・552条2項,民650条)。運送取扱人は,運送品に関して受け取るべき報酬・運送賃,その他委託者のためにした立替え・前貸しについて,その支払があるまで運送品に対して留置権を行使できる(562条)。

(2) 介 入 権

運送取扱人は,特約がない限り,第三者と運送契約を結ばずに,自ら運送人として委託された運送品の運送を行うことができる(565条1項)。この権利を**介入権**といい,介入権が行使されると,運送取扱人は委託者に対して運送人と同一の権利義務を有することになる(565条1項)。介入の方法は,委託者に対して介入をなす旨の意思表示をすればよいが,運送取扱人が委託者の請求により貨物引換証を作成したときは,介入が擬制されて自ら運送を行うものとみなされる(同条2項)。

(3) 運送取扱人の債権の消滅時効

運送取扱人が委託者または荷受人に対して有する債権は,1年の時効により消滅する(567条)。

3 運送取扱人の損害賠償責任

運送取扱契約は委任契約の一種であるから,運送取扱人は,善良なる管理者の注意をもって自らの義務を履行しなければならず(民644条),運送取扱契約上の債務に違反して委託者に損害を与えた場合には,債務不履行による損害賠償責任を負う。

ところで,560条によれば,運送取扱人は,自己またはその使用人が運送品の受取・引渡・保管,運送人または他の運送取扱人(中間運送取扱人)の選択

その他運送に関する注意を怠らなかったことを証明するのでなければ，運送品の滅失・毀損・延着について損害賠償責任を免れることができないとされる。この規定は，民法の債務不履行責任の原則を具体的に定めた注意的規定にすぎないとして，本条に特別の意味を認めないと解するのが通説である。

560条にいう「使用人」とは，運送取扱人が自己の運送取扱契約上の債務の履行のために使用した履行補助者をいい，運送人はこれに含まれない。また，運送取扱契約は物品運送の取次を内容とする契約であるから，その取次について注意義務違反がない限り，運送取扱人は責任を負わないと解される。したがって，運送取扱人は，物品運送契約の相手方である運送人の選択に誤りがあり，その結果，運送品の損傷が生じたのであれば，委託者に対して運送取扱契約上の債務不履行責任を負うが，他方，運送人の過失によって運送品が損傷した場合には責任を負わない。なお，損害賠償額の範囲については特別の規定がないため，民法416条の一般原則による。ただし，運送契約における高価品の特則（578条）は，運送取扱人にも準用されている（568条）。

運送取扱人の責任は，荷受人が運送品を受け取った日（運送品の全部滅失の場合は引渡がなされるべき日）より1年を経過したときは時効により消滅するが，運送取扱人に悪意があるときは，1年の短期消滅時効は適用されない（566条）。ここにいう「悪意」の意義に関しては，運送人の責任の消滅につき既に述べたとおりである。

4　相次運送取扱

相次運送取扱とは，中継運送を必要とする運送品について，運送取扱人が自己の名をもって委託者の計算において他の運送取扱人（中間運送取扱人という）と物品運送の取次契約をなすことを引き受ける場合をいう。

相次運送取扱の場合は，中間運送取扱人は，自己の前者を委託者とする運送取扱契約を締結するから，自己の前者に代わって報酬・費用等の請求権や留置権などを行使する義務を負う（563条1項）。ここでの「前者」とは，自己が運送取扱契約を締結した直接の前者である運送取扱人をいう。

上述のように，相次運送取扱においては，後者は前者に代わってその権利を行使すべき義務を負うが，その権利行使以前にまず前者に弁済をするのが通例

であるといわれる。そこで，後者は，前者に弁済したときは，前者の権利を法律上当然に取得すると規定されている（563条2項）。同様に，後者の運送取扱人は，運送人に弁済したときは，運送人の権利を当然に取得する（564条）。

§5 倉 庫 取 引

> **トピック**
>
> **倉庫営業** 物品を蔵置・保管する設備を備えて，他人からの物品の寄託を引き受ける営業を倉庫営業という。倉庫営業者は他人の商業等を補助する独立の商人であり，運送・運送取扱営業とともに物流の中心を担う補助商である。商人等は，倉庫営業者を利用することにより，自家用倉庫の取得・維持に伴う経費や手間を省くことができ，また，倉庫営業者のノウハウを利用することができる。さらに倉庫証券の発券を受けた場合には，この倉庫証券を譲渡したり質入したりすることで，物品を倉庫に保管したままの状態で，売却や質入の目的を達することができるため，物品の移動に伴う危険や経費を軽減できる。

1 倉庫取引とその機能

(1) 倉庫営業とは

　物品を保管・貯蔵するための建物を一般に倉庫というが，商法の特別法である倉庫業法2条1項が定める倉庫とは，「物品の滅失若しくは損傷を防止するための工作物又は物品の滅失若しくは損傷を防止するための工作を施した土地若しくは水面であって，物品の保管の用に供するもの」をいい，物品を保管するための施設であれば，建物（1類～3類倉庫，危険品倉庫，冷蔵倉庫）に限らず，工作物（サイロやタンクといった貯蔵槽倉庫，タンクの危険品倉庫），工作を施した土地（野積倉庫），水面（水面倉庫）が含まれることになる。

　倉庫の種類は運営形態から分類して，①**自家用倉庫**（自分の貨物の保管を行う倉庫），②**営業倉庫**（倉庫業者が他人から物品を預かり保管する倉庫），③**農業倉庫**（「農業倉庫業法」による認可を受けた農業協同組合等が営む倉庫），④**協同組合倉庫**（「水産業協同組合法」「中小企業等協同組合法」「森林組合法」にもとづく倉庫であって，漁業協同組合，事業協同組合等が主にこれらの組合員の物品を保管する倉庫）に分類される。商法でいう**倉庫営業者**とは，「他人ノ為メニ物品ヲ保管スルヲ業トスル者」（597条）であり，他人の寄託物を自己の倉庫に保管するこ

とを営業とする独立の商人を指すため，自己所有の物品を自家用倉庫に保管することは倉庫業とはいえない。倉庫業法2条2項も，倉庫業の概念に同趣旨の規定を置くとともに，倉庫業から保護預り（金融機関がその金庫に顧客の有価証券を保管する業務），一時預り（他人の携帯品・自転車・自動車・牛馬その他のこれに準ずる物品の保管），その他政令で定めるものを除くことを規定している。農業倉庫や協同組合倉庫が商法上の倉庫業者でないことはもちろんであるが，これらの組合法にも商法と同趣旨の規定が見られることが多く，また，漁業協同組合の冷蔵庫は，一営業年度において組合員が利用する事業分量と同額までは，組合員以外も有料で利用できるため（水産業協同組合法11条7項），営業倉庫同様の役割を果たしている。

　商人は，倉庫営業者を利用することにより，自家用倉庫の取得・維持に伴う経費や手間を省くことができ，また，ノウハウを持ったプロに任せることによって，自らが物品を保管するリスクを軽減することができる。さらに，取引の場所や流通の便を考えて，物品の保管場所を選んだり，寄託した物品の引渡請求権を表彰する有価証券である「**倉庫証券**」（倉荷証券）の利用によって，物品の移動に伴う危険や経費（運送料・人件費・保険料等）を軽減したり，保管物品を担保として金融を得ることもできる。こうした機能により倉庫営業は，運送取扱営業・運送営業とともに物流の中心を担う補助商となっている（これらの業種を兼ねる企業も多い）。

　倉庫業者は，また，個人にも利用される。家財等の非商品を預かる家具倉庫業（トランクルームサービス）は，昭和6年より開始され，近時は，企業の書類や磁気テープ，個人管理が難しい毛皮や家財等の他，古着・書籍・レコード・CDといったコレクション等を預けるといった利用もなされている（トランクルーム認定規定2条別表第一，参照）。これらは，輸送における宅急便等とともに消費者物流と呼ばれている。

(2) **倉庫業者に対する規制**

　倉庫営業については，商法典中に規定があるが（597条～628条），その多くは倉庫証券に関する規定である。また倉庫営業者が寄託を引受ける倉庫寄託契約は民法上の寄託契約の一種であるから，その規定の適用を受ける（民657条～665条）。

倉庫営業は，倉庫設備の適否，証券の濫用・悪用など公共の利害に大きく影響する業種である。そこで，商法の特別法である倉庫業法（昭和31法121号）が定められて，倉庫営業の適正な運営と倉庫証券の円滑な流通を確保するための行政的監督制度を確立している（倉庫1条）。倉庫業法でいう倉庫業者とは，「運輸大臣（現在は国土交通大臣）の許可を受けた者」を指す（倉庫3条）。その事業の中心は，「寄託を受けた物品の倉庫における保管」（倉庫2条2項）であるが，こうした物品の入庫作業や出庫作業といった倉庫荷役も倉庫業の内容の1つである。倉庫業法にもとづく営業許可を受けた事業者は，倉庫保管料・倉庫荷役料その他営業に関する料金を実施前に運輸大臣（現在は国土交通大臣）に届出なければならず，一定の場合には運輸大臣（現在は国土交通大臣）はその料金につき変更を命ずることができる（倉庫6条）。倉庫証券（倉荷証券）は，運輸大臣（現在は国土交通大臣）の発券許可を受けた事業者でなければ発行できない（倉庫13条）。

また，倉庫営業者の作成する**倉庫寄託約款**が倉庫寄託契約の内容を決定する上で重要な役割を果たしている。倉庫寄託約款についても，事業者は実施前に運輸大臣（現在は国土交通大臣）に届出る義務がある（倉庫8条）。運輸省作成の約款の標準案には，標準倉庫寄託約款，標準冷蔵倉庫寄託約款，標準水面木材倉庫寄託約款の3種があるが，現在の実務では，各事業者は，運輸省が作成した約款の標準案とほぼ同一のものを届出ている。ただし，トランクルームサービスについては，法律にもとづく標準トランクルームサービス約款が存在する。これら全ての約款において，約款による契約を事実上強制している（倉・冷・水・ト各約款7条）。

2　倉庫寄託契約
(1)　倉庫寄託契約の成立

倉庫営業者が倉庫に物品の蔵置保管を引受けることを倉庫寄託契約という。この契約が，要物契約か諾成契約かについては学説上争いがある。現在の約款では，倉庫寄託契約は民法上の寄託契約の一種として要物契約（民657条）であり，かつ，寄託物の引渡前に寄託者の申込と倉庫営業者の承諾により寄託の予約がなされうるものとされている（倉・水各約款1条・8条・10条・11条，冷

約款1条・8条・9条・10条，ト約款1条・9条・10条・11条）。これに対して，倉庫寄託契約は倉庫寄託を引受ける契約であって，引受はその性質上物の引渡を要素としないから，運送契約と同様に諾成契約であると解する説も有力である。寄託の予約は，通常，倉庫営業者に寄託引受の義務を負わせるが，寄託申込者が約定日までに申込を撤回することは自由である。申込の撤回がないまま約定日を迎えた場合，実際に寄託物の引渡がなくても，寄託申込者は引渡日または予約解除日までの保管料相当額の損害金を支払う義務を負う（倉約款47条，冷約款49条，水約款36条）。

倉庫業者は，寄託の引受を決定すると，寄託申込者に対し，所定の様式による寄託申込書の提出を依頼する（倉・冷・水各約款8条，ト約款9条），寄託申込書には，倉庫証券の作成に必要な事項を中心に（599条），貨物の保管や荷役上特別に注意すべき事項等が記載される。

倉庫営業者は，約定の日時に約定の場所（主に倉庫営業者の構内）で寄託者から寄託物を受取り，入庫作業が行われる。そして，寄託者の請求により入庫通知書（正規の受取書）を交付する。また，倉庫営業者は運送人に対し，貨物受取書または入庫通知書（ともに簡略化された受取書）の交付をなすことがある（倉・水各約款10条2項，冷約款9条2項）。

(2) **倉庫業者の義務**

(a) 受寄物の保管義務　倉庫営業者は，契約の有償・無償を問わず，受寄物につき善良なる管理者の注意義務をもって保管をなすことを要する（593条）。具体的には，他の受寄物との関係を考慮して収蔵し，受寄物の損傷や盗難等に対する予防を施すことを必要とする。また，受寄物の性質に適する方法で保管する義務がある。契約上，保管方法を特約した場合はそれに従うが，通常は，寄託申込書に記載された受寄物の種類に適した保管方法を倉庫営業者が選択し，入庫当時の荷姿のまま保管する（倉約款17条，冷約款16条，ト約款15条）。普通倉庫は，防火・防水・防湿等の設備の有無や構造によって，以下のように分類され，受寄物の種類に適した保管場所が選ばれることになる。ただし，通常，普通倉庫の野積倉庫・貯蔵品倉庫・危険品倉庫，その他，冷蔵倉庫，水面倉庫の選択は特約によってなされる。

【普通倉庫の種類】

1類倉庫　（危険物を除き、とくに保管制限のない倉庫、防火・防水・防湿・照明等の多くの構造・設備要件が定められている）

2類倉庫　（防火設備を有しない保管物品の制限がある倉庫、防水・防湿・照明等の設備は有する。穀物・セメント・陶磁器・鉄材等を保管するもの）

3類倉庫　（防火・防湿・遮熱性能等を有しない保管物品に制限がある倉庫。ガラス・地金・鋼材等の荒荷を保管するもの）

野積倉庫　（製材・瓦など風雨の影響を受けにくい貨物を野積みで保管する倉庫（整地）。ただし、その周囲を塀・柵・鉄条網等で保護し、防火・証明等の設備は必要である）

貯蔵槽倉庫　（穀物等のばら貨物や液体を保管するサイロやタンクをいう。防火・防水・照明等の要件を備えることが必要である）

危険品倉庫　（石油・化学薬品等の危険物を保管する建屋・タンク。消防法2条の危険物、高圧ガス取締法2条の高圧ガスを保管する。防火・防水・照明等の構造・設備要件の他に、危険物の規制に関する政令、高圧ガス取締法施行規則に定める貯蔵所の諸基準に適合することも必要である）

　保管期間は、通常、当事者間で定められる。しかし、契約上特に期間を定めなかった場合において、やむをえない事情があるときの他は、619条は、最低でも入庫後6カ月間の保管義務を負うことを規定するが、約款では、3カ月に短縮されている（倉・冷各約款20条1項、水約款16条、ト約款17条）。この期間は、倉庫業者の都合により倉庫業者側から受寄物の返還をなすことができない。これは、返還時期の定めがない限り、受寄者は何時にても返還しうるとする民法633条1項の例外であり、寄託者の保護と倉庫営業の経済的機能達成のために定められたものである。この期間の経過により、倉庫営業者からの引取請求が可能になるが、寄託者が希望する限り保管期間の更新が行われるのが通常である。こうした際の更新には、契約期間の満了による更新同様、保管期間満了日までの保管料等の支払を要する（倉・冷各約款20条2項、水約款16条2項、ト約

款17条2項・3項)。

なお，寄託物につき権利を主張する第三者が倉庫営業者に訴えを提起し，または差押え・仮差押え・仮処分をなしたときは，倉庫営業者は遅滞なくその事実を寄託者に通知することを要する（民660条)。倉荷証券が発行され倉庫営業者が証券所持人を知ることができないときは，民法97条ノ2に定める方法（公示による意思表示)で通知を行うことができる（倉・冷・水各約款5条2項)。一度提訴等があったことの通知がなされれば，寄託者はそれに対処することができるため，その後の経過まで逐一寄託者に通知する義務はない（最判昭40・10・19民集19巻7号1876頁)。

(b) 倉庫証券交付義務　倉庫営業者は，寄託者の請求により，受寄物につき預証券および質入証券（598条)か，両証券に代えて**倉荷証券**（627条1項)を交付することを要する。実際に利用されているのは倉荷証券のみであり，約款には倉荷証券の規定しか置かれていない（倉約款13条，冷・水各約款12条)。また，農業倉庫業法による農業倉庫，水産業協同組合法・中小企業等協同組合法・森林組合法による協同組合倉庫も倉荷証券のみを発行している（中小協9条の3～9条の6，農業倉庫7条ノ2～9条，水協12条～15条，森林組合15条～18条)。倉庫営業者の倉庫証券は，運輸大臣（現在は国土交通大臣)の発券許可を受けた事業者でなければ発行できない（倉庫13条農業倉庫・協同組合倉庫も倉荷証券の発券には，主務大臣の発券許可が必要である)。運輸大臣（現在は国土交通大臣)の発券許可を受けていない倉庫営業者は，寄託者の請求により貨物保管証書または保管貨物通帳を交付することを約款で定めているが（倉約款14条，冷・水各約款13条)，これは有価証券ではない。

なお，商法は，倉庫証券が滅失したときは，所持人は相当の担保を供して再発行を請求できるものとしているが（627条2項・605条)，約款は，担保提供に加え，公示催告申立を要求している（倉約款16条，冷約款15条，水約款14条)。

(c) 受寄物の付保義務　倉庫営業者の免責の範囲が広いため，受寄物の滅失・毀損につき保険で対処する必要が大きい。そこで，倉庫業法は，倉庫証券が発行される受寄物については，寄託者の反対の意思表示がない限り，倉庫営業者を保険契約者，寄託者（倉庫証券所持人)を被保険者とする火災保険を付保することを要求している（倉庫14条)。また，普通倉庫・冷蔵倉庫・トラン

クルームでは，約款により，倉庫証券の発行の有無にかかわらず火災保険を付保している（倉約款32条，冷約款33条，ト約款26条）。これらの保険料は倉庫業者が負担するものであるが，この火災保険で担保されない損害を付保しようとする寄託者は，自己の負担において期間建運送保険契約等をなさねばならない。

(d) 受寄物の点検・見本摘出および保存行為許容の義務　倉庫営業者は，寄託者または倉荷証券の所持人の請求があれば，営業時間内は何時でも受寄物の点検・見本の摘出またはその保存に必要な処分をなす義務がある（616条・627条2項）。これは，寄託物の売買等の取引に便宜を与え，保全の完全を期すことにより，当事者の利益を保護するための規定である。なお，約款には，寄託者等による請求の手続，当該行為により荷造りを毀損する等の事態に倉庫営業者がとりうる措置等が定められている（倉・冷各約款23条，水約款19条，ト約款20条）。

(e) 受寄物の返還義務　倉庫業者は保管期間の定めがあるときでも，寄託者の請求により，営業時間内であれば何時でも受寄物を返還する義務を負う（民662条）。しかし，倉庫証券が発行されている場合には，証券の所持人に対してのみ，証券と引換に寄託物を引き渡す義務を負う（620条・627条2項）。なお，倉荷証券所持人が質権者の承諾を得て質入寄託物の一部の返還請求をなした場合の引渡義務（628条）等の特別規定がある。

(f) 出庫　出庫手続は，寄託者が倉庫営業者に対し貨物受取証を提出し，これと引換えに倉庫営業者から出庫指図書（出庫伝票）の交付を受け，それを倉庫の現場担当者に呈示して寄託物の引渡を受ける（倉・冷各約款24条2項，水約款20条2項，ト約款22条）。

倉荷証券の所持人が出庫を請求する際には，出庫を請求する証券所持人は証券裏面に必要事項を記載して倉庫営業者に提出する（620条，倉・冷各約款24条1項，水約款20条1項）。一部出庫の場合には，倉庫営業者は，提出を受けた証券裏面に引渡個数・残余個数を記載して倉庫営業者印を押印した後，証券所持人にそれを再交付する。また，寄託物の買受人が，寄託者発行の荷渡指図書を倉庫営業者に呈示して出庫を求めることがある。

(3) 倉庫営業者の損害賠償責任

(a) 受寄物の滅失・毀損に対する損害賠償責任　倉庫営業者は自己または

その使用人が受寄物の保管に関し注意を怠らなかったことを証明するのでなければその滅失または毀損につき損害賠償の責を免れない（617条）。この責任は運送取扱人（560条）および運送人（577条）の場合と同様にレセプツム責任を緩和した過失責任であるが，民法の原則（民415条）の注意規定にすぎないか（通説），民法の責任の範囲を拡充するものか，学説上の解釈の争いがある。しかし，現実には，標準トランクルームサービス約款を除き，他の約款では，損害が倉庫営業者またはその使用人（複受寄者を含む）の故意または重過失により生じたことを寄託者側が証明しない限り，倉庫営業者は賠償の責任を負わない旨の免責条項が置かれている（倉約款38条2項，冷約款40条2項，水約款29条2項）。

(b) 損害賠償額　倉庫営業者が損害賠償責任を負う場合の賠償額は，寄託物の時価により損害の程度に応じて算定されるが，時価が寄託申込書記載の寄託価格を超えるときは，寄託価格により損害の程度に応じて算定する（倉約款42条，冷約款44条，水約款31条，なお，ト約款8条・33条）。

(c) 責任消滅の特則　寄託物の滅失・毀損による倉庫営業者の責任は，悪意がない限り，出庫の日（寄託物を全部滅失した場合には，寄託者または倉荷証券所持人に滅失の通知を発した日）から1年を経過した日をもって時効により消滅する（626条）。しかし，実際には，標準トランクルームサービス約款34条はその期間を1週間に短縮し，他の約款においては，荷受人が留保をなさずして寄託物を受け取り，かつその寄託料その他を支払った時は消滅する旨を規定している（倉約款44条，冷約款46条，水約款33条）。

(4) 倉庫業者の権利

(a) 保管料請求権　倉庫業者は，無償寄託の引受をなさない限り，特約がなくても相当の報酬を請求することができる。これを保管料または倉敷料といい，通常保管料表に定められている（倉庫6条・9条）。請求しうる時期は出庫の時（出庫計算法）であるが，一部出庫の場合には割合保管料を請求できる（618条）。また実際の倉庫寄託契約では，保管期間満了時に寄託者はそれまでの保管料を支払う。その他，月極等の残高計算法（継続的な取引関係がある寄託者に多い），入庫時に先払いする先取計算法（トランクルームサービス）等，さまざまな方式がとられている。なお，倉荷証券が発行された受寄物について

は出庫計算法がとられるのが通例である（倉・冷各約款20条2項，水約款16条2項）。

寄託者は，保管期間の定めがあっても何時でも寄託物の返還を請求でき，かつ，出庫時までの保管料を支払えば足りる。ただし，寄託物の在庫期間の計算は，通常，1カ月を3期に分けて，約10日を1期として行い，期の途中の入出庫についても1期分の保管料が徴収される。

商法上，倉庫営業については，寄託者以外が保管料支払義務を負う旨を定めた規定はない。しかし，約款は，寄託者と証券所持人を同列として，所定期日における保管料の支払義務を課している（倉約款48条，冷約款50条，水約款37条）。判例も，倉庫証券が裏書譲渡されたときは，特段の事情がない限り，証券記載の文言に従い譲受人が保管料支払債務を引き受ける旨の合意が当事者間に成立すると解しており（最判昭32・2・19民集11巻2号295頁），この説によれば，運送営業の場合と異なり，寄託物の返還を受けない中間の証券所持人も保管料支払義務を負うことになる。

(b) **費用償還請求権**　倉庫業者は，立替金および受寄物に関する費用の償還を請求することができる。なお，一部出庫の場合には，割合に応じた請求をなすことができる（618条）。

(c) **損害賠償請求権**　倉庫業者は寄託物の性質または瑕疵により生じた損害につき，寄託者に賠償を請求することができる。ただし，寄託者が過失なくしてこの性質または瑕疵を知らなかった場合や，倉庫業者が事前に寄託物の性質または瑕疵を了知していた場合はこの限りではない（民661条）。

(d) **留置権および先取特権**　倉庫業者の権利につき特別の留置権は法定されていないが，寄託物とその保管料またはその寄託物に生じた関税・通関手数料・運送賃・保険料等の立替金等，牽連性があるものには**民事留置権**（民295条）を行使できる。また，寄託者が商人であれば，**商人間の留置権**を行使できる（521条）。これらの留置権は，倉庫証券の所持人に優先する権利である。なお，受寄物を競売したときは保管料その他の費用等につき，民法上の先取特権を有する（民321条）。

(e) **供託および競売権**　保管期間満了後に期間の更新もなされないまま，寄託者または倉荷証券の所持人が寄託物の受領を拒否した場合または受領不能

の場合は，倉庫営業者は商人間の売買（524条1項・2項）に準じて受寄物の供託権および競売権を有する（624条・627条2項）。受寄物を競売した倉庫営業者は，競売代金から，保管料その他の費用・立替金・競売に関する費用・受寄物に課される税金を控除できる（624条2項・611条1項）。しかも，残額を供託することは要しない。それに加え約款では，受寄物の価格が保管料・その他の費用・競売費用の合計額に満たないとき，または，受寄物の損敗のおそれがあるときに限り，倉庫業者の任意売却権が認められている（倉約款31条，冷約款32条，水約款27条）。

3　倉庫証券

(1)　倉庫証券の機能と単券主義・複券主義・併用主義

倉庫証券とは，倉庫営業者に対する寄託物返還請求権を表彰する有価証券であるが，こうした債権的機能とともに，物権的効力（604条）があり，寄託者が寄託物を譲渡・質入して金融の便を受けるなどの技術的制度が確立している。現在，倉庫証券として，商法は，598条で「**預証券・質入証券**」について規定し，627条で「**倉荷証券**」について規定する。倉庫業法もまた2条3項において，この3つを規定する。しかし，実際に利用されているのは倉荷証券だけであり，約款には，倉荷証券に関する規定しか存在しない。また，農業倉庫や協同組合倉庫においても倉荷証券のみが利用されている。

寄託物につき単一の証券の発行を倉庫業者に認める主義を**単券主義**というが，わが国は，明治23年の旧商法においては単券主義を採用していた。寄託物の譲渡は専らこの証券によっていたが，寄託者が質入のため証券を交付すると，寄託物の譲渡が困難になることなどから，明治32年の現行商法においては，当初，**複券主義**が採用されることとなった。これにより，倉庫業者に**預証券**（倉庫業者が寄託を受けて保管している物品に代わる流通証券として発行する有価証券）と**質入証券**（寄託者が倉庫業者に寄託した物品を担保として金融を受ける際，その物品に代えて担保に供するために，倉庫業者が発行する有価証券）を2枚1組として発行させ，寄託物の売却を意図する寄託者は，まず質入証券により寄託物の質入をなし，寄託物の売却代金に近い金融を得る。ついで，好機に，売買契約を締結し，契約履行として質権付寄託物を預証券によって買主に交付する。これ

に対し，買主は，寄託者に買入代金と質権の被担保債権との差額を支払い，買入寄託物の出庫の際に質権者に被担保債権額を支払うことにより，売買代金を完済するといった方法を採ることにより，時間的障害が克服されることとなった。しかし，法律関係が複雑であること，この2つが別個に流通するため，それぞれの所持人が債務者・債権者であるお互いを知らないという欠点が生じること，さらに，預証券所持人の責任が物的有限責任であるため，寄託物の時価が債権額以下に下落すると証券所持人による弁済は期待できないことから，金融機関が質入証券による貸付を好まなかったこと等により，結局，普及しなかった。

そこで，明治44年の改正により，両者の機能を1枚の証券面に併合した倉荷証券が採用され，現在では，法律上，複券制を採る預証券・質入証券と単券制を採る倉荷証券が併用される併用主義を採るところとなっている。ただし，実際に利用されているのは，倉荷証券だけである。なお，寄託物の譲渡には，広義の倉庫証券である**荷渡指図書**も倉庫証券代わりに利用されており，むしろ倉荷証券の利用は，商品取引所の上場商品の受渡等に限られている。

(2) 倉荷証券

(a) 倉荷証券の発行　倉荷証券は預証券と質入証券を合わせた性質・効力を有し，貨物引換証と同様に1つの証券をもって寄託物の譲渡・質入などの目的を達成しようとするものであり，寄託者の請求により発行・交付される (627条1項)。倉荷証券は，倉庫営業者が貨物の受取りの事実を証し，かつ，寄託者またはその指図人への受寄物引渡を約する有価証券である。倉荷証券が発行されると，寄託物引渡請求権の行使・移転にはその呈示・交付が必要となる。なお，倉荷証券の所持人は，必要な費用を負担すれば，寄託物を分割して各部分に対応する数通の倉荷証券を旧証券と引換に交付することを倉庫営業者に請求できる (601条)。倉荷証券には，628条を除き，預証券に関する規定が準用されるので (627条2項)，その形式・流通方法・効力は預証券に準ずるが，次の点で預証券と違う取扱を受ける。倉荷証券により寄託物の質入をなすには，貨物引換証と同じく，倉荷証券所持人は債権者と質権設定契約をなすともに，倉荷証券を債権者に引き渡さなければならない（商604条・575条，民344条）。倉荷証券は物の給付を目的とする有価証券であるから裏書の方式について手形法

13条が準用されており（519条，最判昭57・7・8判時1055号130頁参照），質入裏書の規定（606条）の準用はないため，質入の場合にも単純な裏書交付（604条・575条）によるものと解されている（大判大10・4・25民録27輯773頁）。

倉荷証券には，受寄物の種類・品質，数量，荷造の種類，個数，記号（599条1号），寄託者の氏名または商号（599条2号），保管の場所（599条3号），1期についての保管料（599条4号），保管期間を定めたときはその期間（599条5号），受寄物に付された火災保険の保険金額・保険期間・保険者（599条6号），証券の作成地・作成年月日（599条7号）を記載し，倉庫業者が署名する。裏面には約款の主要条項が記載され，裏書欄および受取欄が設けられている。

倉荷証券を交付したときは，倉庫営業者は，その帳簿（倉庫証券控帳，実務上，証券原票等と呼ばれ，倉荷証券のコピーが用いられることが多い）に，上記記載の法定事項（599条）を記載しなければならない（600条）。

(b) 倉荷証券の法的性質　　倉荷証券は，法律上当然の**指図証券**であり（627条2項・603条1項），**要式証券**であり（627条2項・599条），**受戻証券**である（627条2項・620条）。また，物権的効力・処分証券性を有する（627条2項・604条）。

倉荷証券が作成されたときは，寄託に関する事項は，倉庫営業者と所持人との間においてはその証券の定めるところによるから，倉荷証券は文言証券であるが（602条），同時に，倉荷証券は倉庫寄託契約にもとづく寄託物引渡請求権を表彰する要因証券でもある。文言証券性を強調すれば，証券所持人が記載と事実の異なることを知っていたとき以外には，倉庫営業者は，空券および品違い等の場合にも責任を免れないことになるが，要因証券性を強調すれば，倉庫営業者に過失がなければ責任を免れることになる。この点について，学説・判例に争いがみられるが，倉庫営業者はその責任を免れるために，証券上に内容不知文言を記載した場合の免責条項を置いている（倉約款41条，冷約款43条）。なお，最判昭44・4・15民集23巻4号755頁は，こうした不知文言の記載について，受寄物の内容を検査することが容易でないもの，検査により品質・価格に影響を及ぼすことが明らかであるものについては有効であると判示している。

(3) 荷渡指図書

法定の倉荷証券の他，実務界では，寄託物の譲渡に荷渡指図書が多く用いら

れている。これは寄託物の全部または一部をその所持人に引き渡すことを委託する指図書で、倉庫証券所持人または寄託者が、倉庫営業者に宛てて寄託物の全部または一部の引渡を指図する形式のもの（荷渡依頼書）である。また、倉庫営業者が自己の履行補助者に宛てて、受寄物の引渡をなすよう指図する形式のものも荷渡指図書という。

前者の形式のものは、そのままでは物品の引渡請求権を表彰せず、物権的効力を有しないため、有価証券ではない。しかし、所持人が荷渡指図書を倉庫業者に呈示し、倉庫業者が指図に従って寄託物を引き渡せば、倉庫業者は免責される免責証券である。これに対し、この荷渡指図書に倉庫営業者が倉庫証券に代替するものとして承認する旨の署名（副署・添書）したもの（副署付荷渡依頼書）は、倉庫業者が寄託物の引渡義務を負担したものと考えられるので、寄託物引渡請求権を表彰する有価証券となるとの説がある（東京地判昭57・2・16判時1056号246頁）。ただし、これには、商法がとくに倉庫証券に付与している物権的効力は認められない。

倉庫営業者が自己の履行補助者に宛てて、受寄物の引渡をなすよう指図する形式のものは、同様の解釈から有価証券性があると解する説が多いが、実際には、前者と違い一見して社内連絡用とわかる程度のものも多く、これらは当然、有価証券ではない。

なお、荷渡指図書に善意取得が認められるかについては、さまざまな判例があるが（木材取引・生姜の取引等において、業界に慣習が認められないことを理由に善意取得を否定した判例として、最判昭48・3・29判時705号103頁、東京高判昭62・4・22判時1250号123頁等、食肉輸入業界に慣習があることを理由に善意取得を肯定した判例として、最判昭57・9・7民集36巻8号1527頁等がある）、結局、業界の慣習によって決まることが指摘されている。

§6 場屋取引

1 場屋取引の意義と態様
(1) 場屋取引の意義と態様

「客の来集を目的とする場屋の取引」(502条)をなす営業を**場屋取引**(じょうおくとりひき)といい,営業的商行為の一類型であり(502条7号),場屋営業者(商人,4条)には特別の責任が負わされている(594条)。「場屋」は不特定多数の人の来集に適する設備が設けられた場所で,多数の人が頻繁に出入りし滞留する間,その所持品盗難・紛失などの事故が生じやすいため,客の保護と場屋営業者の信用維持を目的とし,商法は場屋営業者の責任について特別規定を置いている。場屋営業は,旅館,飲食店,喫茶店,浴場,理容・美容業,興業場,遊戯場,ゴルフ場のクラブハウスおよびこれに近接する一帯(名古屋地判昭59・6・29判タ531号176頁)や,駐車場などの営業がこれに含まれる。場屋取引の営業は種類が多く,場屋営業者と客との契約はさまざまである。たとえば,理髪業は請負業,飲食業は売買および労務提供等の混合契約,浴場業は設備の一時的賃貸借を主とする混合契約,興業場の無名契約などである。このように「場屋取引」というのは基本取引行為そのものに関する概念ではなく,複合的取引のなされる包括的な概念といえる。また,客から寄託を受けた物品の滅失または毀損について,場屋営業者はそれが不可抗力によることを立証しなければ損害賠償の責任を免れない(594条)。この責任はローマ法における**レセプツム責任**の系譜に連なるものとされる。さらに,客がとくに寄託しないで場屋内に携帯した物品や貨幣,有価証券等の高価品について規定している。この場屋営業者の責任の規定は強行規定ではなく,特約による責任の減免は原則として認められる。ただ客の携帯品について責任を負わない旨を場屋内に告示するだけでは,免責特約がなされたとみることはできない。また,場屋営業者の責任は,悪意がある場合を除いて,1年の短期時効により消滅する。

〈資料〉 某ホテル宿泊約款
第15条〈寄託物等の取扱い〉 宿泊客がフロントにお預けになった品物又は現金並びに貴重品について，滅失，毀損等の損害が生じたときは，それが，不可抗力である場合を除き，当ホテルは，その侵害を賠償します。
② 宿泊客が，当ホテル内にお持ち込みになった物品又は現金並びに貴重品であってフロントにお預けにならなかったものについて，当ホテルの，故意又は過失により滅失，毀損等の損害か生じたときは，当ホテルは，その損害を賠償します。ただし，宿泊客からあらかじめ種類及び価額の明告のなかったものについては，15万円を限度として当ホテルはその損害を賠償します。
第17条〈駐車の責任〉 宿泊客が当ホテルの駐車場をご利用になる場合，車両のキーの寄託の有無に関わらず，当ホテルは車両の管理責任まで負うものではありません。ただし，駐車場の管理に当たり，当ホテルの故意又は過失によって損害を与えたときは，その賠償の責に応じます。

(2) 場屋営業の類型と法的規制

各種の営業ごとに特別法が制定されたり，許可や届出を要する営業も少なくない。さらに営業者や業務従事者に資格や免許制がとられている例もある。たとえば，旅館，ホテル，簡易宿泊所は旅館業法，飲食店・喫茶店営業は食品衛生法の適用を受けてスナック等呼称のいかんは問わない（料理屋について大判昭10・12・5新商判集3巻664頁）。浴場業はサウナ等も含み公衆浴場法の適用を受ける。理容業・美容業は，それぞれ理容師法，美容師法の適用を受ける。ただ，この業種が場屋営業にあたるか否かは議論がある。通説は理容業を場屋営業としているが，これを他人のためにする加工に関する行為（502条2号）と解する少数説もある。判例は，理髪業者と客との間に請負もしくは労務に関する契約があるだけで，設備利用を目的とする契約は存しないという理由により，場屋取引を業とする者ではないと解されている（大判昭12・11・26民集16巻1681頁）。興業場営業は，劇場，映画館，寄席，コンサート・ホール，球技場等何らかの技芸を公衆の観覧・聴聞に供する施設の経営がこれにあたり，興業場法の適用を受ける。遊戯場営業は，ダンス・ホール，ボーリング場，ビリヤード（大判大14・9・18刑集4巻535頁参照），麻雀屋，パチンコ店等があり，多くは風俗営業等取締法の適用対象となっている。百貨店の類は，本来場屋営業に属

するものではないが，物品販売の設備だけでなく，飲食，興業，遊戯等の施設を併置して多数の客の来集を求めるものであり，全体として1個の場屋とみるべしとする説がある。

2 場屋営業者の責任
(1) 受寄物の滅失・毀損についての責任
　場屋営業者は，客から寄託を受けた物品の滅失または毀損につき，それが不可抗力によることを立証しなければ，損害賠償責任を免れない（594条1項）。一般商事寄託における受寄者の責任である善良なる管理者の注意義務（593条）と比較して，場屋営業者の場合，物品の寄託はその附属的商行為としてなされるにすぎないのに，単なる無過失の立証だけでは免責されず，不可抗力でなければ免責されず責任が加重されている。この重い場屋営業者の責任は，レセプツム責任の系譜に連なるといわれている。場屋営業者の寄託契約が締結されている「客」は，ホテルにおける宴会の招待客のように，場屋営業者との契約の当事者でない者，あるいは，何らかの事情で基本契約を締結するに至らないが現に場屋内にいる者も含まれる。事実上場屋を利用するこれらの者がその所持品を寄託する場合にも場屋営業者はこの責任を負う。

【レセプツム責任とその沿革】
　(1)　古くローマ法の下で，船主，旅店・駅舎等の主人は，運送または寄託を引き受けた物品を客に安全に返還すべき絶対責任を負い，それは，物品の受領という事実にのみにもとづく法律上当然の結果責任とされた。ローマ法によって確立されたレセプツム責任は，その後，不可抗力，物品の瑕疵または自然消耗および荷送人・旅客の過失による滅失・毀損については，そのことを立証すれば免責されるようになった。
　ローマ法におけるレセプツム責任法理の発生要因である社会的背景として，当時の旅店等の主人およびその使用人が盗賊と共謀し，抜取りなどの不正行為を働くことが多く，また，過失責任の原則による賠償請求は実際上その立証が困難であるため，運輸・交通の安全を確保する上で，旅店等の主人に絶対的担保義務を負わせる必要があったことが指摘されている。他方，船主にもレセプツム責任が負わせられたのは，船主が荷主の監視が及ばないところで運送品を処分しうる地

位にあった点に，主たる理由が求められている。このような法理が後世の各国の法制に何らかの形で継受され，現在に及んでいるとされる。

(2) 日本の旧商法制定以前の慣行によれば，客の寄託物および携帯品の双方について生じた損害は客が負担し，場屋営業者はまったく責任を負わなかった。そこで旧商法が全面的にレセプツム法理を取り入れ，場屋営業者の責任負担が増大したので，新商法は「旧商法ノ主義ト従来ノ慣習トノ間ニ中庸ヲ得シメ」たといわれる。

(3) 旧商法においては，場屋営業者は「客ノ持込ミテ此等ノ者ノ方ニ置キタル物」すべての「喪失又ハ損害」につき絶対責任を負い，ただ，無責任の告示等をなした場合に過失責任（ただし免責特約禁止）になるとされていた（旧商609条）。規定上免責事由がない点で，同じレセプツム責任を負う運送人が「差出人ノ過失，運送品ノ性質又ハ不可抗力」にもとづく滅失・毀損の場合は免責されたことと比べても（旧商493条2項），厳格な責任であった。しかし現行商法制定の際，運送人については過失責任に変更されたが（昭和13年改正前商337条，現商577条），場屋営業者の場合には依然としてレセプツム責任が負わせられるとともに，不可抗力による損害は除外されるに至ったものである。

(4) 場屋営業者のレセプツム責任の必要性について，現在では，場屋営業者に厳格な責任の沿革上の立法理由が消滅し，運送人（577条）または倉庫営業者の責任（617条）との均衡を失することなどを根拠として立法批判がなされ，さらに解釈論としても不可抗力の意義を緩かに解すべしとする見解が有力に主張された。これに対しては，公衆のレジャーの盛大な最近の社会事情の下で，場屋の利用は一般化し増大しており，客を保護し場屋の信用を維持するため，受寄物に対する場屋営業者の責任を加重する必要性はむしろ高まっているとされ，さらに企業活動のさまざまな展開による場屋の種類の多様化と，寄託物のさらなる安全と企業の報償責任の観点からもその必要性は拡充すべきものと思われ，この説を支持したい。

【免責事由としての不可抗力】

(1) 「不可抗力」の内容は法文上明らかではないが，その意義に関しては，次の諸見解がみられる。

(イ) 主観説（相対説）　事業の性質に従い最大の注意を尽くしてもなお回避しえない危害であると解して，運送人，倉庫業者の責任と同様に，576条の不可抗力と同じく「責に帰すべからざる事由」と同義に解する説である。

(ロ) 客観説（絶対説）　当該事業の外部から発生し，その発生につき通常予測できない出来事と解する説である。

(ハ) 折衷説　特定事業の外部から発生した出来事で，かつ通常必要と認められる予防手段を尽くしてもその発生を防止できない危害と解するもので，現在の通説である。

(2) 判例で不可抗力の例を見る。

(イ) 事故の発生が事業外部の原因の場合　免責事由たる不可抗力には，自然災害にもとづく場合が多いが，人為的な不可抗力もある。旅館の主人が受寄物のため相応の盗難防止設備を備えていたのに，暴力をもって侵入，窃取された事案で，人為による不可抗力として，旅館業者を免責させたものがある（徳山区判大11・5・5新聞2010号20頁，評論11巻商法325頁）。

(ロ) 通常必要な防止手段を講じているか否かについて　客が密かに場屋内に持ち込んだ危険物が事故原因となった場合，外部の原因によるといえるが，異常な物品の持込みを拒絶するなどの危険発生を防止する措置を怠っていれば，場屋営業者は責任を免れない（東京高判昭30・10・31下民集6巻10号2311頁）。

(ハ) 予防設備および安全配慮がなされていたか否かについて（東京地判平8・9・27判時1601号149頁）　Y（旅館）に宿泊のX_1（宿泊者）が豪雨によって転倒負傷し，またX_2会社所有の自動車が丘陵の一部が崩れ土砂に埋もれて損傷したとして，X_1がYに宿泊契約に伴う安全配慮義務違反による債務不履行を理由とし損害賠償責任を求め，X_2がYに土地工作物責任，場屋営業者の責任または宿泊契約に伴う安全配慮義務違反による債務不履行を理由として損害賠償を求めた。裁判所は，X_2の請求について，Yは594条にもとづき，その営業の範囲内において客から寄託を受けた右自動車に損害が生じた以上，これを賠償する責任があるとし，丘陵部分に何らかの土留め設備があれば崩落事故が妨げた可能性を否定できないこと，Yの従業員が事態に迅速に対応していれば損傷被害を防止できた疑いがあることから，本件損傷は不可抗力によるものとまでは認められないとし，Yの損害賠償責任を認めた。X_1の請求については，Yは宿泊者に対する信義則上の安全配慮義務を尽くさず，転倒事故を招いたとして損害賠償責任を認めた。

(2) 「寄託」の存否と責任

場屋営業者が客から「寄託」を受けることが場屋責任の構成要件である。通

説による寄託は，受寄者が寄託者のために物品を保管することを約して，これを受け取ることによって契約は成立し，その物品を受寄者が自己の支配下に置き，滅失・毀損を防ぎ現状を維持することが保管であって，単なる保管場所の提供にすぎない場合は寄託とはされない。商事寄託については，直接的で具体的な物品の授受を媒介としない寄託の成立を認める見解もある。寄託責任を問う前提は受寄物が受寄者の支配下にあることが必要である。旅館等における客室の金庫設置での貴重品の保管は，保管場所の提供場所ではなく，貴重品袋封入後の寄託とともに，高価品寄託の一形態と考えられている。また受寄物の滅失・毀損に対する場屋営業者の特別な責任は，物理的滅失に限らず，たとえば第三者の善意取得により受寄者が物品の占有を回復できなくなる状態などの法律的滅失も含まれる。

【場屋付設の駐車場における客の自動車の盗難事故】
(1) 寄託の意味を問う判例がある。駐車場の客の自動車が受寄物にあたるか否かは，車の占有が場屋営業者と客のいずれに属しているかにより定まる。判例もこの見解に沿って，門戸・囲障等がなく，地面に白線が印されているだけで，利用者の出入りは自由で，車の鍵も利用者自身が所持する状態である保養センターの駐車場での車の盗難事故について，受寄物の支配が場屋営業者に移転しているといえず，したがって本件は単なる車の保管場所の提供にすぎないと認定し，客の損害賠償請求を棄却している（高知地判昭51・4・12判時831号96頁。客の携帯品に対する責任が問題となる余地があるとする説もある）。

(2) 場屋併設の駐車場にある客の自動車を，駐車料を特別に収受しているか否かで区別して，無料の場合は携帯品に，有料の場合は寄託物になると解する説と，有料無料を問わず，目的物（自動車）の占有が客あるいは場屋営業者（車の出入りについて場屋営業者のチェックの有無）のいずれにあるかによって，単に保管場所の提供か寄託の引受かを定めると解する説がある。前記高知地裁判決は，後説の立場に立つものと考えられる。

(3) 客から車の鍵を預かった場合に寄託が成立したと解されたものがある（東京地判平8・9・27判時1601号149頁）。旅館の敷地内に自動車を駐車させること自体は，サービスの側面があるが，宿泊客からその鍵を預かる場合には旅館側が整理のため車両を適宜移動させることができるので，宿泊契約をした際に，客は車の保管を依頼し，旅館側はその鍵を受け取ることによって車両をその支配下に

おいてこれを保管したのであって，寄託が成立したと解している。

(3) 携帯品の滅失・毀損についての責任

(a) 客が寄託をしないで所持品を自ら携帯して場屋内に持ち込んだ品物でも，場屋営業者またはその使用人の不注意によって物品が滅失・毀損したときは，場屋営業者は損害賠償責任を免れない（594条2項）。客の携帯手荷物の滅失・毀損に対する運送人の責任について同趣旨の規定があるが（592条），場屋営業者の場合は「過失」ではなく「不注意」の語が用いられているが，不注意は過失と同義で，必要な注意義務の程度は善良な管理者の注意をいい，この立証責任は客が負うと解される。

なぜ客自身の支配下にある携帯品に対しても場屋営業者が責任を負うのだろうか。その根拠は，寄託契約上や不法行為上の責任でもなく，場屋の利用関係にもとづく法定の特別責任と解するのが通説である（工作物設置に伴う特殊の不法行為責任（民717条）類似の責任とする説がある）。旅客より引渡を受けない旅客運送人の責任は，運送約款の「その運送に関し旅客が受けた損害」を賠償する規定によろう（592条。場屋営業者またはその使用人の不注意による携帯品の滅失・毀損は，同時に携帯品の所有権の侵害の事実を伴い，不法行為責任をも生ぜしめることがあろうとの指摘がある）。

(b) 客および使用人の範囲 ①受寄物の場合と同様に，携帯品の滅失・毀損につき場屋営業者に責任を問いうる「客」は，旅館の空室待ち，理髪や遊戯の順番待ちしている者，ホテルの宴会招待客，宿泊客への訪問客等，必ずしも場屋営業者と基本契約を締結した者に限られない。②「使用人」は，場屋内で事実上使用されている一切の者が含まれ，雇用関係の有無を問わず，場屋営業者の指揮・監督の下に業務に従事していれば，家族や知人でも使用人にあたる（大判昭3・6・13新聞2866号6頁。44条の物品販売店の使用人と異ならない）。また使用人でさえあれば，当該客に対する専任者や担当者のような特定の履行補助者に限られない。

(4) 場屋営業者の一方的免責告示とその効力

場屋営業者の責任に関する商法の規定は強行規定ではなく，客との特約によって責任を減免することができる。また，客の携帯品の滅失・毀損についても，

特約で同様に責任を減免することができる。客の携帯品につき場屋営業者が責任を負わない旨の告示があるものの，一方的告示だけでは，明示的にも黙示的にも免責特約としての効力は認められない（594条3項）。この告示には，携帯品保管上の注意を客に促す趣旨が含まれていると考えられ，損害賠償の算定にあたり，過失相殺が認められる要素となりうるとされる（大阪地判昭25・2・10下民集1巻2号172頁）。

(5) 客の持込高価品に対する場屋営業者の責任

(a) **責任要件としての明告** 寄託物が高価品の場合には，その盗難の可能性や損害賠償の負担は普通品に比べ大きい。そのため高価品の滅失・毀損については，普通品の場合と同一の責任を場屋営業者に負わせると酷なため，客が高価品の種類および価格を明告して寄託したのでなければ，場屋営業者は責任を負わない（595条）。客の明告によって，場屋営業者は保管等に特別の注意をなす機会を与えられるからである（運送等に同趣旨の規定がある，578条・568条・766条等）。高価品が何かであるが，運送における高価品は，容積または重量の割に著しく高価な物品をいい，容積重量ともに相当巨大であって，その高価なことも一見明瞭なものはそれに当たらない（最判昭45・4・21判時593号87頁）。しかし，実際には判断は微妙で，約款等ですべて高価品の範囲を定めることも困難であろう（運送では鉄運程28条，標準貨物自動車運送約款9条等で定めている）。客が持込高価品の滅失・毀損の責任を問うには「寄託」と「明告」の双方が要件とされ，高価品を寄託せずに携帯している場合には594条2項の責任はない。また寄託してもこの明告がない場合は594条1項の責任はないことになる。いずれの場合にも，高価品としてはもちろん，普通品としての賠償もなされない（ただ高価品について，場屋営業者が悪意の場合には，以下を参照）。

(b) **明告がない場合** 旅館等においては，客の持込高価品は，場屋備付の貴重品袋に封入の上寄託されることが多いが，商法の定める明告事項である高価品の種数と価格につき，貴重品袋には記入欄がなく，また場屋営業者がその告知を求めないこともある。明告の程度につき規定はないが，少なくとも高価品の種類が告知され，それによって価格の推認が可能であればよいと解される（単に高価品たることの告知だけでは足りないと考えられよう）。明告を欠いても，場屋営業者が受寄物を高価品であると知った悪意の場合には免責を認めないも

のがある。

　貴重品袋を用いかつ数額の明告なしに旅館に寄託された金銭の滅失（第三者に横領される）について，判例は，明告を欠くとして債務不履行責任（595条）を免責させている場合でも，請求権競合説の立場から，被用者の過失にもとづく不法行為の成立を認め，場屋営業者に使用者責任を負わせている（大判昭17・6・29新聞4787号13頁，商百選〔第三版〕91事件184頁）。ただし下級審では場屋主人の不法行為責任を認めた上で高価品につき明告または寄託のいずれかを怠った客の過失を認めて過失相殺をした事例が少なくない（前掲商百選〔第三版〕91事件185頁）。学説は契約関係には契約法のみが適用され，不法行為は適用されないため（法条競合説），高価品に明告がないかまたは寄託がないため場屋営業者が商法上責任を負わない場合には，不法行為責任は当然に負わないとする。しかし，非高価品の寄託では責任を負い，明告のない高価品は保管上問題があっても全く責任を負わないとする考えは疑問である。不法行為責任を認め過失相殺によって，利益の調整をするこの下級審の立場が穏当な結果に導くものと思える。

(6)　**場屋営業者責任の短期消滅時効**

　寄託物に関する場屋営業者の責任が厳格なため，1年の特別短期消滅時効の定めがある。その起算点は，物品の全部滅失の場合は客が場屋を去ったとき，一部滅失または毀損の場合は寄託物が返還されまたは客が携帯品を持ち去った時である（596条1項・2項）。場屋営業者に悪意があった場合には，この短期消滅時効に関する規定はなく（596条3項），一般商事時効の原則により5年の時効によって消滅する（522条）。ここにいう悪意とは，場屋営業者またはその履行補助者が故意に滅失・毀損せしめるか，または故意に滅失・毀損の事実を隠蔽することを指し，単にその事実を知っていたにすぎない場合は含まれないとされる。

§7　保険取引

> **トピック**
>
> 　私たちの市民・社会生活や経済活動はさまざまな局面で「保険」制度に支えられている。その際，保険制度の利用は各種保険契約の締結によって行われる。では，私たちは保険契約によってどのような権利を有し義務を負うことになるのか。この点の理解なくして，保険制度の合理的利用はありえない。そこで，ここでは，保険制度を法的に支える損害保険契約と生命保険契約および傷害保険契約の仕組みと内容を概観しよう。

1　保険の意義・機能と態様
(1)　保険の機能

　私たちが社会・経済生活を営んだり企業活動を行ったりする場合，火災・盗難・交通事故等で損害を被るだけでなく，逆に債務不履行・不法行為による損害賠償責任を負うこともある。また，一家の働き手の死亡や失業により収入が途絶したり，各種事故によるけが・病気等の治療費用を負担しなければならないというように，私たちの周りにはさまざまなリスクが潜んでいる。

　しかし，実際問題としてこうしたリスクの未然防止は不可能であるだけに，各人が不測の事故発生を前提とした善後策を自己の責任で講じておくことが必要となる。その1つが，個人または法人等がその収入の一部を積み立てる**貯蓄**であるが，問題となる事故の発生の有無・時期の予測が困難であるだけに，資金準備の完了前に事故が発生し，不十分な対応策に終わることも少なくないであろう。

　これに対し，火災・自動車事故，人の死亡など個々の偶発的な出来事は，同じような状態にある者を母集団として統計をとると，そこでの一定期間における発生率がほぼ一定している上に，その数値も母集団の規模が大きくなればなるほど一層安定することが知られているので，これをもとに事故発生率を算出すれば，当該集団において事故発生の際に手当てすべき必要資金の額を予め計

算することができる。その上で，これを当該集団に属するメンバーがそれぞれ各自の置かれた状況にもとづく危険率に応じて公平に分担して共同備蓄財産を予め準備しておけば，事故に遭遇したメンバーに対しここから資金提供を行うことが可能になる。しかも，共同財産の形成を同じ境遇にある多数の者からの資金拠出で行えば，メンバー各人の出捐は，各自が個別に行う貯蓄に比べかなり少額で足りるし，早期のうちに必要額の蓄積も実現するから，善後策としてはより合理的かつ効率的といえる。こうした仕組みが保険であり，その手段として締結されるのが各種保険契約である。

【大数の法則・収支均等の原則】

　火災や交通事故，人の死亡など保険でカバーしようとする事故は，個々の人をベースに考えると，いつ起きるかわからない（事故の偶発性）。しかし，これを同様の危険に曝されたり同じ境遇にある者を多数集めると，たとえば，ある都市では住宅地における家屋の火災発生率が年間1,000軒あたり2軒とか，日本人全体ではある年齢の人の死亡率は1,000人あたり3人とかを過去の統計データから割り出すことができるうえに，この発生率は標本集団の規模が大きくなればなるほど一層安定することが知られている。これを**大数の法則**という。そこで，ある地方に実価5,000万円の家屋を所有している人が1,000名いるとし，そこでの年間火災発生率が1,000軒あたり2軒であると仮定すると，この地方の火災による年間被害額は一応1億円と予測できる。事故に対する必要な備えを各人が単独で蓄積するのが貯蓄であるが，むしろこの金額を1,000件で平等に分担すれば，各家の年間負担額は1億円を1,000軒で割って一軒10万円で済むし，これを全員から予め集めておけば，各人にとっては少ない負担でありながら，家屋火災による損害がいつ生じても全員が十分な備えを確保できることとなる。

　ちなみに，同種の危険にさらされるなどする者の集団を保険団体，そのメンバー各自からの拠出金を保険料，事故発生時に支給される金銭を保険金というが，保険料と保険金との関係を保険団体全体で見た場合，前記大数の法則から，**一定期間内に支払われる純保険料の総額とその間に支払われることとなる保険金の合計額とが均衡するはずである**。これを**収支均等の原則**という。

(2) 保険の態様

(a) 公保険と私保険・公営保険と私営保険　　保険ないし保険契約は，その

目的・運営主体・内容などに応じ多様な分類が可能である。保険はその設定目的により，**公保険と私保険**に分類される。公保険とは，一定の公的見地から一定の社会政策実現を目途とした社会保険と産業政策実現のための産業保険からなる。前者の例としては，雇用保険・厚生年金保険・健康保険（国）・国民健康保険（市町村等）・預金保険などがあり，後者には，森林火災保険・農業保険・中小企業信用保険・輸出保険などが含まれる。これに対し，私保険とは，関係者がその私的利益をはかるために設定する保険をいう。各種の損害保険・生命保険・傷害保険がその典型例であり，本書ではこれを対象とする。

なお，こうした分類はあくまで保険の設定目的によるものであるから，保険事業の主体を基準とし，国または地方公共団体その他の公法人が事業主体となる**公営保険**と私人（実際には保険会社）が事業主体となる**私営保険**とに分ける分類方法とは異なる。もっとも，実際は公保険が同時に公営保険であることが多く，私保険も私営保険であることが少なくないが，他方で，自動車損害賠償責任保険のように，一般的に私営保険でありながら，自動車事故被害者の救済のため自動車損害賠償補償法により強制保険とされ，その意味で公保険的性格を併有しているものもあるし，簡易保険法にもとづく簡易保険も，国が行う公営保険でありながら，その性格は一般的に私保険と解されている。

(b) 強制保険と任意保険　保険は，一定の政策的見地から関係者が加入を強制される**強制保険**と，保険加入が当事者の任意による**任意保険**とに分類される。公保険のうち社会保険の多くは強制保険であるのに対し，私保険は一般的に任意保険である。

(c) 営利保険と相互保険　私営保険は，保険者による保険引受の態様により，保険者が保険契約者から徴収する保険料およびその運用益の合計額と支払保険金額の差額を利得する目的をもって引き受ける**営利保険**と，保険加入者を構成員とする組織が団体となって引き受ける**相互保険**とに分類される。

(d) 物保険と人保険　保険事故発生の客体を基準として，保険は，家屋・貴金属など保険加入者が権利を有する具体的な物について生ずる損害を保険事故（保険金支払事由）とする**物保険**と，人の生死・怪我など人を保険事故発生の客体とする**人保険**とに分類できる。前者には，火災保険・盗難保険などが，後者には生命保険・傷害保険などが含まれる。しかし，この分類では，損害保

険の中の責任保険・費用保険などが説明できないという不都合が指摘されている。そのため現在では，物保険と保険加入者の財産について生ずる事象（債務の負担等）を保険事故とする責任保険等とを併せて財産保険と位置付けた上で，財産保険と人保険という分類の方が適切であるとの見解も有力である。

(e) 不定額保険と定額保険　保険金額の決定方法を基準とする**不定額保険**と**定額保険**の分類がある。前者は，支払保険金額が保険事故発生により具体的に生じた損害額に応じて定まる実損塡補型の保険であるのに対し，後者は，損害発生や具体的な損害額のいかんを問わず約定の一定金額が保険金として支払われる保険である。損害保険は不定額保険であり，生命保険は定額保険の典型である。ちなみに，傷害保険には不定額保険型と定額保険型とがある。

(f) 損害保険・生命保険・傷害保険　商法や保険業法の採用するのが**損害保険**と**生命保険**との分類である。損害保険とは，保険事故の発生により生ずる損害の塡補を目的とした保険であるのに対し，生命保険は，人の生死を保険金支払事由として約定の一定金額が支払われる保険である。もっとも，商法には規定されていないものの，実際にはこれら以外に，**保険加入者または第三者が急激かつ偶然な外来の事故により身体に傷害を被った場合に保険金が支払われる傷害保険**という保険種類が利用されている。その中には，実損塡補型すなわち不定額給付型のものもあるが，人の身体の傷害につき一定額の保険金が支払われる定額型の傷害保険も多く販売されており，上記2分類では定額給付型の傷害保険がいずれにも属さない不都合をもたらす。その意味では，むしろ上記の不定額保険と定額保険の分類の方が合理的であろう。

【損害保険契約・生命保険契約・傷害保険契約の契約者・保険者・被保険者】
　損害保険契約は，当事者の一方が一定の偶発事故（保険事故）によって生ずるであろう損害をカバー（塡補）するための必要額（**保険金**）を支払うことに同意し，相手方がこれに対し報酬（**保険料**）を支払うことを約束する契約である（629条）。ここで，約定の保険事故発生の場合における保険金の支払を約束した者を**保険者**といい，これに対し保険料を支払うことを約した契約の他方当事者を**保険契約者**というが，上記のように損害保険契約は損害塡補をその本質的要素とするから，保険金を請求できる者は，保険事故発生により何らかの適法かつ確実

な経済的利益を害される立場になければならないとされる。この者を損害保険契約において**被保険者**というが，損害保険契約における保険金は被保険者のこうした不利益を填補するために支払われるものであるから，**被保険者が保険金請求権を有する**。ちなみに，損害保険契約において，保険契約者と被保険者とが同一である場合（建物所有者がその所有建物と中の家財道具に対し火災保険契約を締結する場合など）を自己のためにする**損害保険契約**というのに対し，両者が異なる場合を他人のためにする**損害保険契約**という（倉庫会社が保管物の所有者のために倉庫内の保管物について火災保険・盗難保険を付ける場合など）。

これに対し，**生命保険契約**は，契約当事者の一方が相手方または第三者の生存または死亡に際して一定の**保険金**を支払うことに合意し，相手方がこれに対して**保険料**を支払うことを約束する契約であり（673条），**傷害保険契約**とは，当事者の一方が急激かつ偶然な外来の事故による相手方または第三者の身体傷害に関し所定の保険金を支払うことを約束し，これに対し相手方が保険料を支払うことを約束する契約をいう。生命保険契約と傷害保険契約のいずれにおいても，保険金の支払を約束した一方当事者を**保険者**といい，これに対し保険料を支払う他方当事者を**保険契約者**というが，生命保険契約と傷害保険契約では，**被保険者という概念が単に保険金支払事由の存否を判断する際の基準**となる者にすぎないため，損害保険契約とは違って，被保険者に保険金請求権が当然に帰属するわけではなく，**保険金受取人**に保険金が支払われる仕組みをとっている。ちなみに，保険契約者と被保険者とが同一である生命保険契約・傷害保険契約のことを，**自己の生命の生命保険契約・自己の傷害の傷害保険契約**というのに対し，両者が異なる場合を**他人の生命の生命保険契約・他人の傷害の傷害保険契約**という。また，保険契約者と保険金受取人とが同一の生命保険契約・傷害保険契約を自己のためにする**生命保険契約・傷害保険契約**といい，両者が異なる場合を他人のためにする**生命保険契約・傷害保険契約**という。

(g) **海上保険と陸上保険・家計保険と企業保険**　このほか，船舶や積荷について航海に関する事故によって生ずる損害を填補する**海上保険**とそれ以外の**陸上保険**との分類や，利用者の態様による私保険の区分として，一般大衆が利用する**家計保険**と企業が利用する**企業保険**との分類などもある。このうち，後者の分類は，火災保険・自動車保険・責任保険など家計保険としても企業保険としても利用されるものがあるだけに，保険の分類としては必ずしも厳密なも

のではない。しかし，家計保険としての保険利用の場合には保険契約者保護の要請が比較的強く働き，これが法令・約款の解釈や立法において配慮されることもあるので（たとえば，保険契約者保護のための（片面的）強行法規化など），その意味では，有意義な分類法であろう。

2 保険契約の性質

本書で扱う私保険の利用も，法的に見れば，損害保険契約・生命保険契約または傷害保険契約の締結をもって行われる。これら3つの保険契約は内容・構造などが異なるが，反面，以下のような共通の一般的性質を有している。

まず第1に，保険契約は，保険者と保険契約者間の意思表示の合致のみによって成立する**諾成契約**である（629条・673条）。ちなみに，保険約款では，保険者は保険契約締結後でも保険料収受前の保険事故に対しては保険金を支払わない旨が定められているが，これはあくまで保険者の責任開始要件の問題であって，こうした取扱いによって保険契約が要物契約化するわけではないと解するのが通説・判例（最判昭37・6・12民集16巻7号1322頁）である。

第2に，保険契約は**不要式契約**であり，本来その成立には特別の方式を要しない。しかし，実務上，保険契約の締結は，保険契約者となろうとする者が，保険者の側で作成した保険契約申込書に必要事項を記入し署名（記名）・捺印をしてこれを行うのが通例である。

第3に，保険契約は，**有償契約**である。有償契約とは，契約当事者が相互に対価的関係をもつ出捐を行う契約をいうが，これを保険契約についてみると，掛け捨て型の保険契約をも包摂して説明するため，保険契約者の保険料給付と，保険者の危険負担給付，すなわち保険者が保険事故が発生すれば保険金を支払うという危険の負担とが対価関係に立つと解するのが通説である。

第4に，保険契約は，こうした保険者の義務と保険契約者の義務とが相互に対価的関係に立つことから**双務契約**とされる（通説）。

第5に，保険契約の最大の特色として，**射倖契約性**があげられる。ここに射倖契約とは，契約当事者の一方または双方の給付義務の発生・不発生またはその範囲が契約締結後における偶然の出来事に左右される契約をいう。保険契約においては，保険者の保険金支払義務の具体化の有無・その義務の具体的内容

が締約時には不確定であり，それらが契約締結後における偶発的な保険事故によって確定することから，射倖契約とされるのである。

【モラル・リスク】

　モラル・リスクとは，一般的には，保険加入者が保険制度を悪用して不当な利益を積極的に得ようとする危険をいい，自己所有の建物に火災保険を付した者が当該建物の火災をもたらして火災保険金を騙し取ろうとしたり，生命保険の保険金受取人が被保険者を殺害するとか，傷害保険の保険金受取人が被保険者（自己または第三者）の身体に傷害を生じさせるなどして保険金を不正取得しようとしたりすることがその一例である。**モラル・ハザード**（moral hazard）ともいう。要するに保険金不正請求の危険のことであり，現行法上も，これに対し保険者免責などの規制が用意されているが，必ずしも十分ではない。

3　保険契約の締結と終了

(1)　保険契約の締結とその方法

　保険契約は**諾成契約**であるから，保険契約者となるべき者の申込とこれに対する保険者の承諾があれば成立し，法律上その方式として書面によることが要求されているわけではない。もっとも，実務上は，保険会社側の作成する保険契約申込書に申込人が所定の事項を記入したうえで，これを第1回保険料（火災保険や海外旅行傷害保険など短期保険の場合は保険料全額）とともに保険者に提出して申込をし，保険者も承諾通知書の交付によって承諾の意思表示を行うのが一般的である。

　ちなみに，保険が営利保険である場合は，商法の商行為に関する規定の適用を受けるため，その申込と承諾の意思表示については，民法の関連規定のほか商行為たる契約の申込の効力に関する507条・508条および申込を受けた者の諾否通知義務を定める509条も適用される。したがって，第1に，**面談または電話による会話で契約を成立させる対話者間の契約に該当する保険契約の申込の場合**（空港の保険会社カウンターでの海外旅行傷害保険契約の申込のケースなど）は，直ちに承諾がなければ当該申込は失効する（507条）。これに対し，第2に，**契約の申込と承諾がその場でなされない隔地者間の契約に該当する保険契約の**

申込の場合（保険会社の外交員が保険契約の申込書を会社に持ち帰り，後日，承諾の通知が送られてくるケースなど）において，承諾期間の定めのないときは，保険者が相当の期間内に承諾の通知をしなければ，当該申込が失効する（508条1項。なお，民524条1項参照）のに対し，承諾期間の定めがあるときは，その期間内は申込者がその申込を撤回できないが，その期間内に承諾の通知がなければ，当該申込は失効する（民521条1項・2項）。なお，第3に，保険者が平常取引をなす者より保険契約の申込を受けたときは，遅滞なく諾否を通知することを要し，これを懈怠すると，承諾したものとみなされる（509条）。

(2) 告知義務

(a) 告知義務の意義と趣旨　　損害保険契約にあっては，保険契約者（申込者）が，生命保険契約では保険契約者（申込者）または被保険者が，保険契約の申込に際し，保険者に対し重要事実を告知しなければならず，悪意または重大な過失により重要事実を告知しなかったとき（不告知），または重要事実について不実の告知をしたとき（不実告知）は，保険者は悪意または過失がない限り当該保険契約を解除しうるものとされている（644条1項本文・678条1項本文・815条2項）。商法上の定めがない傷害保険契約についても，約款で保険契約者または被保険者に同様の義務を課している。これを**告知義務**というが，なぜ契約締結の過程で保険契約の申込者または被保険者となるべき者にこうした義務が課されるのであろうか。

この点，保険制度にあっては，保険事故発生の際に支払われるべき保険金の総額と収入保険料（純保険料）の総額とが均衡を保つことが必要とされ（**収支相当の原則**），そのためには，保険者が保険契約の申込を受ける際に保険事故発生の可能性（危険率）を測定し，そのうえで当該申込を承諾するかどうか，承諾する場合も保険料などをどのようなものとするかを決定すること（**危険測定**）ができなければならず，これを的確に行うには，その資料となるべき情報を収集しなければならない。しかし，この種の情報は保険契約者または被保険者が把握しているのが通常であり，これを保険者の側で収集・把握することは実際問題として困難が予想されるうえ事務処理の遅滞をもたらして非効率であろうから，商法は，保険契約者または被保険者となるべき者に契約締結の過程において保険者が保険引受の有無の判断や危険測定を行ううえで重要な事実を

開示させるものとしたのである。

(b) 告知義務者・告知の相手方・方法　現行法によると，損害保険契約にあっては，保険契約者となるべき申込人のみが告知義務者とされている（644条1項）のに対し，生命保険契約にあっては，保険契約者または被保険者が告知義務者とされている（678条1項）。傷害保険契約では，約款上，保険契約者または被保険者が告知義務者とされている。もっとも，他人のためにする損害保険契約では，保険の目的（物）（被保険物件）の状況を最も知りうる立場にあることが多い被保険者に告知させた方が合理的ともいえるので，1995年に損額保険法研究会が公表した「損害保険契約法改正試案1995年確定版」（以下，損保改正試案という）では，被保険者も告知義務者に加える旨の改正提案を示している（同試案644条1項参照）。

保険契約者などが告知義務を履行したといいうるには，後述の重要事項を余さず正確に告知することを要することはもちろんであるが，これを告知受領権限を有する者に対して行うことが必要である。

ちなみに，告知の方法について，商法はとくに定めを置いていないため，書面または口頭のいずれでもかまわないが，実務上は，保険会社が作成・交付する質問表への回答という方法で告知が行われるのが一般的である。

(c) 告知すべき重要事実　ところで，商法では，告知義務を定めながら，告知すべき重要事実については具体的に明示していないが（なお，自動車損害賠償保障法20条は自動車損害賠償責任保険における重要事項を明記している），およそ以下のように類型化されている。すなわち，第1は，被保険者の身体または保険の目的（物）について，直接存在する事項であり，被保険者の年齢・既往症（生命保険・傷害保険）や，建物の構造・使用目的などがこれに該当する。第2は，被保険者または保険の目的（物）をとりまく環境について存する事項であり，被保険者の職業・身分，建物の周辺環境などがその例である。そして，第3は，これらの事項の存在を推測させる事項であり，他社で保険加入を拒否された事実や入院等の事実などがこれにあたるとされている。

【質問表の効力】
　ちなみに，保険契約者または被保険者の側で何が重要事実であるかの判断を的

確に行うことは困難であること，告知義務の趣旨を上記のように保険者における危険測定に求める以上，保険の引受を業務として行う保険会社こそ何が重要事項であるかについて精通していると考えられることから，実務上は，保険者が作成した質問表に列挙された事項に保険契約者または被保険者が回答するという方法で告知を行っている。このこととの関係で，保険者の作成した「質問表」に列挙された事項は一応すべて重要事実と推定されると解するのが今日の通説であり，これを受けて損保改正試案644条2項はその旨の明文化を提案する。

【他保険契約と告知義務】
　わが国の損害保険実務では，通常，同一の保険の目的（物）にかかる他の既存の損害保険契約も告知義務の対象とされている。損害保険契約締結時に同一の保険の目的（物）に対する他の損害保険契約が既に存在するという事実は，必ずしも保険事故の発生率と関連しないから，これが告知事項とされる趣旨は，危険測定というよりむしろ保険金の不正取得という道徳危険の防止に求められ，その意味で，政策的な告知事項ともいえよう。もっとも，損害保険契約では，多重契約が行われても約定保険金額の合計額が保険価額の範囲内であれば問題ないし，約定保険金額の合計額が保険価額を超えるときも，重複保険として被保険者には保険価額を超える保険金が支払われない仕組みとされていること（632条・633条）からすれば，同一の保険の目的（物）に対する他保険契約を告知させる必要性は見出しがたいともいえる。しかし，重複保険の場合における保険者の損害塡補義務の範囲を保険者自身が予め知っておくためにも，また，他保険契約の存在がモラル・リスクの徴表としての意味を持ちうることからも，実務上これが告知事項とされているのである。これを受けて，損保改正試案は，同一の保険の目的（物）にかかる既存の他保険契約の告知を保険者が求めた場合には，保険契約者または被保険者がこれを告知すべき旨の改正提案を行っている。もっとも，他保険契約の存在と保険事故の発生との間には因果関係が認められないから，同試案は，他保険契約の告知義務違反については，他の告知事項とは異なり，保険事故の発生が告知しなかった事実または不実告知された事実にもとづかないことを保険契約者等が立証した場合も，保険者は保険金支払義務を負わないものとしている（同試案645条3項後段）。なお，損害保険会社が販売する傷害保険契約についても同様の扱いが行われており，これを踏まえて，損害保険法制研究会が1995年に前掲損保改正試案とともに公表した「傷害保険契約法（新設）試案」（以下，損保研傷害試案という）と，生命保険法制研究会が1998年に公表した「傷害保険

契約法新設試案」（以下，生保研傷害試案という）の双方が，損害保険契約におけると同様の立法提案を行っている（損保研傷害試案683条ノ6，生保研傷害試案31条参照）。

　これに対し，生命保険契約と生命保険会社が販売する傷害保険契約の場合は，同一の被保険者にかかる他保険契約が危険測定上の重要事実とはいえず告知事項に含まれないとする旧い大審院判例（大判昭2・11・2民集6巻11号593頁）を受けてか，従来，同一の被保険者にかかる他保険契約の存在を告知事項として扱ってこなかった。しかし，近時，定額保険契約性を逆手に取り複数の生命保険契約・傷害保険契約（生保会社販売）により高額な保険金を不正取得する悪質な保険犯罪が多発していることから，生命保険契約（および生命保険会社が販売する傷害保険契約）についても，他保険契約の告知義務を課すべきであるとする見解が有力化している。生命保険法制研究会が1998年に公表した「生命保険契約法改正試案」（以下，生保改正試案という）も，この有力説を受けて，保険契約締結に際し保険者の求めがあれば，保険契約者または被保険者は同一の被保険者にかかる既存の他保険契約を告知しなければならない旨の規定の新設を提案する（同試案678条ノ2第1項）。もっとも，他保険契約を危険測定に関する他の告知事項と同様に取り扱うと，他保険契約の存在と生命保険における保険事故の発生との間に因果関係が存在しないことから，告知義務違反の場合も，因果関係不存在が立証されて保険者による契約解除権の行使が否定されることになり（678条1項但書），他保険契約を告知事項とした趣旨が没却される。そこで，同試案は，損保改正試案等と同様，他保険契約にかかる告知義務違反については保険事故発生との因果関係の不存在が立証されても，保険者の免責を認めるものとする。ちなみに，現在，多重保険契約の締結による保険金不正取得の防止策として，一定種類の生命保険契約（たとえば，入院給付特約のある生命保険契約）のうち保険金額が一定金額を超えるものについて保険会社が生命保険協会運営の契約内容登録制度に被保険者の氏名・保険金額など所定の契約情報を登録しておき，その後の同一の被保険者にかかる生命保険契約締結の際に保険会社がこの登録情報を照会するシステムが運用されているが，この登録要件に合致しない比較的少額の生命保険契約等を多数利用することで潜脱が行われており，所期の実効性を発揮しえていないのが実情である。

(d)　告知義務違反の要件と効果　　保険契約者などが告知義務に違反した場

合とは，告知すべき重要事実につき，保険契約者または被保険者の悪意または重大な過失による不告知または不実告知があった場合をいい，この場合，**保険者は保険契約を解除することができる**（644条1項・678条1項）。ちなみに，この**解除権は将来に向かってその効力を生ずるものとされ，遡及効が制限されている**から（645条1項・678条2項），解除前に保険者が支払を受けた保険料（既収保険料）は返還することを要しないが，未収保険料についても現在進行中の保険期間の終りまでの分は収得できるとされている。もっとも，解除の効果が遡及しないとすると，保険事故発生後は保険者が告知義務違反を理由として保険金支払を拒否できなくなる不都合が生ずるが，現行法は，その場合も告知義務違反が保険者の免責事由となる旨と，既に支払った保険金の返還請求権を規定しており，保険金の不正取得を防止しようとする（645条2項本文，687条2項）。なお，保険者の解除権は，**保険者が解除の原因を知った時から1カ月間これを行使しないか，または，契約の時から5年を経過すると消滅する**（644条2項，678条2項；除斥期間）。また，**保険者が告知義務違反につき悪意または重過失であるときは，告知義務違反を理由とする保険者の契約解除権は発生しない**し（644条1項但書・678条1項但書），**保険事故発生後に告知義務違反と保険事故の発生との間の因果関係の不存在を保険契約者が立証したときは，保険者は保険金支払を免責されない**（645条2項但書・678条2項）。

【告知義務違反と詐欺取消・錯誤無効との関係】
　保険契約締結に際し保険契約者が悪意または重過失により告知義務に違反した場合，保険者は当該契約を解除し保険金の支払を免れることができる（644条1項・645条・678条1項・2項）。しかし，告知義務違反の場合も，①保険者が解除の原因を知ったときから1カ月以内に解除権を行使しないか，または契約の時より5年を経過したときは，保険者に認められる解除権は消滅するし（644条2項・678条2項），②この除斥期間満了前でも保険契約者が保険事故発生と告知した事実または告知しなかった事実との間の因果関係の不存在を証明したときも，保険者は解除権を行使できない（645条2項但書・678条2項）。そこで，保険者がこのように告知義務違反を理由として保険契約の解除を行えない場合であっても，契約締結に際し保険契約者側の詐欺または保険者の側の錯誤があるときに，保険者は保険契約者の詐欺を理由とする保険契約の取消（民96条）または錯誤に

よる契約の無効（民95条）を主張し，保険金支払義務を免れることはできないかが問題となる。この点，告知義務に関する商法の規定を民法の詐欺・錯誤に関する規定の例外規定と捉えて，告知義務違反の場合には詐欺または錯誤による意思表示の効力に関する民法の規定の適用が排除されるとする**商法単独適用説**によれば，保険者は除斥期間経過後はもはや詐欺による契約取消または錯誤による契約の無効を主張して損害填補の責任を免れることができないと解されることとなる。たしかに，保険者の錯誤のケースは，告知義務に違反した保険契約者に害意がないことも少なくないので，その場合は告知義務違反を理由とする保険契約の解除が認められないが，この場合に民法95条が適用されると，保険者が自らの側の錯誤を理由として保険契約の無効を主張し保険金の支払を免れることができるため，保険契約者等の期待利益を損ないかねない。民法95条の適用が排除されるべきとされる所以である。他方，詐欺による意思表示の効力に関する民法96条の適用まで排除されると，除斥期間経過後の保険事故発生の場合など告知義務違反による契約解除を保険者が主張できないときには，詐欺を行った者の保険金不正取得を認める結果となり，問題である。そこで，学説の中には，詐欺と錯誤とを区別し，錯誤に関する民法95条の適用は排除されるのに対し，詐欺に関する民法96条の適用は，告知義務を定める商法の規定により排除されないとする折衷説が提唱され有力化している。他方，判例は，告知義務に関する商法の規定と詐欺または錯誤に関する民法規定とは，立法趣旨・要件・効果を異にする別個の制度であって，前者が後者の適用を排除しないとする**民商法重複適用説**の立場にたっており（大判大6・12・14民録23輯2112頁），これと同旨の学説も少なくない。折衷説と民商法重複適用説との相違点は，民法95条の適用排除の有無にあるが，後説も，危険測定に係る重要事実は保険契約の要素ではなく動機にすぎないと解することから，契約当事者がこの要素を保険契約の要素とした場合を除き，告知義務違反があっても保険契約の要素の錯誤は認められないとして，民法95条の適用を否定しているため，両説間に結論面の大きな差異はないともいえよう。

(3) 保険契約の終了

保険契約は，基本的に保険事故の発生により所定の保険金額が支払われた場合，合意解除・法定解除権または取消権の行使の場合など契約の一般的終了事由のほか，以下のような保険契約特有の終了事由によっても終了する。

(a) 商法に定めのない終了事由　　まず，保険契約の終了事由のうち商法に

定めのないものとしては，第1に保険期間の満了があげられ，約定の保険期間が経過すれば，保険事故が発生していなくとも保険契約は終了する。

　第2は保険事故発生の客体等の消滅であり，損害保険契約は，保険の目的（物）が所定の事故以外の原因により消滅した場合，被保険者が被保険利益を失った場合，または，保険事故発生の可能性がなくなった場合に，それぞれ消滅する。もっとも，商法は，保険の目的（物）の譲渡による被保険利益の消滅の場合は，保険契約が当然には消滅しないものと定め，譲受人を被保険者とする損害保険契約が継続するものと推定する（650条）。他方，生命保険契約は，死亡保険の被保険者が免責事故により死亡した場合や生存保険の被保険者が死亡した場合に消滅し，傷害保険契約もやはり被保険者が免責事由により傷害を負った場合などに消滅する。

　第3は保険事故の発生可能性の消滅であり，保険期間中であっても保険事故発生の可能性が消滅すれば，保険契約は当然に消滅する。

　(b)　商法所定の終了事由　　これに対し，商法に定める保険契約の終了事由としては，まず第1に，当然の終了事由としては，①保険契約者または被保険者の責に帰すべき事由による保険期間中の危険の著変・著増の場合（656条・683条1項）と，②保険者の破産宣告から3カ月を経過した場合（651条2項・683条1項）とがあり，これらは損害保険契約と生命保険契約とに共通する。傷害保険契約は商法に定められていないため，この種の規定も存在しないが，同様の定めを置くべきことが提案されている（たとえば，生保研傷害試案31条参照）。③損害保険契約に固有のものとして，保険の目的（物）の譲渡の結果として危険の著変・著増が生ずる場合に，保険契約は消滅する（650条2項）。

　第2に，保険者の契約解除・失効宣言が終了事由として法定されており，まず保険者は，保険契約者が告知義務に違反する場合（644条1項・678条1項），または，保険契約者または被保険者の責に帰すことのできない事由により危険の著変・著増が生ずる場合（657条1項本文・683条1項）は，保険契約を解除できる。次いで，保険契約者または被保険者が危険の著変・著増の通知義務を懈怠した場合，保険者は，危険の著変・著増のときから契約が失効したものと見なすことができる（657条2項・683条1項）。

　他方，第3に，保険契約者の解除も商法所定の契約終了事由とされており，

まず保険者の責任開始前であれば、保険契約者は契約の全部または一部を解除することができ（653条・683条1項）、この解除権には遡及効がある。また、保険者が破産宣告を受けたときは、保険契約者に解除権が発生するが、この場合、契約が解除されても、その効力は将来に向かってのみ生ずるにすぎない（651条1項本文・但書・683条1項）。

4 損害保険契約
(1) 損害保険契約の意義と態様

損害保険契約とは、当事者の一方が、一定の偶然の事故によって生ずるであろう損害を塡補することを約し、もう一方の当事者がこれに対し報酬を支払うことを約する契約である（629条）。商法はその態様として、火災保険契約（665条～668条）と運送保険契約（669条～672条）および海上保険契約（815条～841条）を定めるが、実際に利用されている損害保険契約はこれだけに止まらない。たとえば、自動車損害賠償保障法に定める自動車損害賠償責任保険契約や、新種保険の航空保険契約、動産総合保険契約、信用保険契約、所得補償保険契約、会社役員等の賠償責任保険契約などがある。いずれにせよ、損害保険契約は一定の保険事故により生ずる損害の「塡補」を目的とする。

(2) 損害保険契約の当事者

損害保険契約の当事者は、約定の保険事故発生の場合における保険金の支払を約する**保険者**と、これに対し保険料を支払うことを約する**保険契約者**とである。他方、損害保険契約は損害塡補を目的とするから、保険金請求権を有する者は、保険事故発生により何らかの適法かつ確実な経済的利益を害される立場になければならないとされる。この者を損害保険契約において**被保険者**というが、損害保険契約にあっては保険契約者と被保険者とが同一である場合もあれば、両者が異なる場合もある。前者を**自己のためにする**損害保険契約といい、後者を**他人のためにする**損害保険契約という。

ちなみに、保険契約者と被保険者は自然人と法人とを問わないが、保険者に関しては、現行保険業法により、資本金10億円以上の株式会社または基金10億円以上の相互会社であって内閣総理大臣の免許を得た者でなければならないとされている（保険3条1項・6条）。

(3) 被保険利益

　損害保険契約における被保険者は，契約所定の保険事故の発生により何らかの適法で確実な経済的利益を害されるが故に，損害塡補を目的とする保険金の支払を受けられる。このように被保険者が保険事故により害されるおそれのある利益のことを**被保険利益**というが，第1に，これは「金銭ニ見積ルコトヲ得ヘキ利益」すなわち経済的利益でなければならない（630条）。他方，経済的利益であれば必ずしも法律上の権利の裏づけがなくともよいので，所有権留保の割賦販売における買主の目的物に対する利益も被保険利益となりうる。ちなみに，被保険利益は同一の保険の目的物に対し複数のものが重畳的に並存しうるのであって，たとえば，一棟の家屋について所有権者としての利益，担保権者としての利益，賃借人としての利益がそれぞれ独立の被保険利益として認められるから，重複保険（632条・633条）となることなくそれぞれの利益ごとに別個の損害保険契約が有効に成立しうる（図1参照・保険契約の個別化機能）。また，保険金の支払額は被保険利益の評価額を超えてはならないのを原則とするから，被保険利益は保険金給付の範囲を画して一部保険（636条）・全部保険・超過保険（631条）・重複保険等の判定基準となるとともに，保険と賭博とを区別する。

　第2に，被保険利益は，適法な利益でなければならない。したがって，密輸品・禁制品や賭博の勝敗にかかる利益は被保険利益たりえず，これらの不適法な利益に関する損害保険契約は当然に無効となる。

　第3に，被保険利益は確実な利益であることを要するが，既存の利益に限られず，発生することが客観的に確実と見られる将来の利益でも構わない。したがって，運送品の到達により取得すべき荷主の利益は被保険利益となりうる（670条2項にいう希望利益保険）。

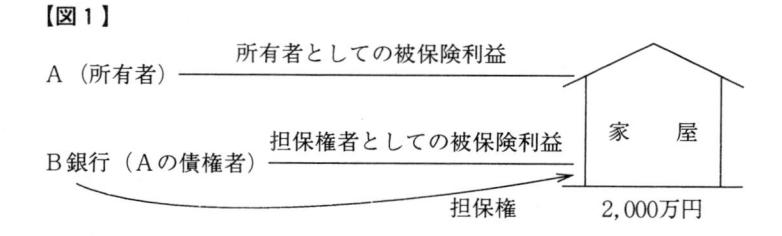

【図1】

> **【新価保険】**
> 　新価保険とは，保険事故発生時における保険の目的（物）の価額ではなく，事故発生時におけるその物の再調達価額を被保険利益の評価額すなわち保険価額として保険者の保険金支払額を決定する損害保険契約をいう。損害保険契約では，保険者が支払うべき保険金の額を保険事故発生時における保険の目的物の価額をベースに決定するのが原則とされているが（638条），それでは時の経過により価値の減損する機械類や自動車等について損害が発生すると，被保険者はその時点における当該物の時価相当の損害塡補しか受けられないために，受取保険金の額が新しく機械類等を購入するのに不足するといった不都合が生ずる。そこで，こうした不都合を回避するために考案されたのが新価保険である。もっとも，新価保険は，被保険者に対し滅失・毀損した目的物の時価を超える保険金が支払われるため，かつては実損塡補原則に反するものとして不適法とされたこともあったが，現在では，その社会・経済的効用に鑑み適法と解することにほぼ異論がない。ただ，適法説にあっても，理論構成はさまざまであり，保険の目的物の再調達価額について被保険者の所有者利益を認める物利益説と，保険事故発生により被保険者が負担する費用を塡補する保険であると解する費用保険説，および，保険の目的物の時価相当額については物保険の側面を持つ一方，それと再調達価額との差額部分については費用保険の側面も併有すると解する混合利益説に分かれる。

(4)　保険価額・保険金額の関係

(a)　保険価額　　保険価額とは，631条にいう「保険契約ノ目的ノ価額」すなわち被保険利益の評価額であり，第1に，保険事故発生時に保険者が支払うべき保険金の法律上の最高限度額となるほか，第2に，超過保険・重複保険かどうか，一部保険かどうかの判断基準ともなる。第3に，保険期間中の保険価額の著しい減少が保険契約者の保険金額および保険料の減額請求権を発生させる（637条）。

　保険価額はこうした基準額として客観的に評価されなければならないから，処分財産（商品など）については時価，不動産その他の使用財産については取得時価から減損額を控除した価額が保険価額とされる。ともあれ，保険価額は保険期間中の物価変動や時の経過による減価などによって変化しうるから，そ

の評価基準時が問題となるが，第1に，支払保険金額の決定基準としての保険価額の評価基準時は原則として保険事故発生時とされている（638条）。第2に，保険契約者による保険金額・保険料の減額請求については，保険期間中のあらゆる時点が評価時となる。他方，超過保険・重複保険の有無の判断基準については，保険契約締結時と解するのが通説である。

【評価済保険と保険価額不変更主義】
　支払保険金額の決定基準としての保険価額は一般的に保険事故発生時を基準時として評価されるため，被保険者としては保険価額の未確定に伴う不安（物価変動に伴う一部保険化など）にさらされるし，保険事故発生後も保険価額の評価をめぐる紛争が予想され，これにより保険金の迅速な支払が妨げられるおそれもある。そこで，商法は，保険契約の当事者が予め保険価額を協定しておくことができるものとしている（639条）。これを**評価済保険**といい，貴金属の盗難保険などにおいて保険契約締結後の物価上昇分を予め織り込んでおく等の目的で利用されるが，その場合も，保険者が協定保険価額が保険事故発生時の目的物の価額に比して著しく過当であることを立証したときは，これを保険金支払額の算定基礎から除外することができる（639条）。
　これに対し，運送保険や船舶保険・貨物海上保険では，保険の目的物が場所的に移動するため，保険価額の協定がない場合は保険事故発生の地および時を基準として保険価額が算定されることになるが，それには多分に不便・困難が伴う。そこで，商法は，この種の保険では保険期間が比較的短く，その間の保険価額の変動も比較的少ない点を踏まえ，特定の地および時における保険価額をもって全保険期間に適用される保険価額とする旨を定める。これを**保険価額不変更主義**または**法定保険価額**といい，運送保険では，発送の地および時における運送品の価額と到達地までの運送賃その他の費用との合計額が保険価額とされる（670条1項）。また，船舶保険では，保険者の責任開始時における船舶の価額が，積荷保険では，船積の地および時における積荷の価額と船積・保険に関する費用との合計額がそれぞれ保険価額として法定されている（818条・819条）。

(b)　保険金額　　**保険金額**とは，保険者が塡補すべき金額の最高限度額として当事者間で約定される金額をいう（631条）。保険金額は保険価額を超えることができないほか，保険価額と異なり保険期間中は原則として変更されない。

ちなみに，保険金額と保険者が実際に支払うべき保険金の額とは異なり，後者は，被保険者の実損害額に応じ，かつ，原則として保険金額の保険価額に対する割合（保険金額／保険価額）〔＝付保割合〕に従って定まる（636条）。

(c) **全部保険と一部保険** **全部保険**とは，保険金額が保険価額の全額に達している損害保険をいう（付保割合＝100％）。この場合，保険者は全損のときは保険金額の全部を被保険者に対して支払い，分損のときも原則として保険事故により生じた実損害額の全部を塡補する義務を負う。

他方，**一部保険**とは保険金額が保険価額の一部にとどまる保険をいい（付保割合＜100％），たとえば保険価額が2,000万円の建物に保険金額1,500万円の火災保険を付す場合がこれにあたる。この場合，保険者の**塡補額**は，全損であれ分損であれ，保険事故により被保険者に生じた実損害額に付保割合を乗じた額となり，その残額は被保険者の負担となる（636条）（図2参照）。これを**比例塡補主義**というが，一部保険の場合すべてにこの主義を貫くと，保険契約締結時には全部保険であったものがその後の物価上昇により一部保険化する場合には（物価変動による一部保険），被保険者の期待を裏切る結果ともなる。そこで，こうした不都合を避ける措置の1つとして，前述の評価済保険が利用される。

【図2】
＊全部保険：全損であれ分損であれ実損全部を塡補
＊一部保険：損害額×付保割合＝支払保険金額

e.g. $\begin{cases} \text{全損ケース} \quad 2{,}000\text{万円} \times \dfrac{1{,}500\text{万円}}{2{,}000\text{万円}} = 1{,}500\text{万円} \\ \text{分損ケース} \quad 1{,}000\text{万円} \times \dfrac{1{,}500\text{万円}}{2{,}000\text{万円}} = 750\text{万円} \end{cases}$

【付保割合条件付実損塡補特約・第1次危険保険】
　一部保険における比例塡補主義から生ずる保険利用者の不満等を解消する方法として，実務では，評価済保険のほか，一部保険の場合に保険者が塡補すべき額を，損害額×（保険金額／保険価額の80％）という算定式で算出し，約定保険金額が保険価額の一定割合以上とされている場合には全部保険と同様の扱い（実損の全部塡補）とすることで，比例塡補原則の適用を緩和する処理が行われることがある。これを**付保割合条件付実損塡補特約**といい，住宅火災保険の分野などで

このほか，一部保険では比例塡補主義がとられる結果として，実損害額が約定保険金額より小さい場合も前者に付保割合を掛けて保険金の支払額が計算されることから生ずる不満に対しては，実務上，損害額が約定保険金額を超える場合は比例塡補原則に拠りながら，損害額が約定保険金額以下の場合は常に全額塡補するという処理が行われることもある。これを**第 1 次危険保険**という。

(d) **超過保険と重複保険**　**超過保険**とは，1 個の保険契約において保険金額が保険価額を超過する場合をいう。商法は，超過保険の場合には保険契約者側の主観的意図のいかんを問わず，超過する保険金額分について保険契約を無効としている（631条）。これを**一部無効主義**というが，この場合も保険契約者および被保険者が善意・無重過失であるときは，保険者に対し保険料の一部の返還を請求できる（643条）。

　これに対し，**重複保険**とは，同一の保険の目的（物）につき保険事故が同じで，かつ，保険期間の重なる数個の損害保険契約が並存し，しかもそれらの保険金額の合計額が保険価額を超過する場合をいう。このうち，数個の損害保険契約が同時に締結された場合を**同時重複保険**，相次いで締結された場合を**異時重複保険**といい，いずれも損害保険契約の実損塡補原則に反するため超過分は無効であるが，法的効果は異なる。まず，**同時重複保険**の場合は，約定保険金額の合計額のうち保険価額を超える部分が無効とされたうえで，各保険者の負担額は各自の保険金額の割合によって決まるものとされている（632条 1 項）。これを**保険金額按分主義**といい，以下の公式で表される。

$$\text{各保険者の負担額} = \text{損害額} \times \frac{\text{各保険者の支払うべき約定保険金額}}{\text{約定保険金額の合計額}}$$

　たとえば，保険価額が1,000万円の建物につき所有者YがA・B・Cの損害保険会社 3 社との間で保険金額をそれぞれ600万円，500万円，400万円とする火災保険契約を締結した場合において，Yが全損で1,000万円の損害を被ったケースを考えると，A会社が支払うべき保険金額は，上記公式から1000万円×（600万円÷1500万円）＝400万円と算出され，要するにYは保険価額を超える保険金を取得できないのである。ちなみに，数個の保険契約の締結日付が同一で

あるときは，当該契約は同時になされたものと推定される（同条2項）。

他方，**異時重複保険**の場合は，最初に契約を締結した保険者からまず約定保険金額の範囲内で損害を塡補したうえで，これで損害額全部の塡補に不足するときは，2番目以降の保険者が残額を契約締結時期の順番に従って保険価額の範囲内で順次塡補していくという処理が法定されている（633条）。これを**先順位契約優先主義**という。しかし，これでは保険会社間に保険金支払責任を負うものと免除されるものとの格差が生まれるため，実務では，各保険者は，他の保険者との保険契約が存在しないものとして各々の支払保険金額（**独立責任額**）を算出したうえで，各保険者の独立責任額のその合計額に対する割合に応じて，各保険者の損害塡補額を算定する方法がとられている。これを**独立責任額按分主義**という。上記設例が異時重複保険であるとすると，まずA保険会社の独立責任額は，Yの損害額1000万円×(600万円〔A保険会社との契約による保険金額〕÷1000万円〔保険価額〕)で算出され（600万円），これをB・Cについても用いて独立責任額を計算する（B＝500万円；C＝400万円）。そのうえで，各保険者の負担額を，以下の公式によって算定することとなる。

　　　損害額×各保険者の独立責任額÷独立責任額の合計額

なお，こうした異時重複保険の規制には一定の例外が認められている。すなわち，既存の保険契約による保険金額が保険価額の全部にまで達しているとしても，①被保険者が前の保険者に対する権利を後の保険者に譲渡することを約したとき，②被保険者が前の保険者に対する権利の全部または一部を放棄する旨を後の保険者に約したとき，または，③前の保険者が損害の塡補をしないことを条件としたときは，保険契約の追加締結が行われても被保険者が利得しないから，保険契約を重複して締結することが認められている（634条）。

(5) **保 険 代 位**

(a) 残存物代位　　**残存物代位**とは，損害保険（物保険）において，保険事故の発生により保険の目的（物）に「全損」が生じたものとして扱って保険金額の全部を支払った保険者が，それと引換に，被保険者が保険の目的（物）に有する権利を取得することをいう（661条）。もともと損害保険における**全損**とは，保険の目的物をその本来の用法に従って利用できなくなった状態をいうため，残存物が存する場合もあり，その場合，被保険者は残存物を他の用途に転

用し利益を得る可能性も残されている。したがって，被保険者がこうした残存物に対する権利を保持しながら保険金額全部の支払を受けると，保険事故の発生によりかえって利得することとなりかねない。そこで，商法は，被保険者の利得を防止するため残存物代位の制度を定めたのである（通説：利得防止説）。

　残存物代位は，**保険の目的（物）について全損が生じ，かつ，保険者が約定の保険金の全額を支払ったこと**を要件とする。これらの要件を充足して残存物代位の効果が生ずると，保険の目的（物）に対する被保険者の権利が保険者に移転するが，これは法律の規定にもとづく効果であるから，権利移転については対第三者対抗要件の具備を要しない。一部保険の場合は，保険者が取得する権利の割合は，付保割合によって決まる（661条但書）。

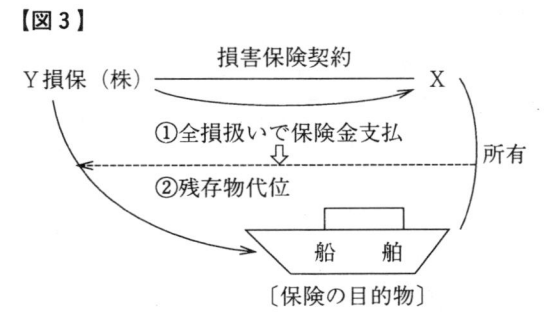

【図3】

```
Y損保（株） ──損害保険契約──→ X
    ↑ ①全損扱いで保険金支払      ┊所有
    ←─── ②残存物代位 ────      ┊
                    船　舶
                 〔保険の目的物〕
```

　(b)　請求権代位　　**請求権代位**とは，保険事故による被保険者の損害が第三者の有責行為により生じた場合に，当該被保険者に保険金を支払った保険者が保険金支払と引換に保険契約者または被保険者の有責第三者に対する損害賠償請求権を取得することをいう（662条1項）。この場合に，被保険者が有責第三者に対する損害賠償請求権と保険者に対する保険金請求権の両方を行使できるとすると，被保険者に二重の利得を許すこととなって不当である反面，これを避けるため保険契約の存在を理由に有責第三者に免責を認めることも妥当性を欠く。そこで，商法は被保険者に2個の請求権が発生することを認めた上で，利得防止の観点から，保険金の支払を条件とし，支払保険金額を限度として有責第三者に対する損害賠償請求権が保険者に移転するものとしたのである（多数説）。

　請求権代位は，**保険事故による被保険者の損害が第三者の有責行為により生**

じたことと、保険者が被保険者に対し保険契約に従って保険金を支払ったこととを要件とするが、これらの要件が充足されると、全損と分損とを問わず、また一部保険であっても、保険契約者または被保険者の有責第三者に対する損害賠償請求権が保険者に移転する（662条1項）。なお、分損により保険者が約定保険金額の一部を支払ったときは、保険契約者または被保険者の権利を害しない範囲においてのみ有責第三者に対する権利を取得する（同条2項）。

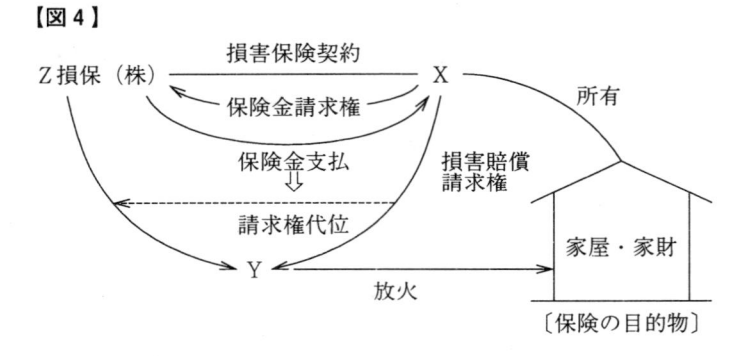

【図4】

```
Z損保（株）──損害保険契約──X
       ←保険金請求権─         所有
       保険金支払   損害賠償
         ⇩      請求権
       ----請求権代位----
            ↘
             Y ──放火─→ 家屋・家財
                         〔保険の目的物〕
```

【一部保険と請求権代位】
　一部保険の場合に請求権代位が生ずると、保険者は支払保険金額を限度として被保険者の有責第三者に対する権利を取得するが、未塡補の損害が残ることからその部分については被保険者が依然として当該第三者に対し損害賠償請求権を有することとなり、権利の分属状態が生ずる。この場合も第三者が被保険者の損害全部を塡補できるだけの資力を有していれば、被保険者は賠償金と保険金とを合わせて損害全部の塡補を受けることができるが、他方、有責第三者の資力が損害全部の塡補に足りないときは、当該第三者に対する被保険者の残損害の賠償請求権と保険者が請求権代位により取得した権利とが競合するため、その優劣が問題となる。たとえば、自己の所有家屋につきZ損害保険会社との間で、保険価額を1,000万円とし保険金額を600万円とする火災保険契約を締結したXが、Yの有責行為による建物全焼（全損）のために1,000万円の損害を被った場合において、XにはZから600万円の保険金が支払われて、同額の権利が請求権代位によりZに移転したが、Yには800万円の賠償資力しかないというケースでは、Yに対するXとZの請求金額の合計がYの賠償資力を200万円超過する。そのため、この

不足分をXまたはZのどちらか一方に負担させて他方の請求を100％認めるのか，それとも両者でこの不足分を按分して負担しあうのかが問題となる。この点，**保険者の請求権を優先させ不足分を被保険者に負担させる限度主義**によると，すでに保険金が支払われている上記ケースでは，ZがYの賠償資力800万円のうち請求権代位により取得した600万円分の請求権をXに優先して行使しうると解するため，XがYから回収できる額は200万円にとどまり，保険金と併せて800万円の損害塡補しか受けられないこととなる。反対に，**被保険者の請求権を優先させる限度額超過主義**によれば，上記ケースではXはZから600万円の保険金を受け取った後でYから未塡補の損害400万円の賠償をZに優先して受けると解するので，Xは全損害の塡補をともかく受けられるのに対し，Zは請求権代位で取得した請求権のうち200万円部分だけ実現しうるにすぎないこととなる。他方，**不足分を被保険者と保険者とで按分する比例主義（按分主義）**によれば，上記ケースでは，XがZから600万円の保険金を受け取った上で，Yの支払可能額に対してZが付保割合で請求でき，その残額をXがYに請求しうると解するので，Zは800万円×600万円／1000万円＝480万円を請求でき，Xはその残額320万円を請求することができるとする。

ちなみに，XがまずYに対し損害賠償を請求し800万円の支払を受けた場合に，その後Zに対して保険金をいくら請求できるかについては，比例主義と限度主義では，一部保険であることから未塡補の損害額200万円に付保割合を掛けた金額の120万円を請求することができると解する。それゆえ，比例主義では，保険金を先に請求した場合と比べて被保険者Xの受取金額に差は生じないのに対し，限度主義では被保険者が保険会社に対し先に請求したとき（合計800万円）と有責第三者に対して先に請求したとき（合計920万円）とで被保険者の受取額が異なる。これに対し，限度額超過主義では，XはYからの賠償金支払で塡補されずに残った200万円の損害につきその全額の塡補をZからの保険金支払で受けることができると解するので（この点には，なぜ一部保険なのに付保割合を掛けないのかという批判がある），保険金の請求を先にしても賠償請求を先にしてもXの受取金額は1,000万円となって，結論に差異を生じない。

(6) 保険者の免責

保険者は，保険期間中に生じた約定の保険事故によって被保険者に損害が生じたときに，保険契約の定め（実際には各種保険約款の定め）に従って損害塡補

の責任すなわち保険金支払義務を負うことになるが，その場合も法律および契約所定の免責事由が存在するときは，保険者は免責される。ここでは法定の免責事由のみを列挙するが，第1は，保険契約者または被保険者の悪意または重過失による事故招致である（641条）。第2は，保険の目的物の性質による損害，瑕疵による損害，自然の消耗による損害については，保険者は免責され（641条），第3に，戦争その他の変乱による損害についても保険者の免責が認められる（640条）。

(7) **責任保険契約と被害者の直接請求権**

(a) **責任保険契約の意義と類型**　近時，自動車損害賠償責任保険はもちろん，生産物賠償責任保険，会社役員賠償責任保険，公認会計士賠償責任保険などの責任保険が非常に注目を集めている。**責任保険契約**とは，所定の事故の発生により被保険者が被害者たる第三者に対して損害賠償責任を負担することによって被る資産減少という損害を塡補する保険をいう。本来は賠償金支払により資産の減少という経済的不利益を被る被保険者（損害賠償責任を負う者）の保護を目的とするが，この保険により賠償金の支払が確実になる可能性が高くなるため，被害者救済機能も営む。ちなみに，責任保険契約では，被保険利益の評価ができないため保険価額の概念が存在せず，それゆえ一部保険とか超過・重複保険の問題も生じない。

　責任保険契約は，保険金支払の態様により，先履行型と責任負担型および免脱型に分類できる。**先履行型**とは，被保険者が第三者（債権者または被害者）に対し損害賠償責任を負担し，現実に賠償金を支払った場合に初めて，その支払額を限度として保険者から保険金の支払を受けられるものである。しかし，これでは，被保険者が無資力の場合には被保険者の保険金請求権が具体化せず保険金が支払われないため，最も被害者救済の必要性が高い場面で機能しないという問題がある。そこで，**責任負担型**では，被保険者の第三者（債権者または被害者）に対する損害賠償責任が確定すれば，現実の賠償金支払がなくともその時点で，保険者から被保険者に対し保険金の支払が行われるものとするのである。これにより先履行型の問題はある程度解消されるが，保険金を被保険者が受領することになるから，それを被保険者自身が費消したり他の債権者が先に差し押さえたりすることで，支払われた保険金が損害の賠償に充てられな

いおそれもあり，その点で被害者救済に限界がある。この点を踏まえ，被保険者の損害賠償責任が確定した場合，その時点で保険者は被保険者ではなく被害者等の損害賠償債権者に対して保険金を直接支払うこととして被保険者の損害賠償債権者に対する責任を免脱させる**免脱型**が，被保険者の第三者に対する責任の履行を最も確実にするという意味で責任保険の理念型とされている。ちなみに，免脱型にあっても，被保険者が第三者に対し実際に賠償金を支払った場合には，保険金が被保険者に支払われる。

(b) 被害者の直接請求権　　責任保険契約は，現在では責任負担型が多く見られるが，中には，法律の規定または約款の定めにより，契約当事者以外の被害者（損害賠償債権者）が保険者に対し保険金額を限度として直接金銭の支払を請求しうる権利が定められているものが若干ある（667条，自賠16条1項，任意自動車保険普通保険約款）。これを**直接請求権**といい，これにより免脱型の責任保険が実現する。もっとも，この権利が責任保険の本質的属性として法律・約款の定めがなくとも当然に認められると解するのか，それともこれを否定し直接請求権が認められるためには法律・約款の規定を要すると解するのかが争われており，後者が多数説である。

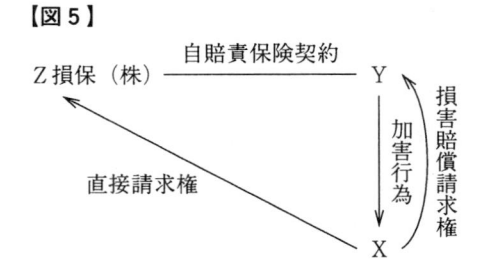

【図5】

```
                    自賠責保険契約
    Z損保（株）─────────────── Y    ┐損
                                    │害
                                    │賠
                                加  │償
                                害  │請
                                行  │求
                                為  │権
                                    │
                                    ↓┘
    ←───────────────── X
         直接請求権
```

ところで，こうした直接請求権が定められている責任保険において，すでに被保険者が被害者の損害額の一部を賠償した場合は，被保険者がその額について保険者に対し保険金の支払を請求することができるが，未賠償の残損害額については被害者も保険者に対し所定の保険金額を限度として直接請求権を行使することができる。問題は，この場合に，両者の請求金額の合計が当該責任保険契約における保険金額を超え，両者が競合するときに，被保険者の請求と被害者の請求のどちらが優先するかである。たとえば，保険金額が3,000万円と

され，被害者の損害額が6,000万円，加害者すなわち被保険者が実際に支払った賠償額が1,000万円というケースで考えると，被害者の直接請求金額は3,000万円，被保険者の保険金請求額は1,000万円で，合計4,000万円となって，保険金額3,000万円を超過する。この点，被害者救済の必要性を重視して，被害者の請求が優先すると解する**被害者請求優先説**によれば，被害者は3,000万円を保険者に請求できることになる。これに対し，それでは被害者が被保険者の他の債権者よりも優先弁済を受けられることとなり行き過ぎであるとする立場から，被保険者の請求が優先し，被害者の直接請求可能額はその残額にとどまるとする**被保険者請求優先説**によると，被保険者に対し1,000万円の保険金が支払われ，被害者は2,000万円を保険者に対し直接請求しうるにすぎないこととなる。

5　生命保険契約
(1)　生命保険契約の意義と態様

　生命保険契約とは，当事者の一方（保険者）が相手方または第三者（被保険者）の生死に関して一定の金額を支払うことを約し，これに対し相手方（保険契約者）がその報酬を支払うことを約する契約をいう（673条）。生命保険契約は，損害保険契約と異なり，被保険者に損害が生じたかどうかにかかわりなく，所定の保険事故の発生により約定の一定金額が保険金として支払われる**定額保険**であるから，被保険利益の有無はもちろん一部保険・超過保険・重複保険も問題とならないし，被保険者の意義はもっぱら保険事故発生の有無が問題となる客体にすぎない。

　生命保険契約はいくつかの態様に分類できるが，まず**保険事故**を基準とすると，①被保険者が死亡した場合に保険金の支払が行われる**死亡保険契約**と，②被保険者が一定期間生存するかまたは一定年齢まで生存した場合に保険金が支払われる**生存保険契約**，および，③この両者を組み合わせたもので，被保険者がある年齢までに死亡した場合も，その年齢まで生存している場合も所定の保険金が支払われる**養老保険契約**（生死混合保険契約）に分かれる。ちなみに，生命保険契約の保険事故は被保険者の生存または死亡のいずれかであるが，実際には，被保険者に高度障害が生じた場合など生死以外の事由で保険金の支払

が行われる旨の特約が付されることが少なくない（傷害特約，入院給付特約など）。また，死亡保険契約は，保険期間が一定期間または一定年齢までと制限された定期保険契約と保険期間の限定がない終身保険契約とに分かれる。第2に，被保険者の数を基準として，①1個の生命保険契約における被保険者が1人である**単生保険契約**と，②1個の生命保険契約において夫婦など2人の者を被保険者とし，いずれか一方に保険事故（死亡）が発生したときにもう一方の者に保険金が支払われる**連生保険契約**，および，③たとえば1つの会社・団体に勤務する多数の従業員をまとめて被保険者とするように，1個の生命保険契約でありながら多数の者を被保険者とした**団体生命保険契約**に分類できる。なお，生命保険契約は，本来，定額給付型の保険であるが，近時，保険者が収受した保険料を投資運用してその運用益を保険金の支払額に反映させ，運用の結果しだいで受取保険金額が変動する変額保険契約が登場している。

(2) **生命保険契約の関係者**

生命保険契約にあっても，契約当事者は，**保険者**と**保険契約者**であり，前者は，約定の保険事故発生の場合に契約所定の一定金額の保険金を支払う義務を負う。現行保険業法では，資本金10億円以上の株式会社または基金10億円以上の相互会社で内閣総理大臣の免許を受けたものであることを要する（保険3条1項・6条）。

他方，後者の保険契約者は，保険者に対し保険料支払義務を負うものであって，自然人と法人とを問わない。このほか，生命保険契約における**被保険者**とは，前述のように，その者の死亡または生存が保険事故とされるものをいう。専ら保険事故発生の有無を判断する際の基準となる者にすぎず，その関係で自然人に限られるが，被保険者が保険契約者と同一人である場合もあれば，両者が異なるケースもある。前者を**自己の生命の生命保険契約**というのに対し，後者を**他人の生命の生命保険契約**という。また，生命保険契約には**保険金受取人**がおり，これは，保険事故発生の場合に保険者に対し保険金を請求しうるものとして契約で定められた者をいう。保険契約者は誰を保険金受取人に指定してもよく，保険契約者でも被保険者でもない第三者を受取人に指定することもできるし，自然人と法人とを問わない。ちなみに，保険契約者が同時に保険金受取人である場合を**自己のためにする生命保険契約**，両者が異なる場合を**他人の**

ためにする生命保険契約という。
(3) 他人の生命の生命保険契約
(a) 意義　他人の生命の生命保険契約とは，保険契約者と被保険者とが異なる生命保険契約をいうが，この契約（とくに死亡保険タイプ）の締結を自由に認めると，他人の生命を犠牲にしてまで保険金の不正取得を図るという弊害を伴うおそれがある。そこで，現行法では，保険契約の締結に被保険者の同意を要するものとしており（674条1項本文：同意主義），これを欠く場合は当該契約の効力は無効となる。

【図6】

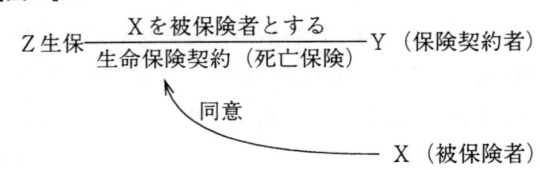

```
                Xを被保険者とする
    Z生保 ──────────────────── Y（保険契約者）
           生命保険契約（死亡保険）
                    ↑
                   同意
                    └──────── X（被保険者）
```

(b) 被保険者の同意を要する場合　他人の生命の生命保険契約につき現行法が被保険者の同意を要求する趣旨は，他人の生命の犠牲において保険金の不正取得を目論む弊害の防止にある。したがって，他人の生存を保険事故とする生命保険契約は規制対象から除外され，契約締結に被保険者の同意を要するのは，第1に，保険契約者以外の第三者の死亡を保険事故とする場合に限られる（674条1項本文）。もっとも，その場合でも被保険者自身が保険金受取人とされているときは，上記弊害発生のおそれが小さいことから，被保険者の同意を要しないものとされているが（同項但書），しかし，このケースでも被保険者が死亡しなければ保険金の支払が行われず，しかも被保険者自身は死後，保険金を受け取れないのであるから，事実上は当初より被保険者の相続人を保険金受取人に指定した場合と異ならない。それゆえ，立法論としてこの例外規定を削除すべきとする論者が少なくなく，生保改正試案647条1項もその方向での法改正を示唆している。

第2に，①被保険者の同意を得て当該者の死亡を保険事故とする他人の生命の生命保険契約が締結された後で当初の保険金受取人が保険金請求権を他に譲渡する場合（674条2項），②被保険者を保険金受取人とする他人の生命の生命保険契約（死亡保険または養老保険）において，保険金受取人たる被保険者から

保険金請求権を譲り受けた者がこれをさらに他に譲渡する場合（674条3項後段），および，③保険契約者が自己の死亡を保険事故とし第三者を保険金受取人とする生命保険契約を締結した後に，保険金受取人がその権利を他に譲渡する場合（同項前段）には，それぞれ被保険者の同意を要する。ちなみに，①では保険金請求権の譲渡の場合だけが規定されているが，保険金請求権の質入のケースも同様の危険を伴うことから，被保険者の同意を要求すべきであり，生保改正試案674条2項はその旨の改正を提案する。

　第3に，保険契約者が他人の死亡を保険事故とする生命保険契約をその者の同意を得て締結した上で，その後に保険金受取人を新たに指定しまたは変更する場合も，被保険者の同意を要する。ただし，被保険者自身が保険金受取人とされる場合はこの限りでない（677条2項・674条1項）が，上記第1と同様の問題がある。

　(c)　同意の方式と撤回　　現行法は被保険者の同意の方式を定めていないため，書面のほか口頭による同意でもよいし，黙示の同意でも足りるとされている。しかし，実務上は保険契約申込書への被保険者の署名を要求して書面による明示的同意を徴取しており，生保改正試案も書面による同意を要求する旨の改正提案を示している。ともあれ，被保険者の同意は個々の保険契約締結の度ごとにこれを個別的に得ることが必要であって，将来締結されるすべての保険契約に対し予め被保険者の同意を取り付ける包括的同意は認められない。ちなみに，同意の時期については，事前の同意のほか事後の同意でも差し支えないと解するのが多数説である。

　ところで，被保険者はいったん与えた同意を撤回できるか。契約成立前に同意の撤回をなしうると解することに異論はないが，契約成立後はもはや被保険者は同意を撤回して契約を失効させることができないと解されている。しかし，そうすると，被保険者は，契約成立後に判明した事情から見て，保険契約をこのまま継続させると自己の生命に危険が及ぶ可能性が大きいと合理的に判断される場合でも，自己防衛のため保険契約を失効させて保険金殺人の動機を失わせることができないこととなる。そこで，生保改正試案674条ノ3は被保険者保護のため，保険契約成立後であっても，保険契約者または保険金受取人が被保険者殺害を目的とする行為（未遂も含む）や保険金請求に関し詐欺を行った

ときなどには，被保険者は保険契約者に対し当該保険契約を解約するよう請求することができる旨の規定の新設を提案する（**被保険者の解約請求権**）。

(4) 他人のためにする生命保険契約

(a) **意義と保険金受取人の指定方法**　他人のためにする生命保険契約とは，保険契約者と保険金受取人とが異なる生命保険契約をいう。とくに，保険契約者が自己の死亡を保険事故とする生命保険契約を締結する場合は，たとえば配偶者とか子などを保険金受取人にしておくことが少なくない。生命保険契約にあっては被保険利益の観念がないため，保険契約者は誰を保険金受取人に指定してもよく，他人のための生命保険契約が一般的に認められるのである。

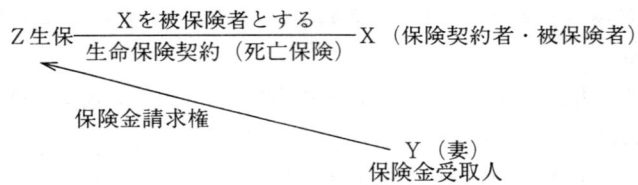

【図7】

Z生保　──Xを被保険者とする生命保険契約（死亡保険）── X（保険契約者・被保険者）

保険金請求権

Y（妻）
保険金受取人

保険金受取人は，保険契約者による受取人指定という単独行為により当然に保険金請求権を取得するので（675条1項本文），保険契約者が自己の死亡を保険事故とする保険契約を締結し，その法定相続人を保険金受取人に指定した場合も，保険事故発生時の法定相続人が取得する保険金請求権は保険契約にもとづく固有権であって，相続により承継したものではない。それゆえ，当該相続人が相続放棄をした場合であっても，保険金請求権を失わないと解するのが多数説・判例（大判昭11・5・13民集15巻877頁，最判昭40・2・2民集19巻1号1頁）である（なお，相続税法上は，保険金請求権は相続財産と見なされる（相税3条1項1号・12条1項5号））。

保険金受取人の指定方法については，商法上これを定めた規定はないが，実務上は，保険契約申込書の所定の欄に特定人の氏名・名称を記載して行うのが通常である。その際問題となるのは，第1に，保険契約者が自己の生命の生命保険契約（死亡保険）につき受取人指定の方法として自己の配偶者Aの氏名とともに該当欄に「妻（夫）」との続柄も記載したところ，保険事故発生前に両者が離婚した場合，Aはそのことにより当然，保険金受取人の地位を喪失する

のかどうかである。この点，現在の多数説と判例（最判昭58・9・8民集37巻7号918頁）は，続柄欄の記載が単に保険契約当時のAと保険契約者（被保険者）間の関係を示したものにすぎず，保険金受取人指定の要素ではないとする立場から，保険金受取人の変更がない限り離婚後もAは保険金受取人の地位を失わないとしている。

　第2に，実際には，保険契約締結から保険事故発生までの間に被保険者の親族関係の変動が予想されることから，その度ごとに受取人変更手続を行うことの手間等を省くために，保険金受取人指定欄に単に「法定相続人」とのみ記載することが少なくないが，問題となるのは，その場合において法定相続人が複数存在するときは，各相続人が保険金請求権を原則として均等割合で取得するのか（民427条），それとも法定相続割合（民900条・901条）に従って取得するのかということである。被保険者に妻と嫡出子のほかに非嫡出子もいるようなケースでは深刻な問題となろう。要するに，法定相続人という指定の仕方に，受取割合を法定相続割合ともする旨の保険契約者の意思を合理的に推認し，これを民法427条にいう「別段ノ意思表示」と捉えるのかどうかがポイントとなる。学説は**均等割合説**と**相続割合説**に鋭く対立しているが，判例は，最判平6・7・18（民集48巻5号1233頁）が相続割合説に立つことを判示している。

　(b)　**保険金受取人の指定変更**　　保険契約者は契約において，保険金受取人の指定を変更（追加・交替）する権利を留保することが商法上認められており（675条1項但書），実務では，約款をもって保険契約者の保険金受取人指定変更権を定めるのが一般的である。本来，当初の保険金受取人がその指定の効果として取得した保険金請求権は，その者の同意を得ない限り，保険契約者といえどもこれを変更し消滅させることができないはずであるが（民538条参照），生命保険契約が通常は長期の継続的契約であること，受取人指定が特殊な人的関係にもとづく無償贈与的性格を有するケースが少なくないことなどから，保険期間中の事情変更の可能性に鑑み，商法では，保険契約者に保険金受取人の指定変更権を認めたのである。

　保険契約者は，その一方的意思表示をもって保険金受取人の指定を変更することができる（形成権としての変更権）。その際，保険契約者は保険者または新旧保険金受取人のいずれに対して意思表示をしてもよく，それにより直ちに変

更の効力が発生するとされているが（多数説・判例（最判昭62・10・29）），保険者の二重払いの危険をさけるため，商法では，保険契約者が保険者に対し保険金受取人の指定変更の旨を通知しない限り，新受取人が保険者に対抗できないとされている（677条1項）。これを受け，約款では通常，保険証券に保険者の承認裏書を受けなければ，指定変更を保険者に対抗できない旨の定めが置かれている。

保険契約者がこの権利を行使する前に死亡した場合，商法上は保険金受取人の権利が確定するものとされている（675条2項）。これは任意規定とされており，実際には約款をもって，保険契約者の相続人が指定変更権を承継する旨を定めるのが通常である（債権者を保険金受取人に指定する場合は除く）。

他方，第三者のためにする生命保険契約で保険事故発生前に保険金受取人が死亡した場合は，保険契約者は，指定変更権を留保していなくとも，別の保険金受取人を指定することができ（676条1項），当初の受取人の相続人が保険金請求権を承継するわけではない。これに対し，保険金受取人死亡後に保険契約者も新たな保険金受取人を指定することなく死亡した場合は，当初の受取人の相続人が保険金受取人となる（同条2項）。

(5) 保険金の支払と保険者の免責

生命保険契約にもとづき保険者は所定の保険事故発生を条件として保険金を支払う義務を負うが，損害保険契約と異なり，契約所定の確定額の保険金が支払われる（定額保険）。

他方，所定の保険事故が発生した場合であっても商法または約款所定の免責事由に該当するときは，保険者は保険金の支払義務を免れる。ここでは商法上の免責事由を主に概観するが，商法では，①被保険者の自殺（680条1項1号），②決闘その他の犯罪または死刑執行による被保険者の死亡（同号），③保険金受取人による被保険者故殺（同項2号），④保険契約者による被保険者故殺（同項3号），および，⑤戦争その他の変乱による被保険者の死亡（683条1項・640条）が免責事由として規定されている。このうち，①は約款による修正が行われており，1年後の自殺を決意して生命保険に加入する例が少ないと考えられることから，遺族の生活保障を考えて，これまで契約締結日後1年内の自殺のみが免責事由とされてきたが，近時，この自殺免責対象期間を延長する動きが

実務で見られる（なお，山口地判平11・2・9判時1681号152頁は，約款所定の期間経過後の被保険者の自殺が保険金取得を唯一または主要な目的としたものである場合には，約款の規定にかかわらず680条1項1号の適用は排除されず，保険者は免責されると判示しており，注目される）。また，③については，複数の保険金受取人のうちの一部の者だけが被保険者故殺に関与していた場合は，保険者はその他の受取人に対する責任は免れない（680条1項2号但書）。他方，保険金受取人が被保険者殺害後に後追い自殺した場合，保険金受取人の相続人が保険者に対し保険金を請求できるかも問題となっているが，判例はこの場合も保険者の免責を認める（最判昭42・1・31民集21巻1号77頁）。

ちなみに，生命保険契約（とくに養老保険）では，被保険者の生存または死亡のほか，両手・両足の切断，失明などの高度障害が生じた場合も所定の保険金が支払われる旨が定められることが多いが（高度障害条項・特約），免責事由を定める680条は高度障害には直接適用されないし，高度障害と死亡との違いから同条の準用または類推適用では不十分とされている。そこで，約款で，具体的な免責事由を定めるとともに，重過失による事故招致の場合まで免責の範囲を拡大しているのが通常である。

なお，保険者は，こうした保険金支払義務のほか，保険契約者が保険金または解約返戻金を限度として保険者から貸付を受けることができる旨の保険約款の定めがある場合は，保険契約者の貸付請求（形成権）に対し所定の条件で貸付を行わなければならない義務を負う。これを**保険契約者貸付**という。

6 傷害保険契約

(1) 傷害保険契約の意義と契約当事者等

傷害保険契約とは，当事者の一方が，被保険者が「急激かつ偶然な外来の事故」によって「その身体に傷害を被った」ときに保険金を支払うことを約し，これに対し相手方が保険料を支払うことを約する契約である。現行法には傷害保険契約に関する規定が置かれていないが，第1に，傷害保険契約は，人体に生ずる事故を対象として保険金の支払が行われる人保険の一種であり，その点では生命保険契約と共通するが，「人の生死」に関して保険金が支払われるものでない点で生命保険契約と異なる。第2に，傷害保険契約は，理論上は損害

填補を行う損害保険の1つとして行うことも可能であり，傷害による治療実費等の損害の填補を目的とするものも現に存在するが（海外旅行傷害保険など），実際には，傷害から生ずる結果の内容・程度に応じて契約所定の一定金額の支払が行われる定額保険ないし準定額保険であるものが大半である。

傷害保険契約にあっても，その契約当事者は保険者と保険契約者である。損害保険契約・生命保険契約におけると同様，保険契約者は契約にもとづき保険者に対し保険料支払義務を負い，保険者は保険事故発生の場合に所定の保険金支払義務を負う。

これに対し，被保険者とは，その者が急激かつ偶然な外来の事故により身体に傷害を被ったことが保険事故とされる者であって，自然人に限られる。ちなみに，保険契約者と被保険者とが同一である場合を，**自己の傷害の傷害保険契約**というのに対し，両者が異なる場合を，**他人の傷害の傷害保険契約**というが，後者は，他人に身体的傷害を負わせてまで保険金取得が目論まれるという弊害があるので，約款では被保険者の同意を要するものとされている（傷害保険普通保険約款17条2号参照）。また，保険金受取人とは，保険契約者が保険金を受け取るべきものとして指定した者をいう。約款では，保険契約者は被保険者の同意を得て死亡保険金の受取人を指定し，または新たに指定もしくは変更することができるとされているが（同29条1項・3項），後遺障害保険金や入院給付金・通院給付金など被保険者が生存している場合に支払われる保険金は，約款上すべて被保険者に対して支払われるべきものとされている（同6条1項・7条1項・8条1項参照）。

(2) **傷害保険契約締結の効果**

(a) **保険契約者・被保険者の権利・義務**　　傷害保険契約が成立すると，保険契約者はその主たる義務として保険者に対し保険料支払義務を負うほか，被保険者とともに事故発生の通知義務（傷害保険普通保険約款23条1項・2項）や他社保険契約・職業変更等の通知義務を課されるのが通常である（同13条・14条1項）。他方で，保険契約者には通常，契約の任意解除権が留保されている（同20条4項）ほか，上記のように被保険者の同意を条件とする死亡保険金受取人の指定・変更権も付与されている。

(b) **保険者の権利・義務**　　これに対し，保険者は，保険契約上の主たる義

務として，所定の保険金の支払義務を保険金受取人または被保険者に対して負う（同1条1項・26条）ほか，保険契約者・被保険者側の告知義務や通知義務の懈怠等を理由とする契約解除権が付与されている（同11条1項・20条1項・2項）。

　ところで，保険者の保険金支払義務が具体化するのは所定の保険事故が生じた場合であるが，傷害保険契約の保険事故とは，「急激かつ偶然な外来の事故」によって「被保険者がその身体に傷害を被った」ことをいう。まず第1に，**事故の急激性**が要件となるが，これは，事故が突発的に発生し，その事故からその結果として傷害が生ずるまでのプロセスが直接的で時間的間隔のないこと，すなわち予測不能で不可避であることをいう。したがって，キーパンチャーの腱鞘炎は，身体の一部の継続的な酷使を原因とするため，急激な事故による傷害とはされない。第2に，**偶然の事故**，すなわち被保険者にとって予測・予知できない原因により身体傷害という結果が生ずることが必要である。したがって，交通事故やガス漏れによる窒息などはこの第2の要件を充足するが，自殺・喧嘩，持病を抱えた者の急激な運動による死亡などの場合は偶然性が認められない。第3に，**事故の外来性**が要件とされている。これは，身体傷害の原因となった事故が身体の外部からの作用であることを要求するものであって，交通事故とか重い物の持ち上げとかがこれに該当する。そして，第4に，**身体傷害**が発生することが必要となる。ここに身体傷害とは，外傷に限らず窒息・中毒など身体内部の傷害も含まれるが，ともかく急激かつ偶然な外来の事故との間に相当因果関係があることを要する。

　なお，所定の保険事故が発生した場合であっても，約款所定の免責事由に該当するときは，保険者は保険金支払義務を免れる。損害保険会社が販売する傷害保険契約については，保険事故の原因が，①保険契約者または被保険者もしくは保険金受取人の故意，②被保険者の自殺行為・犯罪行為・闘争行為，③被保険者の疾病等，④被保険者に対する刑の執行，⑤地震・噴火・津波，⑥戦争・外国の武力行使・革命・内乱その他の事変，または，その他の約款所定の事由のいずれかに該当する場合が，免責事由とされている（傷害保険普通保険約款3条・4条参照）。他方，生命保険会社の販売する傷害保険契約は，約款所定の免責事由が損害保険会社の傷害保険契約所定のものとは若干異なっており，

たとえば，保険事故が保険契約者・被保険者・保険金受取人の「故意」または「重過失」で生じた場合とされている（災害割増特約1条1項参照）。

(3) 傷害保険契約と請求権代位

被保険者の身体傷害が第三者の有責行為によって生じ，保険者が被保険者に対して所定の保険金を支払った場合，当該保険者は，被保険者が第三者に対して有する損害賠償請求権を保険代位により取得するか。傷害保険契約が損害塡補型（損害保険契約そのもの）であるときは，実損塡補の原則から保険会社による請求権代位が認められると解することに異論はなく，実務もそのような取扱をしている（海外旅行傷害保険契約の治療実費保険金支払の場合）。問題は，現在一般的に利用されている定額給付型の傷害保険契約の場合である。この点，通説は，定額給付型のものについては生命保険契約とのバランスなどから，保険者の請求権代位が認められないと解しており，保険実務上もこれに従った処理をしているのが現状である（傷害保険普通保険約款28条）。

事項索引

い

一方的商行為 …………………………21, 212
一方的仲立契約 ………………………172
インサイダー（内部者）取引 …………179

う

受取船荷証券 …………………………215
運送状 …………………………………192
運送証券 ………………………………199
運送取扱人 ……………………………222
　　――の権利 …………………………223
　　――の損害賠償責任 ………………223
　　――の留置権 ………………………124
運送人 …………………………………190
運送品の消滅・毀損・延着 …………193

え

営業意思客観主認識可能説 ……………27
営業意思主観的実現説 …………………27
営業意思表白行為説 ……………………27
営業財産の評価 …………………………62
営業所 ……………………………………30
営業譲渡 …………………………………96
営業譲渡契約 …………………………100
営業的商行為 ……………………………17
営業の自由と制限 ………………………29
営業の担保 ……………………………108
営業の賃貸借 …………………………107
営業避止義務 ………………………74, 75
営利性 ……………………………………5
営利法人 …………………………………24
営利保険 ………………………………250

お

送り状 …………………………………192

か

外観理論 …………………………………91
開業準備行為 ……………………………26
会計慣行 …………………………………58
会計帳簿 …………………………………59
会計帳簿閲覧権 …………………………66
外航船 …………………………………206
海上運送 …………………………188, 204
海上運送人
　　――の義務 …………………………209
　　――の権利 …………………………209
　　――の責任 …………………………211
海上企業 ………………………………205
海上相次運送 …………………………208
海上物品運送契約 ……………………206
海商法 …………………………………204
海上保険 ………………………………252
海上旅客運送契約 ……………………220
介入権 …………………………75, 182, 223
買主の検査・通知義務 ………………155
買主の保管・供託・競売義務 ………157
隔地者間の契約の申込 ………………117
確定期売買 ……………………………154
家計保険 ………………………………253
割賦販売 ………………………………163
貨物引換証 ………………………192, 198
　　――の債権的効力 …………………200
　　――の物権的効力 …………………201
勘定式 ……………………………………61

間接代理 …………………………………178
間接有限責任 ……………………………170

き

企業会計原則 ……………………………58
企業間取引 ………………………………111
企業保険 …………………………………252
擬制商人 …………………………………16
寄　託 ……………………………………242
基本的商行為 ……………………………16
客観的意義の営業 ………………………30
競業避止義務 ……………………74, 75, 102
　　取締役の―― …………………………74
強制保険 …………………………………250
共同組合 …………………………………25
共同支配人 ………………………………71
業務監督権 ………………………………169
金銭債権の評価 …………………………63
金銭消費貸借における利息請求権 ……125
金銭取立における利息請求権 …………126
禁反言の原則 ……………………………91

く

倉荷証券 ……………………………231, 236
クーリング・オフ制度 …………………161

け

経営委任 …………………………………107
形式審査主義 ……………………………86
形式的意義の商法 ………………………4
契約内容登録制度 ………………………258
懈怠破産 …………………………………65
結約書 ……………………………………175
原価主義 …………………………………63
原価償却 …………………………………63
顕名主義 …………………………………114

こ

公営保険 …………………………………250
公益法人 …………………………………24
航海傭船契約 ……………………………207
高価品に関する特則 ……………………194
航空運送 …………………………………188
公　告 ……………………………………87
交互計算 …………………………………137
　　――の経済的機能 ……………………137
　　――の対象となる債権債務 …………138
　　――の当事者 …………………………138
　　――の法的性質 ………………………139
交互計算期間 ……………………………138
交互計算契約の効力 ……………………139
交互計算契約の終了 ……………………142
交互計算不可分の原則 …………………139
合資会社 …………………………………168
公示催告 …………………………………131
公法人 ……………………………………23
公保険 ……………………………………250
告知義務 …………………………………255
告知義務違反 ……………………………259
告知義務者 ………………………………256
箇品運送契約 ……………………………208
故障付船荷証券 …………………………220
小商人 ………………………………20, 34
固定資産の評価 …………………………63
固定性配列法 ……………………………62
古典的交互計算 …………………………142
固有の商人 ………………………………15
雇用契約関係 ……………………………68
混　同 ……………………………………43

さ

再運送契約 ………………………………208
財産法 ……………………………………59
債務引受の広告 …………………………105

事項索引 287

債務履行の時間 …………………………129
債務履行の場所 …………………………128
詐欺破産 ……………………………………65
指値遵守義務 ……………………………180
サービスマーク …………………………35
残存物代位 ………………………………268

し

私営保険 …………………………………250
時価主義 ……………………………………63
下請運送 …………………………………197
実質審査主義 ……………………………86
実質的意義の商法 …………………………4
質問表の効力 ……………………………256
支　店 ………………………………………31
支店取引 ……………………………………90
辞任登記の未了 …………………………92
支配人 ………………………………………69
　　──の権限 ………………………………70
　　──の終任 ………………………………69
　　──の選任 ………………………………69
シフ売買 …………………………………215
私法人 ………………………………………24
死亡保険契約 ……………………………274
私保険 ……………………………………250
氏名等黙秘義務 …………………………174
収支均等の原則 …………………………249
自由心証主義の原則 ……………………65
周知性 ………………………………………43
周知表示混同行為 ………………………44
重複保険 …………………………………267
主観的意義の営業 ………………………29
受寄物の付保義務 ………………………231
受寄物の返還義務 ………………………232
出資割合 …………………………………169
受任者の権限 ……………………………116
準商行為 ……………………………………20
準問屋 ……………………………………187

準備行為の性質による営業意思客観的認
　識可能説………………………………27
場屋取引 …………………………………239
傷害保険 …………………………………251
傷害保険契約 ……………………………271
商慣習法 ……………………………………9
商業使用人 ……………………………67, 75, 78
商業帳簿 ……………………………………56
　　──の証拠力 ……………………………65
　　──の提出義務 …………………………64
商業登記
　　──の効力 ………………………………89
商業登記制度 ……………………………84
商業登記簿 ………………………………84
証券会社 …………………………………178
商　号 ………………………………………34
　　──の仮登記 ……………………………40
　　──の選定 ………………………………36
　　──の廃止・変更 ………………………46
商行為主義（客観主義）…………………15
商号自由主義 ……………………………36
商号使用権 ………………………………41
商号譲渡 …………………………………46
商号真実主義 ……………………………36
商号専用権 ………………………………41
商号続用 ……………………………46, 104
商号単一の原則 …………………………38
商事会社 …………………………………16
商事自治法 ………………………………10
商事条約 …………………………………10
商事制定法 ………………………………9
商事仲立人 ………………………………172
商事法定利率 ……………………………126
商事留置権 ………………………………122
乗車券 ……………………………………203
商人間の留置権 ……………………123, 234
商人間売買 ………………………………144
　　──の特則 ……………………………152

商人主義（主観主義）……………15
商人適格……………………22, 25
消費者契約法………………………159
消費者取引…………………………111
商　標………………………………35
消滅時効……………………………129
除権判決……………………………132
新価保険……………………………264
新法不遡及主義……………………11
人保険………………………………251
信用販売……………………………163

せ

請求権競合説………………………193
請求権代位…………………………269
生存保険契約………………………274
正当の事由…………………………90
生命保険……………………………251
生命保険契約………………………274
責任保険契約………………………272
絶対的商行為………………………16
絶対的登記事項……………………85
折衷主義……………………15, 36
善管注意義務………………………79
先順位契約優先主義………………268
善良な管理者の注意義務…………229

そ

倉庫営業……………………………226
倉庫営業者…………………………226
　──の損害賠償請求権……………234
　──の費用返還請求権……………234
相互会社……………………………25
倉庫寄託約款………………………228
倉庫業法……………………………228
倉庫証券……………………………235
倉庫証券交付義務…………………231
相互保険……………………………250

相次運送……………………………197
相次運送取扱………………………224
相対的登記事項……………………85
双方的商行為………………21, 112
双方的仲立契約……………………172
損益法………………………………59
損害保険……………………………251
損害保険契約………………………262
　──の当事者………………………262
損失負担義務………………………169
損失補塡……………………………180

た

貸借対照表…………………………60
代償的取戻権………………………184
大数の法則…………………………249
代　理………………………………114
代理権の消滅………………………116
代理商………………………………77
　──と営業主………………………79
　──の報酬請求権…………………80
　──の留置権………………………123
代理商契約…………………………77
　──の終了…………………………82
代理店………………………………78
ダイリューション…………………45
対話者間の契約の申込………………117
託送手荷物…………………………204
諾否の通知義務……………………118
多数当事者の連帯…………………120
建物取引業者………………………173
棚卸法………………………………60
段階交互計算………………………142
段階説………………………………27
堪航能力担保義務…………………210
単式簿記……………………………60
単生保険契約………………………275
団体生命保険契約…………………275

ち

中間法人 …………………………………24
超過保険 …………………………………267
著名表示冒用行為 ………………………44

つ

通運事業者 ………………………………222
通信販売 …………………………………161
通知義務 …………………………………79

て

定額保険 …………………………………251
定期傭船契約 ……………………………207
締約代理商 ………………………………77
電話勧誘販売 ……………………………161

と

問　屋 ……………………………………78
　――の経済的機能 ……………………177
　――の破産 ……………………………184
同一運送 …………………………………197
登記官の審査権 …………………………86
登記の公示 ………………………………87
登記の特殊効力 …………………………94
当事者申請主義 …………………………86
投資保護基金制度 ………………………179
通し運送契約 ……………………………208
特殊販売 …………………………………161
独占禁止法 ………………………………98
特定継続的役務提供 ……………………162
匿名組合 …………………………………166
匿名組合員 ………………………………166
特約店 ……………………………………78
独立責任額按分主義 ……………………268
トランクルームサービス ………………227
取　次 ……………………………………178
取引的不法行為 …………………………54

な

内航船 ……………………………………206
名板貸 ……………………………………49
内的組合 …………………………………167
仲立人 ……………………………………78
仲立人日記帳 ……………………………175

に

荷受人 ……………………………………191
　――の地位 ……………………………196
荷運人の損害賠償責任 …………………193
荷為替取引 ………………………………215
日記帳 ……………………………………59
荷渡指図書 ………………………………236
任意保険 …………………………………250

の

呑み（ノミ）行為 ………………………183
のれん ……………………………………96

は

媒介代理商 ………………………………77
パリ条約 …………………………………36

ひ

被害者請求優先説 ………………………274
非顕名主義 ………………………………114
被保険利益 ………………………………263
表見支配人 …………………………71, 73
費用償還請求権 …………………………80
比例填補 …………………………………266

ふ

不可抗力 …………………………………242
複合運送 …………………………………189
複合運送契約 ……………………………190
複式簿記 …………………………………60

不実登記……………………………………91
不正競争の目的……………………………42
不正の目的…………………………………42
附属的商行為………………………………19
普通取引約款………………………10, 132
物品運送…………………………………188
物品運送契約……………………………190
物品保管義務……………………………119
不定額保険………………………………251
船積船荷証券……………………………215
船荷証券…………………………………215
　──の債権的効力……………………218
　──の不実記載………………………218
　──の物権的効力……………………220
船荷証券統一条約改定議定書…………206
船主責任制限……………………………205
部分運送…………………………………197
フランチャイズ……………………………78
フリーライド………………………………42
フレート・フォワダー…………………222
文書提出義務………………………………64
分担割合…………………………………169

へ

ヘーグ改正ワルソー条約………………189

ほ

法源（商法の）……………………………9
報酬請求権………………………………125
法条競合説………………………………193
訪問販売…………………………………161
保管料請求権……………………………233
保険額按分主義…………………………267
保険金額…………………………………265
保険契約
　──の終了……………………………261
　──の性質……………………………253
　──の締結……………………………254

保険者の免責……………………………271
保証状……………………………………200
保証人の連帯……………………………121
補助簿………………………………………59
ポリューション……………………………44
奔走義務…………………………………174
本　店………………………………………31
　形式上の──……………………………32
　実質上の──……………………………32

ま

前払式特定取引…………………………164

み

見本品保管義務…………………………174
民事会社……………………………………16
民事仲立人………………………………172
民事留置権…………………………123, 234
民法上の組合……………………………167
民法の商化現象……………………………5

む

無故障船荷証券…………………………219

め

名義の使用許諾……………………………49
免責約款……………………………196, 212

も

持込手荷物………………………………204
元　帳………………………………………59
物保険……………………………………250
モラル・ハザード………………………254
モラル・リスク…………………………254

ゆ

有価証券…………………………………130
有価証券債務の履行場所………………130

有価証券喪失の場合の特則 …………131
誘導法……………………………60

よ

傭船契約 …………………………207
養老保険契約 ……………………274

り

陸上運送 …………………………188
陸上運送人の留置権 ……………124
陸上保険 …………………………252
利息制限法 ………………………127
流質契約の許容 …………………122
流動資産の評価…………………63
流動性配列法……………………62
旅客運送 …………………………188

旅客運送契約 ……………………203
旅客運送人の責任 ………………203
旅行業者 …………………………173

る

類似商号の登記排斥………………38
類似商号の使用排斥………………39

れ

レセプツム責任 …………………240
連鎖販売（マルチ商法）…………162
連生保険契約 ……………………275
連帯運送 …………………………197

ろ

ローン提携販売 …………………164

判例索引

大判明35・12・9 新聞119号15頁 …………57
大判明41・10・12民録14輯999頁 …………89
大判明41・11・20民録14輯1194頁 …………36
大判大4・12・24民録21輯2182頁 ………133
大決大5・11・29民録22輯2329頁 …………39
大判大6・2・3 民録23輯35頁 …………203
大判大6・5・23民録23輯917頁…………167
大判大7・1・26民録24輯161頁 …………40
大判大7・3・7 民録24輯374頁 …………65
大判大7・11・15民録24輯2183頁 …………86
大判大9・5・24民録26輯753頁 …………40
大判大9・11・15民録26輯1779頁 ………155
大判大10・4・25民録27輯773頁…………237
大判大10・12・13民録27輯2085頁…………41
徳山区判大11・5・5 新聞2010号20頁 …243
大決大13・6・13民集3巻280頁 …………38
大判大13・9・20民集3巻428頁 …………40
大判大14・9・18刑集4巻535頁…………240
大判大15・2・24刑集5巻56頁…………89
大判大15・11・15新聞2647号16頁 ………155
大判昭3・6・13新聞2866号6頁 ………245
大判昭3・6・28民集7巻519頁…………207
大判昭5・10・23民集9巻972頁 …………9
大決昭8・7・31民集12巻1972頁…………86
大決昭7・1・11民集11巻1号…………46
大判昭10・6・8 新聞3853号16頁 …………40
大判昭10・12・5 新商判集3巻664頁……240
大判昭11・3・11民集15巻320頁…………140
大判昭11・5・13民集15巻877頁…………278
大判昭11・12・8 民集1巻714頁 …………35
大判昭12・3・23新商事判例集1巻146
　頁…………………………………………57
大判昭12・11・26民集16巻1681頁 …103,240
大判昭13・8・1 民集17巻1597頁 ………116
大判昭14・11・28民集4巻670頁 …………96
大判昭15・2・21民集19巻273頁…………9
大判昭15・3・12新聞4556号7頁…………77
大判昭17・6・29新聞4787号13頁 ………247
最判昭24・6・4 民集3巻7号235頁………103
大阪地判昭25・2・10下民集1巻2号
　172頁……………………………………246
東京地判昭26・1・17下民集2巻1号47
　頁…………………………………………39,42
東京地判昭27・3・10下民集3巻3号
　335頁……………………………………49
最判昭29・10・7 民集8巻10号1795頁…104
最判昭29・10・15民集8巻10号1898頁……90
最判昭30・9・8 民集9巻10号1222頁…127
最判昭30・9・9 民集9巻10号1247頁…53
最判昭30・9・29民集9巻10号1484頁…20
東京高判昭30・10・31下民集6巻10号
　2311頁……………………………………243
最判昭31・10・12民集10巻10号1260頁…183
最判昭32・1・31民集11巻1号161頁……50
最判昭32・2・19民集11巻2号295頁……234
最判昭32・3・5 民集11巻3号395頁…70,72
最判昭32・5・30民集11巻5号854頁……177
京都地判昭32・11・13下民集8巻11号
　2060頁……………………………………46,47
最判昭33・2・21民集12巻2号282頁……49
大阪地判昭33・3・13下民集9巻3号
　390頁……………………………………171
東京地判昭34・8・5 下民集10巻8号
　1634頁……………………………………46
東京高判昭34・10・28裁時214号29頁……74
最判昭35・4・14民集14巻4号833頁……90

判例索引　293

最判昭35・5・6民集14巻7号1136頁 …129
最判昭35・10・21民集14巻12号2661頁……51
大判明35・12・9新聞119号15頁 …………57
最判昭36・9・29民集25巻8号2256頁
　　　　　………………………………41, 42
最判昭36・10・13民集15巻9号2320頁 …105
最判昭36・12・5民集15巻11号2652頁……51
最判昭37・5・1民集16巻5号1031頁 …32
最判昭37・6・12民集16巻7号1322頁 …253
最判昭37・8・28民裁判集62号273頁 ……92
最判昭38・3・1民集17巻2号280頁……104
大阪高判昭38・3・26高民集16巻2号97
　　　頁………………………………………99
大阪高判昭39・1・30下民集15巻1号
　　　105頁 …………………………………43
最判昭40・2・2民集19巻1号1頁…278
最判昭40・9・22民集19巻6号1600頁……96
東京地判昭40・12・21不競集826頁 ………43
最判昭41・1・27民集20巻1号111頁 …53
最判昭41・6・10民集20巻5号1029頁 …53
東京地判昭41・8・30下民集17巻　号
　　　729頁 …………………………………45
最判昭41・12・20民集20巻10号2106頁 …196
最判昭42・1・31民集21巻1号77頁 ……281
最判昭42・2・9判時483号60頁………49, 50
最判昭42・4・20民集21巻3号697頁 ……71
最判昭42・6・6判時487号56頁 …………51
最判昭42・11・2民集21巻9号2278頁……71
最判昭43・4・24民集22巻4号1043頁 …115
最判昭43・6・13民集22巻6号1171頁
　　　………………………………………52, 53
最判昭43・7・11民集22巻7号1462頁 …185
最判昭43・12・24民集22巻13号3334頁……87
最判昭44・4・15民集23巻4号755頁……237
最判昭44・6・26民集23巻7号1264頁 …176
最判昭44・12・18民集23巻12号2467頁……68
最判昭45・4・21判時593号87頁……195, 246
東京高判昭45・4・28判タ254号299頁……43

最判昭45・10・22民集24巻11号1599頁 …175
最判昭45・12・24民集24巻13号2187頁 …115
最判昭47・2・24民集1巻1号172頁 ……28
最判昭47・3・2民集26巻2号183頁……104
最判昭47・6・15民集26巻5号984頁 ……92
最大判昭47・11・22刑集26巻9号586頁 …29
最判昭48・3・29判時705号103頁 ………238
最判昭48・10・30民集27巻9号1258頁 …115
最判昭49・3・22民集28巻2号368頁 ……93
最判昭49・10・15金法744号30頁…………184
最判昭50・6・27判時785号100頁…………18
最判昭50・7・10裁時670号1頁 …………40
最判昭51・2・26金法784号33頁…………115
高地地判昭51・4・12判時831号96頁……244
名古屋地判昭51・4・27判時842号95頁 …40
札幌地判昭51・12・8無体集8巻2号
　　　462頁 …………………………………43
最判昭52・12・23判時876号116頁…………53
最判昭52・12・23判時880号78頁 …………89
大阪高決昭53・3・6高民集31巻1号38
　　　頁………………………………………65
最判昭53・3・28金商546号3頁 …………50
最判昭55・9・11民集34巻5号717頁 ……92
東京地判昭56・3・12 …………………………43
東京高判昭56・3・26判時1015号27頁 …103
大阪高判昭56・7・28無体集13巻2号
　　　560頁 …………………………………43
東京高判昭56・11・5無体集13巻2号
　　　793頁 …………………………………44
東京高判昭56・12・7下民集32巻9号
　　　1606頁 …………………………………57
最判昭57・1・19民集36巻1号1頁 ……127
大津簡判昭57・3・23NBL　271号19頁
　　　………………………………………161
最判昭57・7・8判時1055号130頁………237
最判昭57・9・7民集36巻8号1527頁 …238
東京地判昭57・10・18判タ499号178頁……43
最判昭58・9・8民集37巻7号918頁……279

東京地八王子支判昭59・1・13判時1101
　号109頁 …………………………………45
東京地判昭59・1・18判時1101号110頁 …45
仙台高判昭59・1・20判タ883号278頁……69
東京地判昭59・3・12判タ519号258頁……43
最判昭59・3・29判時1135号125頁 ………73
名古屋地判昭59・6・29判タ531号176頁
　……………………………………………239
大阪地判昭59・10・4判タ545号252頁 …127
大阪地判昭60・1・30判タ559号289頁……45
京都地判昭60・2・6金商717号26頁 ……68
最判昭60・2・21判時1149号91頁…………39
最判昭61・9・11判時1215号125頁 ………99
神戸地判昭62・3・25判時1239号134頁 …45
最判昭62・4・16判時124号127頁…………92
東京高判昭62・4・22判時1250号123頁…238
最判昭63・1・26金法1196号26頁…………93
高松高判昭63・11・30判タ708号198頁……71
大阪地判平元・4・11金商835号29頁 ……68

東京高判平元・6・7金法1249号30頁……73
東京地判平元・6・20判時1341号20頁 …173
東京地決平元・6・22判時1315号3頁……66
福岡地判平2・4・2判時1389号131頁 …45
最判平2・11・8判時1372号131頁 ………66
横浜地判平3・3・26判時1390号121頁 …54
横浜地判平3・4・19判時1397号114頁 …66
東京高判平3・10・18判タ783号156頁 …74
東京高判平4・3・11判時1418号134頁 …54
最判平4・4・28判時1421号122頁………208
東京高判平4・12・17判時1469号149頁 …73
最判平6・7・18民集48巻5号1233頁 …279
前橋地判平7・1・25判タ883号278頁……69
最判平7・11・30民集49巻9号2972頁 …55
東京高判平8・5・28判時1570号118頁…125
東京地判平8・9・27判時1601号149頁
　………………………………………243,244
最判平10・3・27判時1636号18頁 ………208
山口地判平11・2・9判時1681号152頁…281

ファンダメンタル法学講座
商 法 1 総則・商行為法

2001年4月20日　第1版第1刷発行
2003年9月25日　第1版第2刷発行

Ⓒ著者

今泉　邦子　大之
受川　環俊　均之
酒巻　俊信　男
永田　信　男
中村　信　均
増尾　啓　祐
松岡　啓　祐

発行　不磨書房
〒113-0033 東京都文京区本郷 6-2-9-302
TEL 03-3813-7199／FAX 03-3813-7104

発売　㈱信山社
〒113-0033 東京都文京区本郷 6-2-9-102
TEL 03-3818-1019／FAX 03-3818-0344

制作：編集工房 INABA　　印刷・製本／松澤印刷
2003, Printed in Japan

ISBN4-7972-9234-2　C3332

初学者にやさしく、わかりやすい、法律の基礎知識

────── 石川明先生のみぢかな法律シリーズ ──────

みぢかな法学入門【第2版】　慶應義塾大学名誉教授　石川　明　編

有澤知子（大阪学院大学）／神尾真知子（尚美学園大学）／越山和広（香川大学）
島岡まな（大阪大学）／鈴木貴博（東北文化学園大学）／田村泰俊（東京国際大学）
中村壽宏（九州国際大学）／西山由美（東海大学）／長谷川貞之（駿河台大学）
松尾知子（京都産業大学）／松山忠造（山陽学園大学）／山田美枝子（大妻女子大学）
渡邊眞男（常磐大学短期大学）／渡辺森児（平成国際大学）　　009203-2　　■ 2,500 円（税別）

みぢかな民事訴訟法【第2版】　慶應義塾大学名誉教授　石川　明　編

小田敬美（松山大学）／小野寺忍（山梨学院大学）／河村好彦（明海大学）／木川裕一郎（東海大学）
草鹿晋一（平成国際大学）／越山和広（香川大学）／近藤隆司（白鴎大学）／坂本恵三（獨協大学）
椎橋邦雄（山梨学院大学）／中村壽宏（九州国際大学）／二羽和彦（高岡法科大学）／福山達夫（関東学院大学）
山本浩美（東亜大学）／渡辺森児（平成国際大学）　　009223-7　　■ 2,800 円（税別）

みぢかな倒産法　慶應義塾大学名誉教授　石川　明　編

岡伸浩（弁護士）／田村陽子（山形大学）／山本研（国士舘大学）／草鹿晋一（平成国際大学）
近藤隆司（白鴎大学）／栗田陸雄（杏林大学）／宮里節子（琉球大学）／本田耕一（関東学院大学）
波多野雅子（札幌学院大学）／芳賀雅顯（明治大学）　　649295-4　　■ 2,800 円（税別）

みぢかな商法入門　酒巻俊雄（元早稲田大学）＝石山卓磨（日本大学）編

秋坂朝則（日本大学）／受川環大（国士舘大学）／王子田誠（東亜大学）／金子勲（東海大学）
後藤幸康（京都学園大学）／酒巻俊之（日本大学）／長島弘（産能短期大学）
福田弥夫（武蔵野女子大学）／藤村知己（徳島大学）／藤原祥二（明海大学）／増尾均（松商学園短期大学）
松崎良（東日本国際大学）／山城将美（沖縄国際大学）　　9224-5　　■ 2,800 円（税別）

みぢかな刑事訴訟法　河上和雄（駿河台大学）編

近藤和哉（富山大学）／上田信太郎（岡山大学）／津田重憲（明治大学）／新屋達之（立正大学）
辻脇葉子（明治大学）／吉田宣之（桐蔭横浜大学）／内田浩（岩手大学）／臼木豊（小樽商科大学）
吉弘光男（久留米大学）／新保佳宏（京都学園大学）　　9225-3　　■ 2,600 円（税別）

みぢかな刑法（総論）　内田文昭（神奈川大学）＝山本輝之（名古屋大学）編

清水一成（琉球大学）／城下裕二（明治学院大学）／本間一也（新潟大学）
松原久利（桐蔭横浜大学）／内田浩（岩手大学）／島岡まな（大阪大学）
小田直樹（広島大学）／小名木明宏（熊本大学）／北川佳世子（岡山大学）　　（近刊）
丹羽正夫（新潟大学）／近藤和哉（富山大学）／吉田宣之（桐蔭横浜大学）　　9275-X

不磨書房

――――― 講説　シリーズ ―――――

講説　民　法　総　則　　9081-1　■ 2,800 円（税別）
久々湊晴夫（北海道医療大学）／木幡文徳（専修大学）／高橋敏（国士舘大学）／田口文夫（専修大学）
野口昌宏（大東文化大学）／山口康夫（流通経済大学）／江口幸治（埼玉大学）

講説　民　法（債権各論）　　9208-3　■ 3,600 円（税別）
山口康夫（流通経済大学）／野口昌宏（大東文化大学）／加藤輝夫（日本文化大学）
菅原静夫（帝京大学）／後藤泰一（信州大学）／吉川日出男（札幌学院大学）／田口文夫（専修大学）

講説　民　法（親族法・相続法）【改訂第2版】9251-2 ■ 3,000 円（税別）
落合福司（新潟経営大学）／小野憲昭（北九州市立大学）／久々湊晴夫（北海道医療大学）
木幡文徳（専修大学）／桜井弘晃（埼玉短期大学）／椎名規子（茨城女子短期大学）
高橋敏（国士舘大学）／宗村和広（信州大学）

講説　民　法（物権法）　　9209-1　■ 2,800 円（税別）
野口昌宏（大東文化大学）／庄菊博（専修大学）／小野憲昭（北九州市立大学）／山口康夫（流通経済大学）
後藤泰一（信州大学）／加藤輝夫（日本文化大学）

講説　民　法（債権総論）　　9210-5　■ 2,600 円（税別）
吉川日出男（札幌学院大学）／野口昌宏（大東文化大学）／木幡文徳（専修大学）／山口康夫（流通経済大学）
後藤泰一（信州大学）／庄菊博（専修大学）／田口文夫（専修大学）／久々湊晴夫（北海道医療大学）

講説　民事訴訟法【第2版】　　9277-6　■ 3,400 円（税別）
遠藤功（日本大学）＝文字浩（神戸海星女子学院大学）編著／安達栄司（成城大学）／
荒木隆男（亜細亜大学）／大内義三（亜細亜大学）／角森正雄（富山大学）／片山克行（作新学院大学）
金子宏直（東京工業大学）／小松良正（国士舘大学）／佐野裕志（鹿児島大学）／高地茂世（明治大学）
田中ひとみ（元関東学園大学）／野村秀敏（横浜国立大学）／松本幸一（日本大学）／元永和彦（筑波大学）

講説　商　法（総則・商行為法）　　9250-4　　［近刊］
加藤徹（関西学院大学）／吉本健一（大阪大学）／金田充広（関東学園大学）／清弘正子（和歌山大学）

～～～～～～～～～～～～～～～～～～～～～～～～～～～～

ワークスタディ　商　法（会社法）　　定価：本体 2,400円（税別）
石山卓磨（日本大学）編／河内隆史（神奈川大学）／中村信男（早稲田大学）
土井勝久（札幌大学）／土田亮（東亜大学）／松岡啓祐（専修大学）／松崎良（東日本国際大学）
王子田誠（東亜大学）／前田修志（東亜大学）／松本博（宮崎産業経営大学）／
大久保拓也（日本大学）／松嶋隆弘（日本大学）／川島いづみ（早稲田大学）　　9289-X

損害賠償法　9283-0　橋本恭宏 著（明治大学）　　定価：本体 2,000円（税別）

ＡＤＲの基本的視座　9298-7　◇ＡＤＲ基本法へのパースペクティブ◇
早川吉尚（立教大学）／山田文（岡山大学）／濱野亮（立教大学）編著◆　［近刊］
長谷部由起子（学習院大学）／谷口安平（東京経済大学）／小島武司（中央大学）
笠井正俊（京都大学）／垣内秀介（東京大学）／和田仁孝（九州大学）／中村芳彦（弁護士）

労　働　法　　9288-1
毛塚勝利（専修大学）／島田陽一（早稲田大学）／青野覚（明治大学）
石井保雄（獨協大学）／浜村彰（法政大学）／山田省三（中央大学）

不磨書房

不磨書房

◆ ファンダメンタル　法学講座 ◆

民　　法　〈民法　全5巻〉

1　総則　草野元己(三重大学)／岸上晴志(中京大学)／中山知己(桐蔭横浜大学)　9242-3
　　　　　清原泰司(桃山学院大学)／鹿野菜穂子(立命館大学)　本体 2,800 円 (税別)

2　物権　清原泰司／岸上晴志／中山知己／鹿野菜穂子　9243-1
　　　　　草野元己／鶴井俊吉(駒沢大学)　★近刊

商　　法　〈商法　全3巻〉

1　総則・商行為法　9234-2　　　　定価：本体 2,800 円 (税別)

　　今泉邦子(南山大学)／受川環大(国士舘大学)／酒巻俊之(日本大学)／永田均(青森中央学院大学)
　　中村信男(早稲田大学)／増尾均(松商学園短期大学)／松岡啓祐(専修大学)

民事訴訟法　9249-0　　　　定価：本体 2,800 円 (税別)

　　中山幸二(明治大学)／小松良正(国士舘大学)／近藤隆司(白鷗大学)／山本研(国士舘大学)

国　際　法　9257-1　　　　定価：本体 2,800 円 (税別)

　　水上千之(広島大学)／臼杵知史(明治学院大学)／吉井淳(明治学院大学)　編
　　山本良(埼玉大学)／吉田脩(筑波大学)／高村ゆかり(静岡大学)／高田映(東海大学)
　　加藤信行(北海学園大学)／池島大策(同志社女子大学)／熊谷卓(新潟国際情報大学)

〜〜〜〜〜〜　導入対話 シリーズ　〜〜〜〜〜〜

導入対話による**民法講義（総則）**【新版】	9070-6	■ 2,900 円 (税別)
導入対話による**民法講義（物権法）**	9212-1	■ 2,900 円 (税別)
導入対話による**民法講義（債権総論）**	9213-X	■ 2,600 円 (税別)
導入対話による**刑法講義（総論）**【第2版】	9083-8	■ 2,800 円 (税別)
導入対話による**刑法講義（各論）**　★近刊	9262-8	予価 2,800 円 (税別)
導入対話による**刑事政策講義**　土井政和ほか	9218-0	予価 2,800 円 (税別)
導入対話による**商法講義**(総則・商行為法)【第2版】	9084-6	■ 2,800 円 (税別)
導入対話による**国際法講義**　廣部和也・荒木教夫	9216-4	■ 3,200 円 (税別)
導入対話による**医事法講義**　佐藤司ほか	9269-5	■ 2,700 円 (税別)
導入対話による**ジェンダー法学**　浅倉むつ子監修	9268-7	■ 2,400 円 (税別)